Uni-Taschenbücher 423

UTB

Eine Arbeitsgemeinschaft der Verlage

Birkhäuser Verlag Basel und Stuttgart
Wilhelm Fink Verlag München
Gustav Fischer Verlag Stuttgart
Francke Verlag München
Paul Haupt Verlag Bern und Stuttgart
Dr. Alfred Hüthig Verlag Heidelberg
J. C. B. Mohr (Paul Siebeck) Tübingen
Quelle & Meyer Heidelberg
Ernst Reinhardt Verlag München und Basel
F. K. Schattauer Verlag Stuttgart-New York
Ferdinand Schöningh Verlag Paderborn
Dr. Dietrich Steinkopff Verlag Darmstadt
Eugen Ulmer Verlag Stuttgart
Vandenhoeck & Ruprecht in Göttingen und Zürich
Verlag Dokumentation Pullach bei München

Karlheinz Stierle

Text als Handlung

Perspektiven
einer systematischen Literaturwissenschaft

Wilhelm Fink Verlag München

Für Hans Robert Jauß

ISBN 3-7705-1056-9

Satz und Druck: Alpha Druck GmbH, München
Buchbindearbeiten: Großbuchbinderei Sigloch, Stuttgart
Einbandgestaltung: Alfred Krugmann, Stuttgart

INHALT

EINLEITUNG

Die hier vereinigten Arbeiten sind Versuche zur systematischen Literaturwissenschaft. Sie situieren sich damit durch eine zweifache methodische Differenz: einerseits zur historischen Literaturwissenschaft, die die geschichtliche Einmaligkeit der Werke und ihrer Wirkungen zu erfassen und aus den sozialgeschichtlichen Bedingungen von literarischer Produktion, Distribution und Rezeption zu erklären sucht, andererseits zur Textlinguistik, die sich als abschließenden Bereich der Linguistik versteht und die Erfassung der sprachlichen Konstitution des Textes als eigentliche Aufgabe einer möglichen Textwissenschaft betrachtet. Der Ort der systematischen Literaturwissenschaft zwischen historischer Literaturwissenschaft und Textlinguistik ist indes nicht einfach ein Ort der Vermittlung. Die methodischen Differenzen sind von verschiedener Qualität; systematische Literaturwissenschaft ist nicht eine Disziplin zwischen Linguistik und Literaturwissenschaft, sondern eine eigene Form der Literaturwissenschaft selbst. Sie ist andererseits nicht eine Alternative zur historischen Literaturwissenschaft, sondern ihr notwendiges Komplement. Indem sie das jeweils geschichtlich Besondere und Bedingte übergeht, ist sie weder naiv ahistorisch noch bewußt geschichtsfeindlich, wie ihr von seiten der historischen Literaturwissenschaft häufig vorgeworfen wird. Sie geht vielmehr davon aus, daß eine nicht nur episodisch vorgehende und in der Fülle des Einzelnen sich verlierende historische Literaturwissenschaft auf die Ausarbeitung von systematischen Bezugsrahmen angewiesen ist.[1] Umgekehrt aber müßte eine systematische Literaturwissenschaft, die nicht von orientierender Kraft für die Erfassung der konkreten literarischen Manifestationen wäre, unfruchtbar bleiben. Die folgenden Arbeiten werden die systematische

---

[1] Das Verhältnis von systematischer und historischer Erkenntnis ist vor allem in den Kunstwissenschaften seit K. Fiedlers »Über den Ursprung der künstlerischen Tätigkeit« (1887) und H. Wölfflins »Kunstgeschichtliche Grundbegriffe« (1915) intensiv dikutiert worden. Vgl. besonders E. Panofsky, Über das Verhältnis der Kunstgeschichte zur Kunsttheorie, ein Beitrag zu der Erörterung über die Möglichkeit »kunstwissenschaftlicher Grundbegriffe«, in ders., Aufsätze zu Grundfragen der Kunstwissenschaft, 2. Aufl., Berlin 1974.

Darstellung immer wieder an den Punkt führen, wo der Übergang von der ›systematischen Welt‹ der Textschemata zur ›historischen Welt‹ der Texte notwendig wird. Systematische und historische Einstellung, die Tätigkeit des Systematisierens und Historisierens, lassen sich nicht wechselseitig aufeinander zurückführen. Jede Einstellung behält ihr eigenes Recht, aber nicht losgelöst von der ihr konträren Einstellung, sondern indem sie sich auf diese perspektivisch öffnet. Wenn somit die systematische gegenüber der historischen Literaturwissenschaft ein relatives Eigenrecht ihres Gesichtspunkts beansprucht, so mehr noch gegenüber der Textlinguistik.[2] Während diese allein die sprachlichen Möglichkeiten zur Textbildung zu systematisieren sucht, kann systematische Literaturwissenschaft sich nicht auf die Ebene der sprachlichen Manifestation begrenzen. Das Paradigma der Linguistik reicht für eine systematische Literaturwissenschaft nicht aus, so wichtige Anregungen auch von ihr, insbesondere von der strukturalen Linguistik, ausgegangen sind. Der Sinn des Beisammenbestehens der Elemente des Textes liegt nicht schon auf der Ebene der Textelemente selbst. Will Literaturwissenschaft den ihr durch die Besonderheit ihres Gegenstands vorgezeichneten Bereich erschließen, so setzt dies die prinzipielle Scheidung von Sprache und Sprachverwendung voraus. Die Verknüpfung der Sätze zu Texten, oder besser ihre Verwendung in Texten, unterliegt nicht denselben formal beschreibbaren Regeln wie die Verknüpfung der Satzelemente zu Sätzen. Sie folgt vielmehr Regeln der Sprachverwendung, die grundsätzlich andere als sprachliche Regeln sind. Der Text als translinguistische Einheit konstituiert sich als Einheit einer Sprachhandlung. Das Paradigma der Handlung, nicht das der Sprache, muß für die Entfaltung einer systematischen Literaturwissenschaft zum zentralen Orientierungspunkt werden. Unter dieser Voraussetzung erhält die systematische Literaturwissenschaft ihren Ort in einer systematischen Kulturwissenschaft, in deren Mittelpunkt eine Theorie der Handlung steht. Diese These bedeutet andererseits, daß die philosophische Sprachhandlungstheorie seit Austin, die immer noch am einzelnen Satz orientiert ist, da erst zu ihrer wirklichen Entfaltung kommt, wo sie in eine systematische Literaturwissenschaft überführt wird, die

---

[2] Vgl. für die Arbeiten im Bereich der Textlinguistik W. U. Dressler und S. J. Schmidt, Textlinguistik, kommentierte Bibliographie, München 1973. Vieles davon ist allerdings Literaturwissenschaft, die es nicht sein will.

sich nicht auf den Bereich der schönen Literatur begrenzt, sondern von den elementaren Formen der Sprachverwendung bis zu den komplexen Formen literarisch-fiktionaler Sprachhandlungen reicht. Die Versuche, unter linguistischen Prämissen die Anregung der philosophischen Sprachhandlungstheorie aufzunehmen und in eine Pragmalinguistik zu überführen, sind bisher, trotz einer kaum mehr übersehbaren Fülle von programmatischen Ansätzen, eher dürftig geblieben und kommen zumeist über die aufwendige Formalisierung elementarer und trivialer Tatbestände nicht hinaus.[3] Gegen das Konzept der Pragmalinguistik spricht jedoch vor allem, daß es wie schon das Saussuresche Konzept der ›linguistique de la parole‹, einen unaufhebbaren Widerspruch enthält. Es stellt das Ganze der sprachlichen Äußerung und somit des Textes in einen methodischen Bezugsrahmen, der nur ein Moment der Äußerung, nämlich ihre Ausdrucksseite, erfassen kann.

Ich habe 1970 in einer Vorlage zu einem Kolloquium der Forschungsgruppe »Poetik und Hermeneutik« vorgeschlagen, die Austinsche Kategorie des ›speech act‹ aus ihrer systematisch nicht begründbaren Eingrenzung herauszulösen und sie, bereichert um die Bezugnahme auf die allgemeine Handlungstheorie, zur tragenden Kategorie einer systematischen Literaturwissenschaft zu machen.[4] Seitdem hat sich die Fruchtbarkeit dieser Kategorie nachdrücklich bestätigt. Diese erlaubt nicht nur, die Unmöglichkeit der Reduktion des Texts auf seine sprachliche Manifestation sinnfällig zu machen, sie ermöglicht zugleich, in der gegenwärtig geführten Diskussion zwischen ›Produktionsästhetik‹ und ›Rezeptionsästhetik‹ einen Standpunkt zu gewinnen, von dem aus die unhintergehbare und unreduzierbare dialektische Einheit der sprachlichen Äußerung sinnfällig werden kann. Weder die reine Intention noch die reine Rezeption können den Ausgangspunkt einer systematischen Literaturwissenschaft bilden. Sie bedürfen beide der Objektivation in einem Textschema, das der Produktion wie der Rezeption als verbindlich vorausliegt. Der Sinn des Handelns ist nie durch sich selbst evident, sondern durch seine Bezogenheit auf ein Handlungsschema, das seinen institutionellen Ort hat im Rahmen eines gegebenen kulturellen Handlungssystems.

---

[3] Zur Pragmalinguistik vgl. die Sammelbände von D. Wunderlich (Hrsg.), Linguistische Pragmatik, Frankfurt 1972 und S. J. Schmidt (Hrsg.), Pragmatik I, München 1974.

[4] Vgl. S. 14 f.

Wenn dies für jede Art von Handlung prinzipiell gilt, so in besonderem Maße für den Bereich der symbolischen Handlungen als den kulturellen Handlungen par excellence, bei denen die Differenz von Handlung und Handlungssubstrat institutionell kompensiert werden muß.

Für die Einsicht in die unaufhebbare Dialektik von Produktions- und Rezeptionsperspektive bei symbolischen Handlungen und ihre Vermittlung durch ein gemeinsam anerkanntes Schema sind die phänomenologischen Analysen in A. Schütz' »Der sinnhafte Aufbau der sozialen Welt«[5], auf die an anderer Stelle genauer eingegangen werden soll[6], von grundlegender Bedeutung. In diesem bereits 1932 veröffentlichten und lange folgenlos gebliebenen Werk, wird der Übergang von einer Phänomenologie der Handlung zur Phänomenologie der Sprachhandlung exemplarisch vollzogen. Es zeigt sich an dieser, von der Literaturwissenschaft noch so gut wie unausgeschöpften Darstellung, wie Produktion und Rezeption symbolischer Handlungen in allen ihren Erscheinungsweisen einander dialektisch zugehören, wie ›Fremdverstehen‹ in ›Selbstverstehen‹ fundiert ist und wie dieses seinerseits wiederum ›Fremdverstehen‹ zur Voraussetzung hat. Die Theorie der symbolischen Handlung bei Schütz eröffnet eine Perspektive, die, wenn sie in der Literaturwissenschaft ergriffen wird, eine Vermittlung von ›Produktionsästhetik‹ und gegenwärtig unübersehbar dominierender ›Rezeptionsästhetik‹ erwarten läßt. Der von R. Warning zusammengestellte Band »Rezeptionsästhetik«[7], der die fortgeschrittensten Positionen dieser Forschungsrichtung vereinigt, zeigt insbesondere in den eindrucksvollen Arbeiten von H. R. Jauß und W. Iser, wie die Rezeptionsästhetik in der immer differenzierteren Entfaltung ihres Themas schließlich zu einer allgemeinen Erkenntnistheorie kultureller Gegenstände geführt wird. Damit aber tritt sie in den Problemzusammenhang jener Phänomenologie des Fremdverstehens, das von Schütz im Hinblick auf das symbolische Handeln und seine Bezogenheit auf ein von Produzent und Rezipient geteiltes Schema entwickelt worden ist.

---

5 2. Aufl., Wien 1960.

6 Die Darstellung der Schützschen Handlungstheorie und ihrer Bedeutung für die systematische Literaturwissenschaft wird Teil einer demnächst abzuschließenden Arbeit zur Theorie des Kontexts sein.

7 R. Warning (Hrsg.), Rezeptionsästhetik, Theorie und Praxis, München 1975.

Der auf symbolisches Handeln bezogene Schützsche Begriff des Verstehens läßt sich weiter so differenzieren, daß Verstehen und Erkennen als Weisen der Rezeption unterscheidbar werden. Wenn Verstehen von Texten bedeutet, daß der in ihnen angelegte Kommunikatiosakt gelingt, Produzent und Rezipient an einem identischen Handlungsschema orientiert sind,[8] so bedeutet Erkennen bei Texten eine reflexive Blickwendung einerseits auf die »Logik ihres Produziertseins«[9], andererseits auf die Gegebenheit des Textes im reflektierenden Bewußtsein. Die Unterscheidung beider Einstellungen, die für die systematische Literaturwissenschaft von weitreichender Bedeutung ist, läßt sich mit Hilfe von Piagets »genetischer Erkenntnistheorie« noch weiter ausarbeiten. Piagets Erkenntnistheorie, wie er sie in dem Buch »Genetic Epistemology«[10] zusammenfaßt, ist bezogen auf das nichtkommunikative Erkennen der Außenwelt, das elementar als Handeln interpretiert wird. Der Aufbau der Erkenntnisleistung wird erfaßt als immer komplexere Konstruktion eines Transformationssystems, das es erlaubt, Wirklichkeit zu verändern und zugleich zu dieser Veränderung »isomorphe Modelle« zu bilden.[11] Dabei unterscheidet Piaget prinzipiell zwei Arten von Erkenntnis. Erkenntnis als kontrolliertes Einwirken auf ein Objekt wird erfaßt als »einfache Abstraktion«[12]. Sie ist in gewisser Weise dem Verstehen bei Schütz als Bereitstellen eines Schemas vergleichbar. Hiervon unterscheidet Piaget eine zweite Form des Erkennens, die darin besteht, die abstraktive Erkenntnishandlung selbst zum Thema zu machen, und zwar vermittels einer Abstraktion höherer Ordnung, der »reflexiven Abstraktion«, die ihrerseits die Abstraktionen der ersten Stufe zu steuern vermag. Auf beiden Ebenen ist der Aufbau der Erkenntnis prinzipiell unabschließbar, Erkenntnis ist, zumindest ihrer Möglich-

---

8 Ein Nachteil des hermeneutischen Verstehensbegriffes, wie er sich etwa bei Gadamer findet, ist, daß in ihm Verstehen und Erkennen als Einheit, nicht als unterscheidbare Schichten im Aufbau der Rezeption aufgefaßt werden. Dagegen ermöglicht der Verstehensbegriff bei Schütz, auf phänomenologischer Grundlage die Leistungen der Rezeption zu differenzieren.

9 Vgl. Th. W. Adorno, Valérys Abweichungen in: ders., Noten zur Literatur II, Frankfurt 1961.

10 Deutsch erschienen als »Einführung in die genetische Erkenntnistheorie«, Frankfurt 1973.

11 Vgl. S. 23.

12 Vgl. S. 25 ff.

keit nach, eine Struktur von unabschließbar anwachsender Komplexität. Piagets dynamische Erkenntnistheorie kann auch der Orientierung der systematischen Literaturwissenschaft dienen. Deren Geschichtlichkeit ist nicht nur die des Verstehens, sondern des Erkennens im Sinne von Piaget. Dabei ist freilich die psychologische Begrenzung Piagets auf die Strukturgeschichte des einzelnen erkennenden Subjekts zungunsten einer ›objektiven‹ Geschichte der Erkenntnismöglichkeiten zu öffnen. Die Geschichtlichkeit der systematischen Literaturwissenschaft steht dann im Kontext einer formalen Rezeptionsgeschichte als Geschichte der reflexiven Abstraktion, die aus der Aneignung von Literatur hervorgeht und umgekehrt diese Aneignung sowie deren zunehmende Komplexität bestimmt. Die Rezeptionsgeschichte, in deren Kontext die systematische Literaturwissenschaft steht, ist nicht die Geschichte der Rezeption einzelner Werke sondern die Geschichte eines Rezeptionspotentials, dessen Aufbau als Erkenntnis- und Handlungszusammenhang unabhängig von den einzelnen Werken sich vollzieht, andererseits aber deren verstehende und erkennende Rezeption zu steuern vermag. Die Sicherung und Erweiterung dieses Rezeptionspotentials als eines Potentials von Rezeptionshandlungen, die vom Verstehen zum Erkennen führen und so zugleich dem Verstehen neue Möglichkeiten eröffnen, kann demnach als der eigentliche Gegenstand der systematischen Literaturwissenschaft aufgefaßt werden.

Die folgenden Untersuchungen setzen den hier skizzierten systematischen Bezugsrahmen voraus, ohne ihn selbst zum Thema einer zusammenhängenden Darstellung zu machen. Dieser wird Gegenstand der schon erwähnten, noch abzuschließenden Abhandlung zur Theorie des Kontexts sein.[13] Die Arbeiten entfalten, freilich in einem inneren Zusammenhang, Perspektiven einer handlungsorientierten systematischen Literaturwissenschaft auf zentrale Aspekte des »universe of discourse«. Was ihnen gemeinsam ist, ist die Frage nach den Artikulationsebenen und Artikulationsformen sprachlich manifestierten Sinns, damit zugleich die Frage nach der Differenz von fiktionalem und pragmatischem Gebrauch der Textschemata. Der Auf-

---

[13] Ein Ausschnitt aus dieser Arbeit, der sich befaßt mit der Geschichte des Begriffs ›Kontext‹ und dessen Bezogenheit auf das Konzept der Sprachhandlung in der Tradition des Römischen Rechts, ist bereits erschienen. Vgl. »Zur Begriffsgeschichte von ›Kontext‹ « in: Archiv für Begriffsgeschichte XVIII (1974).

satz »Geschichte als Exemplum — Exemplum als Geschichte« zeigt an zwei Problematisierungsformen der einfachen pragmatischen Form ›Exemplum‹ den Zusammenhang von Pragmatik, Poetik und narrativem Textschema. Die folgende Arbeit, »Geschehen, Geschichte, Text der Geschichte«, fragt nach den konstitutiven Ebenen narrativer Texte als Aneignungshandlungen von Geschehen und deren fiktionalen Äquivalenten. Die Bedeutung des Handlungsparadigmas für die systematische Literaturwissenschaft kann ex negativo sichtbar werden an den Formen des Komischen und der Komödie, die der Aufsatz »Komik der Handlung, Komik der Sprachhandlung, Komik der Komödie«, ausgehend von der elementaren Komik der ›fremdbestimmten Handlung‹ entwickelt. Die folgenden Arbeiten behandeln partikulare, aber pragmatisch und poetisch signifikante Aspekte der Textkonstitution. Der Aufsatz »Der Gebrauch der Negation in fiktionalen Texten« entwickelt zunächst das Kommunikationsmodell des fiktionalen Textes und bestimmt von da aus die bisher kaum erörterte Funktion der Negation in fiktionalen Texten als Aufbau einer Gegenfiktion in der Fiktion, die dem achronischen Inventar von Konzepten der ›Gesamtfiktion‹ entspringt. Die Arbeiten »Versuch zur Semiotik der Konnotation« und »Aspekte der Metapher« fragen nach Artikulationsformen und Artikulationsebenen sekundärer Bedeutung im Text. Die Arbeit zur Konnotation sucht den Gesamtbereich der möglichen sekundären Bedeutungen systematisch zu erfassen und zwar unter der Voraussetzung, daß diese nicht einer linguistischen sondern nur einer semiotischen Erfassung offenstehen. Die folgende Abhandlung zur Metapher zeigt an einer außerordentlich vielgestaltigen Denkfigur erneut die Notwendigkeit, die semantische Ebene des Textes im Hinblick auf seine möglichen semiotischen Ebenen zu überschreiten und deren Bezogenheit auf Textpragmatik oder Textpoetik darzustellen. Die abschließende Arbeit über die »Semiotik als Kulturwissenschaft« beschäftigt sich mit der semiotischen Kulturtheorie von Greimas und der für sie grundlegenden Relation von Zeichen, Handlung und Artikulation von Sinn und vergegenwärtigt damit noch einmal den Problemhorizont, in dem auch die hier vorgelegten Untersuchungen zur systematischen Literaturwissenschaft ihre Stelle haben.

GESCHICHTE ALS EXEMPLUM – EXEMPLUM ALS GESCHICHTE ZUR PRAGMATIK UND POETIK NARRATIVER TEXTE

> Mich dünkt, es sei so etwas wie ein Ariadnefaden, der aus allerhand nur halb begriffenen Verwicklungen herausführt, gefunden, wenn man das Sprechen entschlossen als Handlung (...) bestimmt.
> K. Bühler, ‚Sprachtheorie', s. 52

I

Versteht man Texte als Fixierungen von kontinuierlichen Sprachhandlungen, so muß der allgemeinste Bezugsrahmen für die Konstitution von Texten eine Theorie der Handlung sein[1]. Am Anfang von

---

Zuerst erschienen in: Geschichte — Ereignis und Erzählung, Poetik und Hermeneutik V, München 1973

[1] Damit wird behauptet, daß Literaturwissenschaft als systematische Textwissenschaft ihren Ort hat im Rahmen der Handlungswissenschaften. Unter dieser Prämisse läßt die Aufarbeitung der theoretischen Konzepte, die die Handlungswissenschaften bereitstellen, wesentliche Anregungen für die Literaturwissenschaft erwarten. Die folgende Arbeit ist der erste Versuch, den ich in dieser Richtung unternommen habe. In ihr soll das Konzept der Sprachhandlung, das in der neuesten Sprachwissenschaft, Sprachphilosophie und Soziologie immer mehr Aufmerksamkeit findet, auf Texte, nicht mehr nur auf minimale Sprachäußerungen angewendet werden. Erst nach Abschluß der Arbeit sind einige für diesen Ansatz relevante Untersuchungen erschienen, bzw. mir bekannt geworden. Von grundlegender Bedeutung ist A. Schütz, Der sinnhafte Aufbau der sozialen Welt, Wien², 1960. Ich werde auf die Bedeutung von Schütz an anderer Stelle genauer eingehen. Wichtig sind auch die Ansätze S. J. Schmidts zu einer Texttheorie als Theorie »kommunikativer Handlungsbeispiele«. Vgl. bes. Texttheorie, Probleme einer Linguistik der sprachlichen Kommunikation, München 1973. Literaturtheorie als Sprachhandlungstheorie auf der Grundlage von Austin ist der methodische Bezugsrahmen mehrerer Arbeiten von Richard Ohmann, die gleichfalls programmatisch sich auf das neue Paradigma beziehen. Vgl. Literature as Act in: Approaches to Poetics, ed. by S. Chatman, New York and London 1973 und Instrumental

Wittgensteins ›Philosophischen Untersuchungen‹ findet sich die lapidare und weitreichende Einsicht, daß Sprache in Handlungen vorkommt[2]. Grenzfall dessen ist, daß Sprache als Handlung vorkommt. Es ist das Besondere von Handlungen, daß sich ihre konstitutiven Momente im Hinblick auf einen Sinn organisieren, der dem Verstehen prinzipiell zugänglich ist. Gegenstand des Verstehens ist aber nicht einfach die Relation von Handlung und Sinn, sondern ihre Vermittlung durch ein Handlungsschema, das über die einzelne Handlung hinausreicht und diese allererst ›orientiert‹. Solche »Typen des Ablaufs von Handeln« sind für Max Weber der eigentliche Gegenstand der Soziologie. »Es lassen sich innerhalb des sozialen Handelns tatsächliche Regelmäßigkeiten beobachten, d. h. in einem typisch gleichartig *gemeinten* Sinn beim gleichen Handelnden sich wiederholende oder (evtl. auch: zugleich) bei zahlreichen Handelnden verbreitete Abläufe von Handeln. Mit diesen *Typen* des Ablaufs von Handeln befaßt sich die Soziologie, im Gegensatz zur Geschichte als der kausalen Zurechnung wichtiger, d. h. schicksalhafter, Einzelzusammenhänge«[3]. Handlungen, sofern ihnen ein solches Handlungsschema zu Grunde liegt, sind konventionell, sie stehen im Bezugsrahmen einer Kultur und einer Gesellschaft, der ihnen einen über unmittelbare Zweckrationalität hinausreichenden ›Sinn‹ allererst verleiht. Dies Konventionelle von Handlungen ist ihr ›Zeichencharakter‹. F. de Saussure, für den die Linguistik Teilbereich einer Wissenschaft war, die er ›sémiologie‹ nannte und die er verstand als »science qui étudie la vie des signes au sein de la vie sociale«[4], sah die Sinnstruktur konventioneller Handlungen in diesem Zeichencharakter begründet: »considérant les rites, les coutumes etc. ... comme des signes« (S. 35).

Könnte man das Konzept der Saussureschen Semiologie nennen ›Handlung als Sprache‹, so ist für Texte das Konzept umgekehrt zu lesen: ›Sprache als Handlung‹. Texte sind somit in zweifacher Weise

---

Style. Notes on the Theory of Speech as Action in: Current Trends in Stylistics, ed. by B. Kachru and H. Stahlke, Edmonton, Canada, sowie Speech Acts and the Definition of Literature in: Philosophy and Rhetoric 4 (1971).

2 L. Wittgenstein, Philosophische Untersuchungen, Frankfurt 1967, S. 24: »Das Wort ›Sprachspiel‹ soll (...) hervorheben, daß das Sprechen der Sprache ein Teil ist einer Tätigkeit, oder einer Lebensform.«

3 Max Weber, Wirtschaft und Gesellschaft, 2 Bde, ed. J. Winckelmann, Köln 1964, Bd. I, S. 20.

4 F. de Saussure, Cours de linguistique générale, Paris 1968, S. 33.

dem Verstehen zugänglich: als Sprache und als Handlung. W. Kamlah und P. Lorenzen haben in ihrer ›Logischen Propädeutik‹ zur Unterscheidung beider Verständnisweisen die Begriffe ›Handlungsverstehen‹ und ›Redeverstehen‹ eingeführt[5]. Das Verstehen eines Textes als Handlung ist fundiert im Verstehen eines Textes als Rede. Die Handlungskorrelate solchen Verstehens sind in der glücklichen Formulierung von J. L. Austin[6] der ›act of saying‹ und in ihm sich vergegenständlichend der ›act in saying‹ (›illocutionary act‹) bzw. ›act by saying‹ (›perlocutionary act‹)[7]. Beide Ebenen verfügen über eigene Regeln der Textkonstitution und erst ihre Relation ermöglicht die Komplexität der konkreten Textstruktur. Man könnte den Komplex, worin der ›act in/by saying‹ sich manifestiert, indem er ihn konstituiert, als Textgegenstand bezeichnen. Er fiele zusammen mit dem, was sich als identisch erhält, wenn ein Text in mehrere Sprachen übersetzt wird. Man hat diesen Komplex lange Zeit arglos als Inhalt bezeichnet. Der ›act in / by saying‹ findet seinen Abschluß darin, daß der Gegenstand Text wird, daß ein ›act of saying‹ ihn ergreift, indem er ihn nach den Möglichkeiten eines gegebenen Lexikons stückelt und nach den Regeln einer Syntax auf einer neuen Ebene synthetisiert. Im Hinblick auf den konkreten Text stehen beide Handlungen im Verhältnis wechselseitiger Ermöglichungsstrukturen.

Austins Unterscheidung von ›act of saying‹ und ›act in / by saying‹ setzt zwei verschiedene texttheoretische Bezugsrahmen voraus. Man könnte den Bezugsrahmen des ›act of saying‹ im Hinblick auf seine satzüberschreitende Konsistenz bezeichnen als Textsemiotik, den Bezugsrahmen des ›act in / by saying‹ als Textpragmatik[8]. Der Textpragmatik ließe sich schließlich ein dritter Bezugsrahmen anschließen, den man als den der Textpoetik bezeichnen könnte. Unterscheidet

---

[5] W. Kamlah, P. Lorenzen, Logische Propädeutik, Mannheim 1967, S. 57.

[6] J. L. Austin, How to do Things with Words, Oxford ²1965.

[7] Vgl. besonders S. 98 ff.

[8] Ch. Morris, Signification and Significance, Cambridge 1964, S. 44: »Pragmatics is the aspect of semiotic concerned with the origins, uses and effects of signs.« Für Morris stehen Semantik, Syntaktik und Pragmatik auf einer Ebene; sie bilden zusammen den Bereich der Semiotik. Demgegenüber schlagen wir vor, unter Semiotik lediglich Syntaktik und Semantik zu fassen und diesen die Pragmatik als einen eigenen Bereich entgegenzustellen. Zur Diskussion des Schemas von Morris vgl. Y. Bar-Hillel (ed.), Pragmatics of Natural Languages, Dordrecht 1971.

man im Hinblick auf die Schemata pragmatischer Sprachhandlungen mit Ch. Morris[9] zwischen ihrem ›primary use‹ und ihrem ›secondary use‹, so ist ein wesentlicher Gegenstand der Textpoetik ›secondary use‹ von Schemata pragmatischer Sprachhandlungen und ihre Freisetzung aus dem pragmatischen Konnex, sei es zum Zwecke ihrer Reflektierbarkeit (ein einfaches Beispiel, sprachliche ›minimal art‹, wäre in diesem Sinne die Aufstellung einer Fußballmannschaft als ›Gedicht‹ bei P. Handke[10]), sei es zur Ermöglichung von illusionären Rollenspielen durch Identifikation mit einem implizierten Leser. Grenzfall der Textpoetik sind schließlich Sprachhandlungen ohne pragmatisches Korrelat wie in konkreter Dichtung, wo die Sprachhandlung als Sprachhandlung sich verschließt und die Kriterien ihrer Konstitution allererst entschlüsselt werden müssen[11].

In der Perspektive der Textpragmatik gewinnen die Untersuchungen neue Aktualität, die A. Jolles den ›einfachen Formen‹[12] der Literatur zugewandt hat. Als ›einfache Formen‹ versteht Jolles jene Formen, »die sich, sozusagen ohne Zutun eines Dichters, in der Sprache selbst ereignen, aus der Sprache erarbeiten« (S. 10). Was sie jeweils bestimmt, ist ihre ›Bündigkeit‹ (S. 22), die einen distinkten Zusammenhang sprachlicher Gesten organisiert. Die einfache Form selbst ist bei Jolles nichts Vorfindliches. Was konkret gegeben ist, nennt Jolles ›vergegenwärtigte Form‹ (S. 264). Aus dem Ineinander konstanter und variabler Elemente der Vergegenwärtigungen löst sich das dahinter liegende beständige Schema der einfachen Form. Doch beläßt es Jolles nicht beim Rückgang von der vergegenwärtigten auf die einfache Form. Er fragt, und darin kann das ›Pragmatische‹ seines Ansatzes gesehen werden, nach der dahinter liegenden ›Geistesbeschäfti-

---

9 Ch. Morris, Signs, Language and Behavior, New York, Braziller, o. J., S. 94. Vgl. hierzu auch die grundlegenden Bemerkungen über Endzweck und Selbstzweck des Handelns in A. Gehlen, Urmensch und Spätkultur, Bonn 1956, S. 33 ff.

10 P. Handke, Die Aufstellung des I. FC Nürnberg vom 27. 1. 1958, in: Die Innenwelt der Außenwelt der Innenwelt, ed. Suhrkamp, Frankfurt 1969.

11 Nur dieser Fall von Texten, die sich rein auf der Textoberfläche konstituieren, ist Gegenstand von M. Benses Texttheorie, deren Geschlossenheit so mit einer arbiträren Verengung ihres Gegenstandsbereichs erkauft ist. Vgl. M. Bense, Einführung in die informationstheoretische Ästhetik, rde, Hamburg 1969.

12 A. Jolles, Einfache Formen, Darmstadt ²1958.

gung‹, die sich über die einfache Form in der vergegenwärtigten Form manifestiert. Der Begriff der ›Geistesbeschäftigung‹ freilich ist an ideologische Voraussetzungen geknüpft, die aufgegeben werden müssen, wenn der Jollessche Ansatz fruchtbar gemacht werden soll. Geistesbeschäftigung heißt bei Jolles ›Arbeit der Sprache‹ (S. 16). Arbeit aber ist für Jolles typologisch reduziert auf Arbeit des Bauern, Handwerkers und Priesters. Was diese leisten, vollzieht sich noch einmal in der Sprache, wird in der Sprache aufbewahrt als einfache Form. Man wird Jolles' sentimentalischer Auffassung so beschaffener ›Arbeitsteilung‹, die sich um Wirtschafts- und Sozialgeschichte wenig kümmert, ebensowenig folgen wollen wie seiner Beschränkung auf ein System von einfachen Formen, die als eine Art Urformen sprachlichen Verhaltens den Urformen menschlicher Tätigkeit entsprechen sollen. Die Frage nach den pragmatischen satzüberschreitenden Formen kann nicht apriorisch eingeengt werden. Der geschichtliche Wandel, der einen Wandel der Gesellschaft und ihrer Kommunikationsformen impliziert, bringt immer neue sprachliche Handlungsschemata hervor und damit zugleich immer neue Möglichkeiten ihrer poetischen Freisetzung und Umbesetzung, die von Textpragmatik und Textpoetik nicht ein für alle Mal, sondern im Hinblick auf ihre geschichtliche Stelle erörtert werden müssen.

Die einfachen Formen, die Jolles darstellt, sind fast ausschließlich narrative Formen. Die Arbeiten von Jolles zeigen immer neu, wie für die Konstitution der Geschichte als Text der Aspekt der Textpragmatik von grundsätzlicher Bedeutung ist. Für das Unterscheidende der narrativen Form ist ausschlaggebend die Weise, wie der narrative Zusammenhang ergriffen wird und wie dem Dargestellten ein je verschieden gelagertes Interesse entspricht, aus dem die Sprachhandlung als Ergreifen des narrativen Konnexes hervorgeht. Jolles macht damit etwas sichtbar, was in späterer Erzähltheorie häufig wieder verlorengegangen ist. So geht H. Weinrich[13] bei seiner Unterscheidung zwischen ›besprochener und erzählter Welt‹ aus von einer »typischen Sprechsituation Erzählung« (S. 48). Die Vielfalt möglicher narrativer Zugriffe wird auf einen einzigen zurückgeführt, aus dem sich alle anderen ableiten lassen sollen. Der Narrator wird auf einen ganz be-

[13] H. Weinrich, Tempus. Besprochene und erzählte Welt, Stuttgart 1964. Weinrich hat diesen Passus in der 2. Auflage seines Buches (1971) verändert, ohne aber seine grundsätzliche Bestimmung der »Sprechsituation Erzählung« aufzugeben. Vgl. bes. S. 33-38.

stimmten Prototyp des Erzählers festgelegt: »Der Prototyp des *Erzählers,* so wie ihn uns die Literatur in ihren Rahmenerzählungen immer wieder vorführt, ist der Geschichtenerzähler. Wir haben von ihm ein bestimmtes Vorstellungsbild: er ist eher alt als jung, beim Märchen ist er der Märchenonkel oder — als erzählende Frau — die Märchentante, oder die Großmutter. Er steht nicht, sondern er sitzt und zwar im Sessel, auf dem Sofa oder am Kamin. Seine Stunde ist der Abend, der Feierabend. Er unterbricht gerne seine Erzählung, um einen Zug aus der Pfeife oder Zigarre (selten an der Zigarette!) zu tun. Seine Bewegungen sind langsam; er nimmt sich Zeit, seine Zuhörer der Reihe nach anzuschauen oder er blickt sinnierend zur Decke. Seine Gesten sind sparsam, sein Gesichtsausdruck eher versonnen als erregt. Er ist *ganz entspannt*« (S. 49). Weinrich nimmt das Erzählen als eine Art Urphänomen hin. Aber die Geschichte des Angeklagten, der den Hergang einer Tat erzählt, die Geschichte, die der Pfarrer in eine Predigt einflicht, die Geschichte, die die Zeitung im Lokalteil oder auf der ersten Seite bringt, die Geschichte, die der Historiker berichtet, oder der Zeugenbericht, den der Polizist aufnimmt, sind Sprachhandlungen, die sich aus der Sprachhandlung jenes Erzählers nicht ableiten lassen, wie ihn Weinrich illustriert. Das Faktum des Erzählens bestimmt noch nicht zureichend eine Sprechsituation. Diese selbst bestimmt vielmehr das Erzählen. Die Konstitution narrativer Texte ist abhängig von ihrem Gebrauch, somit von ihrer Stelle im je umgreifenden sprachlichen oder außersprachlichen ›Kontext‹. Es wäre möglich, das Wort ›Geschichte‹ in derselben Weise auf die Vielfältigkeit des mit ihm Gefaßten zu untersuchen, wie Wittgenstein das mit dem Wort ›Spiel‹ getan hat. Statt nach dem zu fragen, was allen Spielen als gemeinsame Idee vom Spiel zu Grunde liegt, fragt Wittgenstein nach dem Wortgebrauch, d. h., nach den Zusammenhängen, in denen das Wort vorkommt, und den darin sich manifestierenden Tätigkeiten. Wittgenstein macht an einer Stelle der ›Philosophischen Untersuchungen‹ den auf Chomsky vorweisenden Unterschied zwischen ›Oberflächengrammatik‹ und ›Tiefengrammatik‹[14]. Was auf der Oberfläche Übereinstimmung nahelegt, erweist sich in seiner Tiefenstruktur als immer weiter auseinander strebend. »Die unsägliche Verschiedenheit aller der tagtäglichen Sprachspiele kommt uns nicht zum Bewußtsein, weil die Kleider unserer Sprache alles gleichmachen« (S. 261).

---

14 S. 203.

Trotz dieser Verschiedenheit ist die Klasse der narrativen Texte von der Klasse der systematischen Texte unverwechselbar abgegrenzt durch das ihnen allen zu Grunde liegende narrative Schema. A. C. Danto bestimmt dieses in seiner ›Analytical Philosophy of History‹[15] wie folgt:

(1) x is F at t-1
(2) H happens to x at t-2
(3) x is G at t-3

Diese Formel beschreibt die elementare Struktur der Erzählung. Dem Geschichtssubjekt x kommt zum Zeitpunkt t-1 das Prädikat F, zum Zeitpunkt t-3 das Prädikat G zu. Dabei bezeichnen F und G Oppositionen. Zwischen beiden Zuständen vermittelt die Geschichte H im Zeitverlauf t-2. (1) und (3) konstituieren das explanandum, (2) das explanans der Geschichte. In diesem Sinne könnte Cäsars »veni, vidi, vici« das Beispiel einer nicht mehr weiter reduzierbaren minimalen Geschichte geben. Zwischen dem Zeitpunkt t-1 des veni und dem Zeitpunkt t-3 des vici liegt ein den Zeitverlauf t-2 bezeichnendes vidi, das, gerade weil es diesen witzig-großsprecherisch zu einem Nichts zusammenschrumpfen läßt, seine besondere Wirkung erhält.

Geschichte wird bei Danto bestimmt als Abbildung eines Prozesses, der das Gleichgewicht eines Zustands aufhebt und über eine Folge von Veränderungen einen neuen Zustand erreicht, der sich zum ersten konträr verhält. Doch läßt Danto kein Mißverständnis darüber aufkommen, daß nicht der Gegenstand es ist, der seine Organisationsform bedingt, sondern daß vielmehr die Organisationsform selbst den Gegenstand als solchen allererst konstituiert. Was diese ergreift, sind Oppositionen und ihre Vermittlung. Hier ist es notwendig, den Unterschied von System und Prozeß ins Auge zu fassen, wie er der Sprache selbst innewohnt. Sprache als System ist nach L. Hjelmslev bestimmt durch die Korrelation des Entweder-Oder, Sprache als Prozeß durch die Relation des Sowohl-als-Auch[16]. Der

---

[15] A. C. Danto, Analytical Philosophy of History, Cambridge ²1968, S. 236.

[16] L. Hjelmslev, Prolegomena to a Theory of Language, Revised English Edition, Madison 1963, S. 36: »This is what is behind the distinction between process and system: in the process, in the text, is present a both-and, a conjunction or coexistance between the functives entering therein, in the system is present an either-or, a disjunction or alter-

grundsätzliche Unterschied zwischen Sprache als Prozeß und Sprache als System, syntagmatischer und paradigmatischer Dimension, kehrt auf der Ebene der Texte in der Prozeßdimension der Sprache selbst noch einmal wieder als Unterschied systematischer und narrativer Texte. Die Weise des Erzählens richtet sich nach dem Sowohl-als-Auch, dessen Oppositionen im Nacheinander die Distanz bestimmen, die die Geschichte durchläuft. Das narrative Schema gibt die Möglichkeit, paradigmatische Oppositionen syntagmatisch zu entfalten, sie ›auszuspielen‹ in Akten der Verkörperung. Dabei spielt eine Klasse von Oppositionen eine besondere Rolle, deren Richtungssinn determiniert ist. Oppositionen wie Leben-Tod, jung-alt, unerfahren-erfahren, sind Oppositionen, deren Konsekutivverhältnis festgelegt ist (›determinations‹ bei Hjelmslev). An sie als die eigentlich narrativen Oppositionen sind alle übrigen Oppositionen gebunden.

Eine Geschichte bestimmt sich nicht nur aus ihrem narrativen Schema, sondern ebensosehr aus dessen Besetzung auf den verschiedenen Textebenen. Erst durch die besondere Weise der Besetzung des narrativen Schemas wird die Geschichte konstituiert. Diese Besetzung als Sprachhandlung zu beschreiben und auf ihren ›Kontext‹ zurückzuführen, ist Aufgabe der Textpragmatik bzw. Textpoetik. Wollte man eine Geschichte aus dem narrativen Schema, wie Danto es formuliert, hervorbringen, so müßte eine Reihe von Transformationen durchlaufen werden, die hier nicht spezifiziert werden kann. Man könnte die auf das narrative Schema folgende Dimension als die der Geschichtsdisposition bezeichnen. In ihr wird das narrative Schema einer thematischen Konstellation unterlegt. Der Weg zwischen Geschichtsdisposition und Geschichte ist der der eigentlichen Geschichtskonstitution. Man könnte ihn in Analogie sehen zu den verschiedenen ›Zuständen‹ einer Druckplatte.

Der pragmatische Konnex zwischen Geschichtsdisposition und Geschichte läßt sich an einem Beispiel unmittelbar aufweisen. Es gibt eine ganze Sammlung pragmatisch bestimmter Geschichtsdispositionen, nämlich jene der Paragraphen des Strafgesetzbuchs. Aus jedem Vordersatz eines Paragraphen des Strafgesetzbuchs lassen sich Geschichten ableiten oder vielmehr ungesättigte Hälften von Geschichten. Oder in umgekehrter Richtung: es gibt Geschichten, die sich re-

---

nation between the functives entering therein.« Vgl. zu diesem Ansatz A. Greimas, Du Sens, Paris 1970, besonders das Kap. »Eléments d'une grammaire narrative«.

duzieren lassen auf Vordersätze von Strafgesetzbuchparagraphen[17]. In solchen Fällen aber ist die Geschichte noch ungesättigt, sie verlangt erst einen Abschluß. Der Nachsatz des Paragraphen gibt das Ende der Geschichte an, wie sie sich durch den gegebenen pragmatischen Zusammenhang bestimmt. Erst indem vollzogen ist, was der Paragraph in seinem Nachsatz ausspricht, ist die Geschichte abgeschlossen, eine Geschichte, deren konstitutive Opposition die von Vergehen und Strafe ist. t-1 und t-3, Vergehen und Strafe, werden vom Paragraphen benannt; was als t-2 dazwischen liegt, ist vom Paragraphen selbst unausdrücklich vorausgesetzt, nämlich das Urteil. Leicht ersichtlich, daß unter diesen Voraussetzungen sich vor Gericht zwei verschiedene Weisen des Erzählens (diegesis oder narratio in antiker Rhetorik) beobachten lassen müssen. Das Erzählen des Angeklagten wird bemüht sein, keine Geschichte entstehen zu lassen. Der Ankläger wird im Gegenteil das Ziel verfolgen, die ›Fakten‹ zu einer Geschichte zu ordnen. Einer jener Geschichten, die, da sie unter den Vordersatz eines Paragraphen fällt, erst die halbe Geschichte ist, deren zweite Hälfte noch aussteht. Geschichte hat diesen Sinn in Wendungen wie ›böse Geschichte‹, ›Geschichten machen‹, ›mit der Geschichte nichts zu tun haben‹, ›in eine Geschichte verstrickt sein‹. Nicht zufällig hat das Buch von Wilhelm Schapp den Titel ›In Geschichten verstrickt‹[18] und nicht zufällig ist der letzte Horizont dieser Geschichten bei Schapp die »Weltgeschichte im christlichen Sinne« (S. 202), eine Weltgeschichte, die auf ein Weltgericht zugeordnet ist.

II

Der Übergang vom Paragraphen des Strafgesetzbuchs zur Geschichte, die unter ihn fällt, ist ein Übergang aus dem Textbereich der systematischen in den Textbereich der narrativen Texte. Denkbar wäre es, jene Geschichte so zu erzählen, daß sie nur die Merkmale enthielte, die ihre Subsumtion unter die Kategorie der Geschichten ermöglicht,

---

17 Auf diesen Zusammenhang hat unter anderem Aspekt schon einmal A. Jolles hingewiesen: »Wir sehen, wie eine Regel, ein Gesetzesparagraph, in Geschehen übergeht, ein Geschehen wird und dadurch, daß es von der Sprache ergriffen wird, als Geschehen Gestalt bekommt«. Statt von Geschehen würde ich hier lieber von Geschichte sprechen.

18 W. Schapp, In Geschichten verstrickt, Hamburg 1953.

auf die der Paragraph zutrifft. In dieser Weise aber wird im juridischen Erzählbereich um so weniger erzählt, je ›schwerwiegender‹ der Fall ist. Gewöhnlich bleibt ein Erzählüberschuß, der indes eine andere pragmatische Funktion übernimmt: den Aufbau von Wahrscheinlichkeitsindizes durch den Rückgang auf das realitätsverbürgende kleine Detail.

Es läßt sich vermuten, daß gerade im Grenzbereich zwischen systematischen und narrativen Texten Aufschluß über die Konstitution von ›Geschichten‹ als Texten zu finden ist. Dieser Übergang ist wohl am ausdrücklichsten bedacht worden in Lessings ›Abhandlungen über die Fabel‹[19]. Fabel und Exemplum sind narrative Minimalformen, die aus minimalen systematischen Texten, nämlich Sentenzen, Maximen, ›moralischen Lehrsätzen‹, abgeleitet sind. Lessing zeigt Schritt für Schritt, wie sich aus dem systematischen ein narrativer Text gewinnen läßt, der diesen zum Gegenstand hat.

> Der Schwächere wird gemeiniglich ein Raub des Mächtigeren. Das ist ein allgemeiner Satz, bei welchem ich mir eine Reihe von Dingen gedenke, deren eines immer stärker ist als das andere; die sich also, nach der Folge ihrer verschiednen Stärke, untereinander aufreiben können. Eine Reihe von Dingen! wer wird lange und gern den öden Begriff eines Dinges denken, ohne auf dieses oder jene besondere Ding zu fallen, dessen Eigenschaften ihm ein deutliches Bild gewähren? Ich will also auch hier, anstatt dieser Reihe von unbestimmten Dingen eine Reihe bestimmter, wirklicher Dinge annehmen. Ich könnte mir in der Geschichte eine Reihe von Staaten oder Königen suchen; aber wieviele sind in der Geschichte so bewandert, daß sie, so bald ich meine Staaten oder Könige nur nennte, sich der Verhältnisse, in welchen sie gegeneinander an Größe und Macht gestanden, erinnern könnten? Ich würde meinen Satz nur wenigen faßlicher gemacht haben; und ich möchte ihn gern allen so faßlich, als möglich, machen! Ich falle auf die Tiere; und warum sollte ich nicht eine Reihe von Tieren wählen dürfen; besonders wenn es allgemein bekannte Tiere wären? Ein Auerhahn — ein Marder — ein Fuchs — ein Wolf — Wir kennen diese Tiere; wir dürfen sie nur nennen hören, um sogleich zu wissen, welches das stärkere oder das schwächere ist. Nunmehr heißt mein Satz: der Marder frißt den Auerhahn; der Fuchs den Marder; den Fuchs der Wolf. Er frißt? er frißt vielleicht auch nicht. Das ist mir noch nicht gewiß genug. Ich sage also: er fraß. Und siehe, mein Satz ist zur Fabel geworden! (S. 16).

---

19 Lessing, Gesammelte Werke, ed. P. Rilla, Berlin 1955, Bd. IV.

Was diese Transformation vom Allgemeinen ins Besondere bestimmt, ist das Moment der Wirkung. Mit ihr soll ein moralischer Satz ›faßlich‹, also anschaulich gemacht werden. So wird das Ganze eines moralischen Satzes in das Ganze einer Handlung übersetzt: »Eine Handlung nenne ich eine Folge von Veränderungen, die zusammen ein Ganzes ausmachen. Diese Einheit des Ganzen beruhet auf der Übereinstimmung aller Teile zu einem Endzwecke. Der Endzweck der Fabel, das, wofür die Fabel erfunden wird, ist der moralische Lehrsatz.« (S. 24) Der ›Endzweck‹, also der pragmatische Konnex, bestimmt die Konstitution des narrativen Textes, d. h. die Art und Weise, wie das Erzählschema ergriffen und besetzt ist.

Lessings Begriff der ›Einheit des Ganzen‹ hat Implikationen für das Tempus seiner Darstellung. Das im zeitlichen Nacheinander sich organisierende Ganze der ›Handlung‹ kann nur aus der Perspektive der Überschau zu einem solchen werden. Das bedeutet aber, die Geschichte muß vergangen sein. Nur indem die Geschichte als eine vergangene erscheint, kann sie als eine ganze erscheinen. Das Präteritum ist hier, wie in allen narrativen Texten, das Tempus der Abgeschlossenheit der Handlung, also ihrer Vergangenheit. Käte Hamburger, die den Zusammenhang von Abgeschlossenheit und Vergangenheit nicht sieht, hat in ihrem Buch ›Die Logik der Dichtung‹[20] aus dem Unterschied der Rolle des Präteritums in nicht fiktiven und fiktiven Texten eine Reihe von Scheinproblemen entwickelt. Erzählung als fiktive Erzählung hat für K. Hamburger gewissermaßen gar keinen Erzähler. Was in ihr sich darstellt, ist »eine aus sich selbst existierende fiktive Wirklichkeit, die *qua fiktive ebenso unabhängig von einem Aussagesubjekt ist, wie es eine ›reale‹ Wirklichkeit auch ist*« (S. 112). Da die fiktive Erzählung nach K. Hamburger nicht erzählt wird, steht sie auch nicht in der Vergangenheit, sondern in einer fiktiven Gegenwart. In der Fiktion verliert »die grammatische Form des Imperfekts (. . .) ihre Funktion, uns über eine Vergangenheit der mitgeteilten Fakten zu informieren« (S. 64). K. Hamburger übersieht dabei die besondere Funktion des Präteritums: daß es bis zum vorletzten Satz des narrativen Textes vorweist auf einen schon abgeschlossenen Zusammenhang, der als ›Ganzes‹ allererst die Prinzipien der Stilisation für die Textkonkretisation zu liefern vermag. Das Tempus des Präteritums verweist immer schon auf diesen umgreifenden und abgeschlossenen Zusammenhang. Es unterscheidet sich darin vom Prä-

[20] Käte Hamburger, Die Logik der Dichtung, Stuttgart ²1968.

sens und erhält eine besondere Qualität als (kataphorisches) ›Textzeichen‹, indem es die Bedingung der Möglichkeit eines in der Zeit sich erstreckenden ›Ganzen‹ bezeichnet.

Exemplum und Fabel stimmen darin überein, daß sie eine narrative Ganzheit konstituieren, die auf eine systematische Ganzheit bezogen ist. Die Art und Weise freilich zeigt einen Unterschied, der die Fabel näher an die Grenze zum systematischen Text rückt. Lessing geht an einer Stelle seiner Abhandlung auf den Unterschied von Fabel und Exemplum ein. In der »inneren Wahrscheinlichkeit« (S. 45), die unbeeinflußt ist von der Faktizität des wirklichen Falls, erblickt Lessing, in kritischer Absetzung von Aristoteles, einen Vorzug, der den Fabeln »in Ansehung der Überzeugungskraft (...) vor den historischen Exempeln gebühre« (S. 45). Lessings Begriff der ›inneren Wahrscheinlichkeit‹, der Fabel von Exemplum unterscheiden soll, ist nicht sonderlich glücklich. Er verdeckt die programmatische Unwahrscheinlichkeit der Fabel, und damit das, was Exemplum und Fabel wirklich voneinander trennt[21]. Jene Unwahrscheinlichkeit der Fabel nämlich hat eine besondere Funktion: sie ist das Zeichen der mit der Gattung gegebenen allegorischen Intention. Das Allgemeine erscheint in der Fabel *als* Besonderes, im Exemplum *im* Besonderen. Das Allgemeine ist einmal repräsentiert, das andere Mal impliziert. Macht man den Unterschied zwischen ›blinden‹ und thematisierten Implikationen, so sind im Exemplum genau jene Implikationen thematisiert, aus denen das Ganze des zu Grunde liegenden moralischen Satzes zusammentritt. Was das Exemplum impliziert, ist der moralische Satz. Worin es sich expliziert, sein Medium, ist die Geschichte. Das Exemplum ist eine Form der Expansion und Reduktion in einem. Expansion im Hinblick auf die zu Grunde liegende Sentenz, Reduktion im Hinblick auf eine Geschichte, aus der herausgeschnitten, isoliert wird, wessen die Sprachhandlung des Exemplums bedarf, um sich zu konkretisieren. Doch besteht über die Richtung, in der der Text sich konstituiert, kein Zweifel. Die Regel für die Einheit des Ganzen, das sich aus dem umgreifenden Ganzen einer Geschichte herauslöst und autonom setzt, liegt im ›Endzwecke‹ des Exemplums, dem moralischen Satz[22].

---

21 Zur Funktion des Unwahrscheinlichen in der Fabel vgl. Vf., Poesie des Unpoetischen. Über La Fontaines Umgang mit der Fabel, in Poetica I (1967).

22 Über die neuere Literatur zur Form des Exemplum unterrichtet R. Schenda, Stand und Aufgaben der Exemplaforschung, in Fabula 10.

Hugo Friedrich faßt in seinem Buch ›Die Rechtsmetaphysik der Göttlichen Komödie‹[23] das Exemplum als Verkörperung eines moralischen Typus: »Die Geschichte wird auf etwas außerhalb ihres Geschehens Liegendes bezogen, auf einen moralischen Typus, der der Zeit enthoben ist« (S. 28). Dies ist mit besonderem Blick auf Dante gesehen, bei dem das Exemplum sich zur großen und denkwürdigen Exemplafigur zusammenzieht, und damit seinen Status verändert. Die Form des Exemplums verwandelt sich hier in die architekturale Typik von Exemplafiguren, in denen sich die Architektonik von Dantes symbolischem Weltbau manifestiert. Aus seiner primären Anlage bezeichnet das Exemplum jedoch weniger moralische Typen, als vielmehr moralische Relationen. Es sind Verhältnisse von gut und böse, klug und einfältig, mächtig und machtlos, oder andererseits von Illusion und Desillusion, die in der narrativen Erstreckung des Exemplums zur Anschauung kommen. Das Exemplum konstituiert sich aus den drei Momenten Situation — Entscheidung — Ausgang der Situation. Die so beschaffene Dreigliedrigkeit bestimmt sich aus dem pragmatischen Konnex, in den das Exemplum zu stellen ist. Seiner eigentlichen rhetorischen Bestimmung nach tritt das Exemplum in eine pragmatische Situation, die sich dadurch bestimmt, daß sie noch offen ist und eine Entscheidung verlangt. Pragmatische Situation und Ausgangssituation des Exemplums sind isomorph. Sofern gegebene Situation und Exemplum durch Isomorphie verbunden sind, läßt sich der Ausgang des Exemplums begreifen als Vorgriff auf den Ausgang der eigenen Situation. Das Exemplum zeigt, wohin es führen muß, wenn man sich in einer gegebenen Situation so oder so entscheidet. In dieser Isomorphie liegt das überredende, zur Handlung oder Unterlassung einer Handlung auffordernde Moment des Exemplums. Daß aber das Exemplum als Vorgriff auf den Ausgang einer ihr isomorphen, aber noch offenen Situation verstanden werden kann, hat

---

(1969). Vgl. besonders F. Dornseiff, Die literarische Verwendung des Beispiels, in Vorträge der Bibliothek Warburg 1924-25, Leipzig 1927; A. Jolles, Einfache Formen, Darmstadt ²1958, S. 177 ff.; E. R. Curtius, Exempla-Literatur des Mittelalters, in Romanische Forschungen 56 (1942); J. Klapper, Exemplum, in Merker-Stammler, Reallexikon der deutschen Literaturgeschichte, 2. Aufl.; S. Battaglia, L'esempio morale, in Filologia Romanza 6 (1959).

[23] H. Friedrich, Die Rechtsmetaphysik der Göttlichen Komödie, Frankfurt 1942.

tiefere Voraussetzungen, die in dem Geschichtsverständnis selbst angelegt sind, dem das Exemplum entspringt. Die Gedanken, die Aristoteles in seiner Rhetorik über den Unterschied von Fabel und Exemplum angestellt hat, sind dafür ein wertvolles Zeugnis.

> Fables are suitable for adresses to popular assemblies; and they have one advantage — they are comparatively easy to invent, whereas it is hard to find parallels among actual past events. You will in fact frame them just as you frame illustrative parallels: all you require is the power of thinking out your analogy, a power developed by intellectual training. But while it is easier to supply parallels by inventing fables, it is more valuable for the political speaker to supply them by quoting what has actually happened, since in most respects the future will be like what the past has been.[24]

Was sich geschichtlich ereignet, ist seinem Charakter nach nicht einmalig, sondern wiederkehrend. Man könnte es auch umgekehrt sagen: geschichtlich im Sinne des Aristoteles ist nicht das Einmalige, sondern das Wiederkehrende. So benennt das Exemplum einen Zusammenhang von Situation und Ausgang der Situation, der als immer wiederkehrender von allgemeiner Bedeutung ist. Deshalb kommt nach Aristoteles dem Exemplum wirklich ein antizipatorischer Charakter zu, der es erlaubt, die eigene, noch offene Situation im Licht früherer Erfahrung zu erkennen, und so einen begründeten Entschluß zu fassen, der nicht nur Folge eines rhetorischen Trugschlusses ist. Auch Quintilian[25] rät seinem Rhetor, so viele Exempla wie möglich parat zu halten. Quintilian hat vor allem den juristischen Fall im Auge und den Zeugniswert, den ein geschickt gewähltes Exemplum im Hinblick auf diesen haben kann. Das Exemplum hat — so scheint es zumindest — die höhere Autorität der Vorurteilslosigkeit und Unparteilichkeit. Diese Autorität ist hier nicht mehr die Autorität der wiederkehrenden, sondern der vergangenen Geschichte. Was als Vergangenheit präsent ist, ist eben dadurch ausgezeichnet und hat einen höheren,

---

24 The Works of Aristoteles, vol. XI Rhetorica, Translated by W. R. Roberts, Oxford 1946, II, 20.

25 Quintilian, Institutio oratoria, X. I. 34, ed. H. E. Butler, The Loeb Classical Library, in 4 vol., IV, S. 22: (...) ex cognitione rerum exemplorumque, quibus imprimis instructus esse debet orator, ne omnia testimonia expectet a litigatore, sed pleraque ex vetustate diligenter sibi cognita sumat, hoc potentiora, quod ea sola criminibus odii et gratiae vacant.

exemplarischen Anspruch auf Geltung. In beiden Fällen aber, bei Aristoteles wie bei Quintilian, erscheint Geschichte in einer speziellen Perspektive, für die Cicero das bis in die Neuzeit weiter wirkende Schlagwort: ›historia magistra vitae‹[26] gefunden hat. Worauf diese Formel verweist, ist ein über die einzelne Lehre hinausreichender Zusammenhang von Geschichte und Moralphilosophie, der den Rahmen konstituiert, innerhalb dessen das Exemplum als ›einfache Form‹ seinen Ort hat. Die Formel gibt gewissermaßen das Perspektiv, durch das Geschichte allererst sichtbar wird. Schon die Geschichte selbst konstituiert sich unter moralphilosophischem Gesichtspunkt. Sie erscheint ausgesondert aus dem historischen Kontinuum und trägt ihren Sinn in sich. Sie ist ein Makroexemplum. Die Kriterien, die die Übersetzung von Geschehen in Geschichte leiten, sind solche der Moralphilosophie, die im denkwürdigen Zusammenhang einer Geschichte sich ausprägen. Was sich bei der Übersetzung von Geschehen in Geschichte vollzieht, wiederholt sich bei der Übersetzung der Geschichte in Exempla. Nur daß das moralphilosophische Substrat hier in eine neue Verdichtung gebracht wird. Die ›Umwegstruktur‹[27], die der Geschichte als ›Makroexemplum‹ eigen ist, wird bei dieser zweiten Übersetzung aufgegeben. Das Exemplum als minimale narrative Einheit bezieht sich auf die minimale systematische Einheit des moralphilosophischen Satzes, und zwar so, daß beide gewissermaßen die kürzeste Verbindung eingehen. »Solum quod facit ad rem est narrandum«[28], lautet eine der Exemplaregeln des Humbert de Romance. Die ›res‹ ist hier der moralische Satz.

Der Umgang mit Geschichte, wie ihn die Antike kennt, und wie er der ›einfachen Form‹ des Exemplum zu Grunde liegt, könnte mit einem Terminus der strukturalen Linguistik als paradigmatisch bezeichnet werden. Wo Geschichte überhaupt gegenständlich wird, geschieht dies im Hinblick auf ihre Subsumtion unter Klassen des moralischen Systems. Nur sofern Geschichten ihren Ort haben im moralischen System und für eines seiner Elemente einstehen, können sie exemplarische Bedeutung gewinnen und damit allererst Anspruch darauf, dem Kontinuum des bloßen Geschehens oder der Umweghaf-

---

26 Cicero, De oratore II, c. 9,36.

27 Den Begriff übernehme ich von H. Blumenberg, Wirklichkeitsbegriff und Wirklichkeitspotential des Mythos, in Terror und Spiel, Poetik und Hermeneutik IV, München 1971.

28 Zitiert bei H. Friedrich, Rechtsmetaphysik, S. 28.

tigkeit der Geschichte als ›Makroexemplum‹ entzogen und in einen neuen Zusammenhang gestellt zu werden, den Zusammenhang der paradigmatischen Konvergenz von Geschichten im Hinblick auf ihren Ort im moralischen System. Die Priorität dieser Intention bedingt, daß im Exemplum sich der Unterschied »zwischen Mythologie, Legende, Dichtung einerseits, wirklicher Geschichte andererseits« (Friedrich S. 28) verwischt. »Was in beständiger und vielseitiger Überlieferung gegeben ist, wird als Geschehen angesehen« (S. 28). Der Drang, des immer weiter anwachsenden Überflusses an Denkwürdigem systematisch Herr zu werden, die Unersättlichkeit im Sammeln von Überliefertem und seiner paradigmatischen Sortierung in ein moralphilosophisches System steigert sich im Mittelalter und in der Renaissance zu einer Art Besessenheit, deren Antriebe heute nur noch schwer einsichtig sind. »Es ist, als ob die typologisch verzettelte und zerfaserte Geschichte wieder in der Urgewalt ihrer grenzenlosen Stofflichkeit hereindrängte, wie sich das ja auch anderwärts, so in den Enzyklopädien des 12. und 13. Jahrhunderts kundtut, wo die Normen und Typen den Erfahrungs- und Geschichtsstoff nicht mehr zu bewältigen vermögen« (Friedrich, S. 32).

Mit der christlich mittelalterlichen Rezeption verändert das Exemplum jedoch seinen Charakter. Sofern es neu verstanden wird als ›figura‹ und in eine Figuraltypologie eintritt[29], die den Rahmen aller Figuren bestimmt, wird es doppelt lesbar, paradigmatisch und syntagmatisch zugleich. Wie die Geschichte in einem ›magistra vitae‹ und Heilsgeschichte ist, so ist das Exemplum zugleich bezogen auf seine paradigmatische Klassifikation im Zusammenhang des moralphilosophischen Systems und als ›figura‹ auf die sich ankündigende und erfüllende Heilsgeschichte.

R. Koselleck[30] hat das Verschwinden des Exemplums seit dem ausgehenden 18. Jh. in Zusammenhang mit einer gewandelten Geschichtsauffassung gebracht, deren zu Grunde liegende Geschichtserfahrung nicht mehr die der magistra vitae sein konnte. Der Zugriff auf das Kontinuum des Geschehens, den diese neue Geschichtsauffassung leitet, ließe sich als ›syntagmatisch‹ bezeichnen. Indem die Ge-

29 Vgl. den grundlegenden Aufsatz von E. Auerbach, Figura, in Archivum Romanicum 22 (1938), S. 436-489.

30 R. Koselleck, Historia Magistra Vitae. Über die Auflösung des Topos im Horizont neuzeitlich bewegter Geschichte, in Natur und Geschichte, Karl Löwith zum 70. Geburtstag, Stuttgart 1967, S. 196-218.

schichte sich von ihrer Relation mit dem moralphilosophischen System löst, tritt sie aus dem paradigmatischen Horizont in den syntagmatischen einer unendlichen Verbindung, deren unüberschaubare Verflochtenheiten sich immer weiter aufdecken und doch nie abschließend erkennen lassen. Erst hier erscheint *die* Geschichte als Inbegriff aller möglichen ›Geschichten‹, deren Elemente das Faktische berühren. Noch bei Voltaire stehen die beiden Möglichkeiten der Orientierung im Geschichtlichen beisammen. Geschichte wird einmal erzählt im syntagmatischen Rahmen der Weltgeschichte, einmal im paradigmatischen Rahmen einer Sammlung von Exempla für das immer Gleiche menschlicher Niedertracht[31].

So lange Geschichte als Exemplum bezogen ist auf ein moralphilosophisches System, so lange erscheint das narrative Schema gewissermaßen als ›fremdbestimmt‹. Aber solche Fremdbestimmtheit des narrativen Schemas ist kein Sonderfall narrativer Texte. Das Verhältnis von ›Fall‹ und Paragraph des Strafgesetzbuchs, von Exemplum und moralischem Satz sind keine Ausnahme. Sie belegen nur mit besonderer Deutlichkeit, was jede Geschichte mehr oder weniger vordergründig bestimmt. Jede Geschichte ist charakterisiert durch eine je spezifische Ungleichgewichtigkeit der narrativen Expansion, die ihren Grund hat im je verschiedenen pragmatischen Konnex, in den die Geschichte gehört. Wie die paradigmatische Erfassung der Geschichte sich im Exemplum am weitesten dem Bereich systematischer Texte nähert, so sucht andererseits die Geschichte im syntagmatischen Horizont die ›Fremdbestimmtheit‹ zu minimalisieren. Ihr Anspruch ist es dann, darzustellen »wie es eigentlich gewesen«. Doch leistet sie letzten Endes statt einer Aufhebung der ›Fremdbestimmtheit‹ immer nur die Illusion dieser Aufhebung. Genau dies ist es, was Roland Barthes in einem Aufsatz über »Le discours de l'histoire«[32] als die Prätention der Geschichtsschreibung auf Realität kenntlich macht, mit

---

31 Vgl. Vf., Einleitung zu Voltaire, Aus dem Philosophischen Wörterbuch, Sammlung Insel, Frankfurt 1967.

32 R. Barthes, Le Discours de l'Histoire, in Information sur les Sciences Sociales 1967, S. 73: »Comme on le voit, par sa structure même et sans qu'il soit besoin de faire appel à la substance du contenu, le discours historique est essentiellement idéologique, ou pour être plus précis, imaginaire, s'il est vrai que l'imaginaire est le langage par lequel l'énonçant d'un discours (entité purement linguistique) ›remplit‹ le sujet d'énonciation (entité psychologique ou idéologique)«.

der sich eine unausdrückliche Ideologie sichert. Jede Geschichtsschreibung setzt ein Interesse voraus, das theoriebedürftig ist.

III

Die Vorstellung von der Autonomie des Poetischen hat die Literaturwissenschaft bisher, sieht man von Ausnahmen ab, daran gehindert, poetische Formen auf die ihnen zu Grunde liegenden pragmatischen Formen zu befragen und das Verhältnis der poetischen Formen zu ihren pragmatischen Korrelaten zu bestimmen. Macht man sich diesen Zusammenhang bewußt, so erscheint die Problematisierung von Schemata pragmatischer Sprachhandlungen als einer der großen Quellbereiche für den Ursprung poetischer Formen[33]. Die Problematisierung der pragmatischen Form bedeutet einen Wechsel der Aufmerksamkeitsrichtung, dem eine Sprachhandlung entspricht, die sich zu jener Sprachhandlung quer stellt, wie die pragmatische Form sie manifestiert. Diese wird in ihrem pragmatischen Kontext nicht gegenständlich, im Blick auf ihren Endzweck organisiert sie sich gleichsam von selbst. Es bedarf eines eigenen Akts der Aufmerksamkeit, einer ›intentio obliqua‹, um die ›intentio recta‹ der pragmatischen Sprachhandlung als solche zum Gegenstand zu machen. Konstituierte sich die pragmatische Form als kürzester Weg zur Einlösung einer Intention, so bedeutet die Freisetzung der pragmatischen Form eine Möglichkeit, diese durch die Weise ihrer Manifestation zu irritieren, ihr pragmatisches Stilprinzip kritisch in Frage zu stellen. In dieser Weise etwa verfährt Flaubert, wenn er in »Bouvard et Pécuchet« die Sprachhandlung ›popularwissenschaftliche Darstellung‹ zum Gegenstand eines Zitierens macht, das ihre ideologischen Implikationen unerbittlich ans Licht bringt und nur durch die Weise ihrer Wiederholung verhöhnt. Gerade dieses Beispiel macht eine Möglichkeit des ›secondary use‹ pragmatischer Sprachhandlungen deutlich, die darin liegt, Problematisierung implizit anschaulich werden zu lassen, ohne daß die Dimension des Kritisierten überschritten wird, im Gegensatz zur expliziten Kritik, die auf der Ebene einer Metasprache spielt, und darin notwendig in ein abstraktes Verhältnis zum Kritisierten eintritt.

---

33 Vgl. hierzu Vf., »Baudelaires ›Tableaux parisiens‹ — und die Tradition des tableau de Paris« in: Poetica 6 (1974).

In diesem Sinne den Übergang vom Exemplum zu seiner Problematisierung zu verfolgen heißt, der Umkehr nachgehen von ›Geschichte als Exemplum‹ zu ›Exemplum als Geschichte‹. Noch ehe das Exemplum als einfache Form am Ende des 18. Jahrhunderts sein geschichtsphilosophisch begründetes Ende fand, wurde diese Umkehr zweimal paradigmatisch vollzogen: Zuerst in Boccaccios Novellen, dann in Montaignes ›Essais‹.

Unter den mittelalterlichen Erzählformen, die Boccaccio unter das neue Stilprinzip der Novelle bringt, ist, wie H.-J. Neuschäfer in seiner weitreichenden Untersuchung »Boccaccio und der Beginn der Novelle«[34] gezeigt hat, das Exemplum die vorrangige. Für Boccaccios Verfahren der Problematisierung der Sprachhandlung Exemplum ist ein einfaches Modell seine Bearbeitung des Exemplums vom guten Freund, eines Exemplums, das der Sammlung der »Disciplina clericalis« entstammt[35]. Das Exemplum und die aus ihm hervorgegangene Novelle ist von Neuschäfer scharfsichtig verglichen worden. Er zeigt, daß das Exemplum vom großmütigen Freund, der ohne zu zögern, dem Freund die eigene Braut gibt, als dieser der Liebe zu ihr verfällt, in der Novelle dadurch problematisiert wird, »daß die Personen nun nicht mehr einfach als Mittel zur Sichtbarmachung einer Idee da sind, sondern daß sie über ein eigenes Bewußtsein verfügen« (S. 45). So wird die Einsinnigkeit des Exemplums insbesondere dadurch überspielt, daß bei Boccaccio die Braut selbst nicht mehr einfach Objekt ist, sondern Bewußtsein hat, auf das Ansinnen empört reagiert und so eine Kette immer weiter reichender Komplikationen auslöst, die die Exemplarität des Exemplums sprengen. Da die ideale Gesinnung des Großmuts sich hier nicht mehr widerstandslos und problemlos einlöst, sondern sich an den Gegebenheiten der Wirklichkeit stößt, geht Neuschäfer so weit zu sagen, »daß die Novelle den Sinn des Exemplums hier geradewegs in Zweifel zieht« (S. 47). Damit wird freilich die Intention der Novelle überscharf beleuchtet. Auch in ihr geht das Exemplarische nicht mehr gänzlich verloren, es wird nur problematisiert, reflektierbar gemacht. »Santissima cosa adunque è l'ami-

---

[34] H.-J. Neuschäfer, Boccaccio und der Beginn der Novelle, München 1969. Zur Relation von Exemplum und Novelle vgl. auch W. Pabst, Novellentheorie und Novellendichtung, Heidelberg ^{2}1967, und S. Battaglia, Giovanni Boccaccio e la riforma della narrativa, Napoli 1969.

[35] Boccaccio, Il Decameron, ed. Ch. S. Singleton, 2 vol., Bari 1955, Giornata decima, novella ottava, I, S. 275-291.

stà« ist auch hier noch das letzte Wort[36]. Neuschäfer selbst weist hin auf Boccaccios »eigentümliches Verfahren«, »die Problematik seiner Novelle an einem gewissen Punkt gleichsam abzubremsen und aufzufangen« (S. 48). Boccaccios ›Kritik‹ bedeutet die Explikation ›blinder Implikationen‹ auf der Ebene des Texts selbst. Indem er das Besondere des Exemplums, das das Allgemeine der Sentenz zur Anschauung bringen soll, nunmehr allererst in ein Besonderes übersetzt, macht er das nur Formale jenes Anspruchs auf Besonderheit deutlich. So wird das Exemplum in Richtung auf eine Geschichte überschritten, deren Überschuß an Determinanten die Reduktion auf den moralischen Satz oder in unserem Beispiel die moralische Idee, nicht mehr ohne Rest zuläßt.

Es gibt einen grundlegenden Unterschied zwischen dem Fall, der zur Beurteilung vorgelegt wird und dem Exempel, das direkt oder indirekt Nachahmung bezwecken soll. Als Sprachhandlungen appellieren sie an zwei ganz verschiedene Einstellungen. Die »einseitige Hervorhebung *eines* Standpunktes«, in der Neuschäfer das »Charakteristikum des mittelalterlichen Exemplums« (S. 54) sieht, erklärt sich leicht aus der dem Exemplum immanenten Intention des Appells zur ›imitatio‹.

Explikation ›blinder Implikationen‹, also solcher Implikationen, die thematisch nicht ergriffen sind, hat zur Folge die Infragestellung der Priorität des Allgemeinen, dem das Exemplum entsprang. Was eine solche sekundäre narrative Besetzung allererst ermöglicht, ist ein Wechsel der implizierten Einstellung von ›Nachahmung‹ zu ›Beurteilung‹. Durch diesen Wechsel der Einstellung, den die sekundäre narrative Besetzung repräsentiert, wird das Exemplum zum Kasus, bzw. zur Geschichte, die den Kasus manifestiert. Den Zusammenhang von Kasus und Novelle hat A. Jolles überzeugend nachgewiesen. Seine Bestimmung des Kasus trifft genau das, was als Einstellungsweise des ›Beurteilens‹ bezeichnet wurde. »In dem Kasus ergibt sich die Form aus einem Maßstab bei der Bewertung von Handlungen, aber in der Verwirklichung liegt die Frage nach dem Werte der Norm. Bestehen, Gültigkeit und Ausdehnung verschiedener Normen werden erwogen, aber diese Erwägung enthält die Frage: wo liegt das Gewicht, nach welcher ist zu werten?« (op. lit., S. 190). Der Kasus ist die Form des Problematischen selbst: »Das Eigentümliche der Form Kasus liegt nun aber darin, daß sie zwar die Frage stellt, aber die Ant-

---

[36] I, S. 290.

wort nicht geben kann, daß sie uns die Pflicht der Entscheidung auferlegt, aber die Entscheidung selbst nicht enthält – was sich in ihr verwirklicht ist das Wägen, aber nicht das Resultat des Wägens« (S. 191). Jolles' Einsicht in den ursprünglichen Zusammenhang von Kasus und Novelle wird dadurch ganz unmittelbar bestätigt, daß Boccaccio selbst den Terminus mit Vorliebe zur Bezeichnung seiner Novellen verwendet. So spricht Dioneo am Ende des vierten Tages rückblickend von den »infortunati casi d'amore«[37], die die Gesellschaft an diesem Tage vernommen habe. Oder zu Beginn der achten Novelle des zweiten Tages, wo der Erzähler sich einmischt, wird mit Bezug auf die vorausliegende Geschichte und nicht ohne Süffisanz von den »vari casi della bella donna«[38] gesprochen.

Das problematisierte Exemplum fällt freilich nicht einfach mit jener Sprachhandlung zusammen, die als ›Kasus‹ ihren festen Ort hat im Zusammenhang des Rechts. Der Kasus als ›problematischer Fall‹ steht in einem besonders komplexen Verhältnis zur Norm des Gesetzes; die Vermittlung von Fall und Gesetzesnorm setzt hier in einem erhöhten Maße die Urteilskraft des Recht sprechenden Richters voraus. Soll von hier aus das Besondere der Novelle im Hinblick auf Kasus und Exemplum ermittelt werden, bietet es sich an, auf Einsichten in die Struktur der Urteilskraft zurückzugreifen, die Kants ›Kritik der Urteilskraft‹ bereitstellt. »Urteilskraft überhaupt« ist für Kant »das Vermögen, das Besondere als enthalten in dem Allgemeinen zu denken«[39]. Die Urteilskraft »in Ansehung einer Vorstellung, wodurch ein Gegenstand gegeben wird, gebraucht, erfordert zweier Vorstellungskräfte Zusammenstimmung: nämlich der Einbildungskraft (für die Anschauung und die Zusammensetzung des Mannigfaltigen derselben) und des Verstandes (für den Begriff als Vorstellung der Einheit dieser Zusammenfassung)« (S. 137). Im Hinblick darauf ist eine Klasse von Urteilen von besonderer Relevanz, jene nämlich, wo der Vorstellung kein Begriff entspricht, unter den sie zu bringen wäre. Kant nennt sie Geschmacksurteile. »Weil nun dem Urteile hier kein Begriff vom Objekte zugrundeliegt, so kann es nur in der Subsumtion der Einbildungskraft selbst (bei einer Vorstellung, wodurch ein

---

37 I, S. 326.

38 I, S. 143.

39 Kant, Kritik der Urteilskraft, ed. K. Vorländer, Hamburg 1959, Einleitung, S. 15. Zu Kants Theorie des Beispiels vgl. G. Buck, Lernen und Erfahrung, Stuttgart 1967.

Gegenstand gegeben wird) unter die Bedingung, daß der Verstand überhaupt von der Anschauung zu Begriffen gelangt, bestehen« (S. 137). Gegenstand des Geschmacksurteils sind als ein eigenes Produkt der Einbildungskraft die ›ästhetischen Ideen‹ (S. 167). »Unter einer ästhetischen Idee aber verstehe ich diejenige Vorstellung der Einbildungskraft, die viel zu denken veranlaßt, ohne daß ihr doch irgendein bestimmter Gedanke, das ist Begriff, adäquat sein kann, die folglich keine Sprache völlig erreicht und verständlich machen kann« (S. 168). Das Verhältnis der ästhetischen Idee zum Begriff ist dadurch bestimmt, daß sie »eine Menge von Empfindungen und Nebenvorstellungen rege macht, für die sich kein Ausdruck findet« (S. 170). »Mit einem Worte, die ästhetische Idee ist eine, einem gegebenen Begriffe beigestellte Vorstellung der Einbildungskraft, welche mit einer solchen Mannigfaltigkeit von Teilvorstellungen in dem freien Gebrauche derselben verbunden ist, daß für sie kein Ausdruck, der einen bestimmten Begriff bezeichnet, gefunden werden kann, die also zu einem Begriffe viel Unnennbares hinzudenken läßt, dessen Gefühl die Erkenntnisvermögen belebt und mit der Sprache, als bloßen Buchstaben, Geist verbindet« (S. 171). Genau diese Betätigung der Urteilskraft, die den Rahmen der im Gesetz fixierten Normen überschreitet, die nicht mehr zu Begriffen kommt, sondern als Reflexion, d. h. als Suche nach Begriffen unabschließbar bleibt, ist das intentionale Korrelat, das die poetische Sprachhandlung Novelle von den pragmatischen Sprachhandlungen Kasus und Exemplum unterscheidet. Dem Leser wird hier nicht ein wirkliches, sondern nur ein ›Probeurteil‹ angesonnen. Aus dem pragmatischen Konnex wird ein tentativer pragmatischer Konnex, der Rezipient nimmt nicht mehr einfach eine ihm zukommende Rolle ein, er *spielt* eine Rolle.

Indem das Exemplum einer »Mannigfaltigkeit von Teilvorstellungen« ausgesetzt wird, verliert es seine Allgemeinheit und tendiert auf den einzelnen Fall. »An die Stelle der gesetzmäßigen Typik ist ein einmaliger Fall getreten, der eben wegen seiner Einmaligkeit überhaupt problematisch sein kann; denn erst das Besondere und Einmalige, nicht das Allgemeine und das, was immer so ist, gibt Probleme auf« (Neuschäfer, S. 43). Dennoch ist diese Einmaligkeit nicht absolut. Zwar geht die Komplexität der moralischen Konstellation nicht mehr in einem zu Grunde liegenden moralischen Satz auf und bewahrt sich so seine ›Einmaligkeit‹, wohl aber behält die Boccacciosche Novelle als Geschichte immer noch ihre Beispielstruktur, sofern sie eine Erzähldisposition illustriert, die je einer Vielzahl von Geschichten zu Grunde liegt. Der Regelfall des ›Decamerone‹ nämlich ist es, daß jeweils am Abend des vorausliegenden Tages schon die narrative Disposition angegeben wird, in der die Geschichten des Tages konvergieren sollen. So stehen trotz ihrer ›Einmaligkeit‹ die Geschichten im allgemeinen in einem paradigmatischen Rahmen, der mitgesehen werden muß, wenn die einzelne Geschichte in den Blick kommt. War das Exemplum nichts anderes als die narrative Transposition eines moralischen Satzes, die sich aus ihm unmittelbar ableiten ließ, so ist die Novelle bei Boccaccio in drei verschiedenen ›Zuständen‹ gegeben, deren Relation die einer immer weiteren Entfernung vom paradigmatischen Kern bedeutet. Diese Stufung der narrativen Expansion ist das Besondere von Boccaccios Novelle. Der Leser erfährt zunächst die narrative Disposition. Diese wird primär besetzt im Argumento, das jeder Novelle vorausgeht, und das die Geschichte ›zusammenfaßt‹, d. h. ein Moment im Konstitutionsprozeß des narrativen Textes fixiert, von dem aus die Frage nach der abschließenden narrativen Expansion gerichtet stellbar wird.

In Boccaccios »Decamerone« sind die (fiktiven) Erzähler mit den (fiktiven) Zuhörern identisch. Erzähler und Zuhörer als konstitutive Implikationen der Novelle selbst werden in der Rahmenhandlung explizit und also unmittelbar erfaßbar. Geht man davon aus, daß der intendierte Gebrauch eines Textes die Regeln seiner Konstiution vorgibt, so läßt sich aus der in der Rahmengeschichte konzipierten Erzähler- und Hörergesellschaft die aus der Pragmatik des Exemplums hervorgehende Poetik der Novelle gewinnen. Die neue Darstellungsweise der Novelle ist thematisiert als Funktion des Selbstverständnisses jener Gesellschaft, die der Rahmen expliziert. Vielleicht kann der Begriff der Mündigkeit dieses Selbstverständnis am genauesten bezeichnen. Was H. Neuschäfer von den »Personen Boccaccios«, d. h. von den Personen seiner Novellen sagt, trifft auch und vor allem auf die kleine Gesellschaft der Rahmenhandlung zu, daß sie nämlich »nicht mehr bloße ›Objekte‹ überpersönlicher Mächte oder einseitige Repräsentanten einer übergeordneten Idee sind, sondern selbständige ›Subjekte‹, die die Gegebenheiten von sich aus diskutieren und beurteilen können« (S. 61). Diese Mündigkeit hat utopischen Charakter. Die kleine Gesellschaft, die dem Schrecken der Pest in Florenz entrinnt, um für einige Tage in vollkommener, ungestörter Harmonie zusammenzuleben, ist ein Vorgriff auf die Versöhnung von Natur und Vernunft, wie er bis zu Schillers ›Briefe über die ästhetische Erziehung des Menschen‹ immer wieder aufgenommen wurde. Vernünftige Natur und natürliche Vernunft sind es, die das Handeln dieser Idealgesellschaft leiten. Beide gemeinsam sind die Grundlage für die Liberalität eines Urteils, das jeder Einzelne dieser Gesellschaft im Erzählen wie im Zuhören bewähren muß, als Sinn für die Vielfalt menschlicher Erscheinungen und für den unauflöslichen Rest von Fällen, die sich den festgesetzten Normen entziehen.

H. Neuschäfer sieht in der Rahmenhandlung vor allem die »Absicht, die menschliche Natur gerade in ihrer Widersprüchlichkeit vor Augen zu stellen« (S. 134). Diese Widersprüchlichkeit scheint ihm aufhebbar nur noch von Fall zu Fall durch einen »Kompromiß« (S. 64). »Man darf sagen, daß in den Novellen des ›Decamerone‹ die menschliche Natur zum ersten Mal in ihrer eigenen Problematik entdeckt wird, daß hier der erste Versuch unternommen wird, sie in ihrer Widersprüchlichkeit darzustellen und daß der Rahmen der Novellen mit Miseria und Dignitas diejenigen beiden Pole umschreibt, die für Boccaccio die äußerste Spannweite ihrer Möglichkeiten markierten« (S. 134ff.). Für Neuschäfer ist die Polarität von Miseria und Dignitas Boccaccios letztes Wort. Doch wird so nur der mittelalterliche Boccaccio sichtbar. Was dazwischen liegt, das befreiende Lachen, das überlegene Lächeln, die Versöhnung von Natur und Vernunft im Vorgriff auf die ideale emanzipierte Gesellschaft, bleibt ausgespart. Es ist aber gerade dies antizipatorische Moment, das die heitere Gelassenheit allererst ermöglicht, die in so starker Kontrastierung gegen die Schrecken der Pest in Florenz sich abhebt.

Der Leser des »Decameron« ist mit den in der Rahmengeschichte evozierten Zuhörern nicht identisch. Er steht aber auch nicht in unmittelbarer Relation zu den erzählten Novellen. Dennoch ist seine Perspektive vorgezeichnet. Sie liegt in der *Identifikation* mit jener idealen Gesellschaft, in der, und sei es nur ausnahmsweise und für kurze Zeit, Natur und Vernunft versöhnt sind. So wird er zum Teilhaber am Vorgriff auf eine mündige Gesellschaft, in deren Perspektive die neue Gattung der Novelle allererst ihren eigentlichen Sinn erhält.

IV

In R. Kosellecks Aufsatz »Historia magistra vitae«, der der »Auflösung des Topos im Horizont neuzeitlich bewegter Geschichte« nachgeht, spielt die Position Montaignes nur eine beiläufige Rolle. Sie erscheint als Grenzfall des immer schon möglichen skeptischen Gebrauchs der Geschichte, der auf die geschichtliche Lehre hinausläuft, daß aus der Geschichte nichts zu lernen sei. »Auch, daß man aus Historien nichts lernen könne, blieb schließlich eine Erfahrungsgewißheit, eine geschichtliche Lehre, die den Wissenden einsichtiger, klüger oder — mit Burckhardt zu reden — weiser machen konnte« (S. 200). Der Prozeß der »Auflösung des Topos« — dies ist Kosellecks These — setzt sich erst mit dem 18. Jh. und unter spezifischen Voraussetzungen in Gang. »Bis zum 18. Jahrhundert bleibt die Verwendung unseres Ausdrucks ein untrügliches Indiz für die hingenommene Stetigkeit der menschlichen Natur, deren Geschehen sich zu wiederholbaren Beweismitteln moralischer, theologischer oder politischer Lehren eignen« (S. 197). So verfehlt es wäre, wollte man in Montaigne den Vorläufer jener im 18. Jh. als Folge einer neuen Geschichtserfahrung in Gang kommenden Auflösung der paradigmatischen Dimension von Geschichte finden, so wenig muß dies besagen, daß Montaignes Exemplumskepsis nicht ihre geschichtliche Stelle habe. Die Stelle, die Montaignes Skepsis besetzt, könnte man in Übernahme eines Begriffs von Roland Barthes als ›degré zéro‹[40] der Geschichte bezeichnen. Wo Montaigne seine Position am deutlichsten markiert, wird Geschichte der syntagmatischen wie paradigmatischen Ebene gleichermaßen entzogen. Antikes Vertrauen in die Immergleichheit der Geschichte ist damit ebenso preisgegeben wie christliches Vertrauen in die heilsgeschichtliche Gerichtetheit der Geschichte. Unter dieser Voraussetzung aber ist eine Entscheidung über den Satz, daß aus der Geschichte gelernt werden könne, ebensowenig mehr möglich, wie über den ihm entgegengesetzten und ihn doch implizit bestätigenden, daß aus der Geschichte nichts zu lernen sei. Montaignes Standort ist der zum Prinzip der Darstellung selbst gemachte Suspens. Weder erfüllen die bei Montaigne in unübersehbarer Menge ausgebreiteten und als historisch verstandenen Geschichten ihre traditionelle paradigmatische Funktion, noch treten sie in einen syntagmatischen Zusammenhang, noch haben sie ihren Wert in sich. Gerade diese Unentschiedenheit aber erlaubt die Konstitution eines Spielraums der

---

[40] R. Barthes, Le degré zéro de l'écriture, Paris [2]1969, S. 67. Barthes hat den linguistischen Begriff (»on sait que certains linguistes établissent entre les deux termes d'une polarité (. . .) l'existence d'un troisième terme, terme neutre ou terme zéro«) auf den neuen Gegenstandsbereich der »écriture« übertragen.

Reflexion, in dem das Reflektieren nicht mehr zu einem Ziel kommt, das als ›Lehre‹ sich vergegenständlichen ließe. Zwar geben die ›historiens‹ ein Bild des »homme en général de qui je cherche la connaissance«, aber wenn es hier »plus vif et plus entier qu'en nul autre lieu« zu finden ist, so nur als »la diversité et vérité de ces conditions internes en gros et en détail, la variété des moyens de son assemblage et des accidents qui le menacent«[41]. Doch richtet sich Montaignes Interesse nicht nur auf die unendliche Vielfältigkeit des Geschehens, die immer neu die unendliche Vielfalt des ›homme en général‹ vergegenwärtigt und so das Konzept selbst problematisiert, sondern noch mehr auf die höhere Ebene der Relation von Geschehen und Geschichte, d. h. der Weise, wie der je verschiedene Zugriff des ›historien‹ die ›histoire‹ allererst konstituiert. Als exemplarisch erscheint einerseits eine Form der Darstellung, die die Vielzahl der Vermittlungen mit thematisiert, die sich zwischen Geschehen und Geschichte legen, »qui nous représente la diversité même des bruits qui courent et le différent rapport qu'on lui faisoit« (II, 10; S. 459), andererseits eine Weise der Darstellung, deren Vorzüglichkeit weniger der ›histoire‹ selbst als dem Urteilsvermögen des Historikers zuzurechnen ist. Entzieht sich einmal das Geschehen hinter die ›diversité‹ der es verbürgenden Zeugnisse, so das andere Mal hinter die Vollkommenheit einer in sich selbst schlüssigen aber darum nur wahrscheinlichen Konzeption. Indem so Geschichten als problematische immer wieder in Suspens gesetzt werden, werden sie in den Spielraum einer Reflexion einbezogen, die als Sprachhandlung des Suspens immer neu gegenständlich wird. In dem Maße wie der ›Endzweck‹ problematisch wird, nimmt die Sprachhandlung gleichsam nur noch ihre eigene Bewegung zum Gegenstand. Diese Priorität der Sprachhandlung vor ihrem Endzweck wird von Montaigne selbst kenntlich gemacht, wenn er zum Titel seines Werks die es bezeichnende Handlungsweise wählt: »Les Essais«. Der Essai ist eine pragmatische und poetische Sprachhandlung zugleich. Als pragmatische Sprachhandlung ist er eine Reflexion auf die Möglichkeit der Erkenntnis des ›homme en général‹, als poetische Sprachhandlung macht er eben diese Reflexion in der Unvorhersehbarkeit und Unabschließbarkeit ihrer Bewegung selbst zum Gegenstand. Wenn Montaigne in dem Essai »De l'exercitation« (II, 6) von sich sagt: »Je peins principalement mes cogitations, subject in-

[41] Montaigne, Essais, II, 10, Des Livres, ed. A. Thibaudet, Bibliothèque de la Pléiade, Paris 1950, S. 458.

forme, qui ne peut tomber en production ouvragère« (S. 416), so ist mit ›peindre‹ und ›cogitations‹ genau diese Doppelheit bezeichnet.

Montaignes Perspektive auf Geschichte ist eine Perspektive auf Geschichten, seine Perspektive auf Geschichten ist eine Perspektive auf Exempla. Nur weil ihm Geschichten als Exempla gegeben sind, kann er sie seinerseits reflektierend auf Geschichten reduzieren, die nicht mehr das Allgemeine beispielhaft vertreten, sondern, indem sie sich nur noch selbst meinen, Bestandteile werden einer unüberschaubaren ›diversité‹ des überhaupt Möglichen. Das Verfahren dieser Reduktion führt aber nicht einfach auf einen ursprünglichen Zustand zurück, den der Geschichte, bevor sie in den Status des Exemplums überführt wurde. Die Geschichten, aus denen traditionellerweise Exempla herausgelöst wurden, waren schon darauf angelegt. Es waren Makroexempla, die zugleich als eine Serie von Mikroexempla gelesen werden konnten. Wird die aus ihrem Kontext genommene und zum Exemplum erhobene Geschichte in einer zweiten Reproduktion ihrer Exemplarität entzogen, so wird sie Ausdruck einer Vieldeutigkeit, die im ursprünglichen Kontext der Geschichte nicht angelegt war. Der ›Sinn‹ der Geschichte steht nicht mehr fest, er kann nur noch tentativ von einer Reflexionsbewegung ergriffen werden.

> Et combien y ay-je espandu d'histoires qui ne disent mot, lesquelles qui voudra esplucher un peu ingenieusement, en produira infinis Essais. Ny elles, ny mes allegations ne servent pas tousjours simplement d'exemple, d'authorité ou d'ornement. Je ne les regarde pas seulement par l'usage que j'en tire. Elles portent souvent, hors de mon propos, la semence d'une matiere plus riche et plus hardie, et sonnent à gauche un ton plus delicat, et pour moy qui n'en veux exprimer d'avantage, et pour ceux qui rencontreront mon air (*Considération sur Cicéron*, I, 40; S. 289).

Boccaccios Weg vom Exemplum über das problematisierte Exemplum zur Novelle lag darin, daß er im Erzählprozeß selbst die ›blinden Implikationen‹ des Exemplums entfaltete und so die Einsinnigkeit des Exemplums in Frage stellte. Montaigne dagegen setzt durch seine Reduktion die ›blinden Implikationen‹ frei, indem er sie zum Gegenstand eines Reflektierens macht, das sich der Unausschöpflichkeit seines Gegenstands bewußt ist.

Exemplum und Sentenz sind einander komplementär zugeordnet. Das Exemplum ist Exemplum im Hinblick auf eine Sentenz, die Sentenz wird konkret erst in der Perspektive eines Exemplums. Bei Montaigne entspricht dem die Komplementarität von *problematisiertem* Exemplum und *problematisierter* Sentenz, d. h. Reflexion. Nur von dieser Komplementarität aus kann der Aufbau von Montaignes Essais verstanden werden. Den Blick dafür hat lange eine Vorentscheidung getrübt, die glaubte, die eigentliche Relevanz der Essais in der ›künstlerischen‹ Selbstdarstellung der späten Essais erkennen zu müssen. So macht auch Hugo Friedrich, darin Villey[42] und mehr noch Burckhardts Konzeption der Renaissance als einer Epoche der Entdeckung der Individualität folgend[43], es sich in seinem Montaignebuch zum Programm, »im Wesentlichen nur die dominierenden Gedanken der mittleren und späteren Zeit zu Wort kommen (zu) lassen und zwar solche, bei denen die mehrmalige Wiederkehr verbürgt, daß sie ein Glied seines geistigen Organismus sind«[44]. Der Selbstbezug des Ich scheint in dieser Perspektive die eigentliche Einheit zu garantieren: »Sein Schreiben, das von der Systemforderung her beurteilt, ein mittelpunktloses Schweifen scheint, stellt sich heraus als die organische Strahlung eines Ich, das ganz bei sich selber zu bleiben vermag«. Stellt man aber die so isolierte Thematik der Selbstdarstellung wieder in den Rahmen der Essais zurück, so wird deutlich, daß sie nur die konsequente Entwicklung einer Problematik ist, die schon die frühesten Essais zum Gegenstand haben.

Für die Verbindung von problematisiertem Exemplum und problematisierter Sentenz, aus der der Montaignesche Essai hervorgeht, gibt der Eingangsessai »Par divers moyens on arrive à pareille fin« ein Modell, das in den folgenden Essais immer weiter entfaltet wird.[45] Als Titel des Essais figuriert eine Sentenz, doch ist diese so allge-

---

42 P. Villey, Les sources et l'évolution des essais de Montaigne, 2 t., Paris 1908, t. 2, »L'évolution des Essais«, S. 43: »Il n'est personne qui n'ait été surpris de tous ces petits chapitres, si grêles, qui ouvrent le premier livre. On s'étonne qu'ils puissent être de la même main qui a écrit l'essai ›De la vanité‹ ou celui ›De l'expérience‹. Ces chapitres-là coûtent peu à Montaigne, il n'y met rien du sien. N'importe qui les multiplierait à l'infini, car ils n'ont aucune personnalité«.

43 J. Burckhardt, Die Kultur der Renaissance in Italien, Ges. Werke, Bd. III, Darmstadt 1962. Vgl. besonders den 2. Abschnitt »Entwicklung des Individuums« und die Bemerkungen zur »Vollendung der Persönlichkeit«.

44 H. Friedrich, Montaigne, Bern 1949, S. 8. Die Perspektive dieser bedeutenden Darstellung reicht indes über ihr Programm weit hinaus.

45 Vgl. zu diesem Essai auch die Interpretation von H. Friedrich, ebd., S. 181-186. Die folgende Darstellung trifft, wie ich nachträglich feststelle, in vielen Punkten mit der von H. Friedrich zusammen.

mein, daß eine Handlungsanweisung aus ihr sich nicht mehr gewinnen läßt. Die Sentenz bezeichnet hier gewissermaßen nur noch eine Form ihrer Abwesenheit. Es ist in ihr schon ein Moment thematisiert, das der traditionellen Einsinnigkeit und Endgültigkeit von Sentenz und Exemplum genau entgegensteht, die ›diversité‹. Auch der Essai selbst beginnt mit einer Sentenz, oder eher Pseudosentenz: »La plus commune façon d'amollir les cœurs de ceux qu'on a offensez, lors qu'ayant la vengeance en main, ils nous tiennent à leur mercy, c'est de les esmouvoir par submission à commiseration et à pitié« (I, 1; S. 27). Diese ›Eingangssentenz‹ ist eine Illustration der Titelsentenz, insofern als in ihr ein relativierendes Moment die eigentliche Sentenz problematisiert, sie in Reflexion überführt. Dem »la plus commune façon«, mit dem sie eingeführt wird, entspricht im unmittelbar folgenden Satz ein einschränkendes ›toutesfois‹, das die entgegengesetzte Möglichkeit ins Spiel bringt: »Toutesfois la braverie, et la constance, moyens tous contraires, ont quelquesfois servi à ce mesme effect.« Als Illustration dieser letzteren Möglichkeit werden im folgenden drei Exempla aufgeboten: Eduard, Prinz von Wales, nimmt eine Stadt ein, die er bestrafen will, und nachdem alles Flehen um Mitleid seinen Zorn nur noch vermehrt hat, versetzt ihn der Anblick dreier heldenhaft sich wehrender Feinde so sehr in Bewunderung, daß sein Zorn verfliegt und er ihnen und den übrigen Bewohnern der Stadt Pardon gibt. Skanderberg verzeiht einem Soldaten, weil er ihm todesmutig mit gezogener Klinge entgegentritt. Der Kaiser Konrad verzeiht den Weibern von Weinsberg, die listig und mutig zugleich ihre Männer zu retten suchen. Den drei Exempla von durch Kühnheit plötzlich besänftigtem Zorn schließt sich eine persönliche Reflexion Montaignes an[46]: bei ihm hätten Mitleid und Kühnheit gleichermaßen Erfolg, doch sei ihm Mitleid natürlicher. Das Bekenntnis wird zugleich relativiert, indem ihm der stoische Standpunkt entgegengesetzt wird, Mitleid sei nichts als eine »passion vitieuse«. Montaigne kehrt zu seinen Exempla zurück und versucht eine Systematisierung: Dem Mitleid verfallen die schwachen Naturen »femmes, enfants, le vulgaire« (dem Montaigne sich in ironischer Selbsterniedrigung zuzählt); Bewunderung der unerschrockenen Tugend ist das Zeichen »d'une ame forte et imployable«. Wieder folgt ein einschränkendes ›toutesfois‹. Auch bei den »ames moins genereuses« können ›estonne-

[46] Diese Reflexion ist eine Erweiterung der zweiten Ausgabe (1588).

ment‹ und ›admiration‹ von gleicher Wirkung sein. Einerseits wird Pelopidas vom thebanischen Volk begnadigt, weil er seine Verbrechen gesteht und um Gnade fleht, andererseits wird aber auch Epaminondas, der mit herausfordernder Arroganz auftritt, vom Volk freigelassen. Dionysius schließlich, der an seinem Feind ein »tragique exemple« vollziehen will, ist, als dessen Unerschütterlichkeit die Haltung seines Heeres zu beeinflussen droht, genötigt, ihn heimlich umbringen zu lassen. An diese neue Exemplareihe schließt sich unmittelbar eine Reflexion an, die sich aller Systematisierungstendenz entledigt und die das Axiom Montaignescher Menschenkunde benennt: »Certes, c'est un subject merveilleusement vain, divers, et ondoyant, que l'homme. Il est malaisé d'y fonder jugement constant et uniforme« (S. 29). Die auf diese Reflexion folgenden und einander konträren Exempla des Pompejus, der einer Stadt wegen der Größe und Tugend eines einzigen ihrer Bürger verzeiht, und des Gasts des Sulla, der sich vergeblich opfert, kehren die Titelsentenz um. Im Hinblick auf sie müßte es heißen: »Par pareils moyens on arrive à diverses fins«. Die hier nur implizierte Rätselhaftigkeit und Unvorhersehbarkeit menschlichen Verhaltens wird expliziert im letzten Exemplum, das Montaigne »directement contre mes premiers exemples« (S. 30) gesetzt hat und dem schon deshalb besonderes Gewicht zukommt, weil es das weitaus entfaltetste Exemplum des Essais ist[47]. Alexander, der nach langer Belagerung die Stadt Gasa eingenommen hat, nimmt den Kommandanten gefangen, dessen Heldenmütigkeit die erstaunlichsten Taten bezeugen. Die Unerschütterlichkeit des Kommandanten, dem er ein qualvolles Ende in Aussicht stellt, erzürnt Alexander so sehr, daß er ihn sogleich zu Tode quälen läßt. In immer zügelloserer Wut läßt er die ganze Stadt niedermachen. An diesem Antiexemplum, das die Titelsentenz noch einmal in Frage stellt, ist entscheidend die mit ihm gefaßte Unvorhersehbarkeit menschlichen Verhaltens. Was zwischen dem Zeitpunkt t-1 der Gefangennahme des Kommandanten und dem Zeitpunkt t-3, der Tötung des Kommandanten liegt, der Zeitverlauf t-2, ist nicht mehr durchschaubar. So zerfällt die Geschichte in zwei Teile. Was zwischen ihnen liegt,

---

47 Das Exemplum vom Zorn Alexanders ist in der Ausgabe von 1588 hinzugekommen. Die Mutmaßung über die Ursache des Verhaltens von Alexander, mit der der Text schließt, ist in der posthumen Ausgabe von 1595 um zwei neue Möglichkeiten erweitert. Den Schluß bildet hier die Darstellung von der Niedermachung Thebens.

liegt nicht auf der Ebene der Geschichte, sondern auf der Ebene der Mutmaßung des Erzählers der Geschichte. An dieser entscheidenden Stelle werden nur Möglichkeiten erwogen, die an die Stelle einer Antwort treten. So heißt es in einer dreimal ansetzenden Frage:

> Seroit-ce que la hardiesse luy fut si commune que, pour ne l'admirer point, il la respectast moins? Ou qu'il l'estimast si proprement sienne qu'en cette hauteur il ne peust souffrir de la veoir en un autre sans le despit d'une passion envieuse, ou que l'impetuosité naturelle de sa cholere fust incapable d'opposition?

Gerade das entscheidende Zwischenstück, das Situation und Ausgang der Situation verbindet und so allererst den ›Sinn‹ des Exemplums konstituiert, wird bei Montaigne problematisch. Während im klassischen Exempel der Zusammenhang von Situation und Lösung fraglos gegeben war und nur eingesehen werden mußte, wird nun der Zusammenhang selbst zum Rätsel und damit interessant für die psychologisch moralistische Reflexion. Mit dieser Änderung der Aufmerksamkeitsrichtung ist der Bezugrahmen aufgegeben, innerhalb dessen das Exemplum allererst Exemplum sein kann. Der Infragestellung des Exemplums durch Veränderung seines Bezugsrahmens entspricht, daß die Exempla in Montaignes Essai nicht mehr Beispiele für Handlungen sind, sondern Beispiele für Reaktionen auf Handlungen. In der Spontaneität und Unvorhersehbarkeit der Reaktion ist der eigentliche Bereich menschlicher Rätselhaftigkeit und Unergründlichkeit gefaßt. Thematisiert wird diese Rätselhaftigkeit des Umschlags im dramatischen Augenblick. Als Reaktionen sind die Beispielhandlungen dieses Essais der Verantwortlichkeit des Subjekts entzogen. Setzen die Exempla in ihrer traditionellen Form die Möglichkeit der Entscheidung voraus, was die moralische Kategorie der Verantwortlichkeit mit impliziert, so sind die Reaktionen in Montaignes Exempla aus der unauflöslichen Komplexität der Person und des Augenblicks bedingt. Das aber bedeutet, daß das Exemplum seine stellvertretende Funktion verliert und auf eine Geschichte zurückgeführt wird, deren Sinn nicht mehr offenliegt, sondern Anlaß wird für die bloße, subjektive und immer neu ansetzende Mutmaßung.

Sind die frühen Essais zumeist problematisch geordnete, sich wechselseitig aufhebende Exempelketten mit beilaufender Reflexion, so tritt in den späteren Essais die ›einfache Form‹ des historischen Exemplums mehr und mehr zurück. Die Verbürgtheit des Exemplums, die traditionell seine Autorität begründete, wird in dem Maße, wie die postulierte Exemplarität des Exemplums fragwürdig wird, selbst zum Anstoß. Die besten Exempla werden die naheliegendsten, aus der eigenen Erfahrung genommenen und durch sie verbürgten. »La vie de César n'a point plus d'exemples que la notre pour nous» (III, 13; S. 1205). Der Abwendung von den »exemples etrangers et scholastiques« (III, 13; S. 1214) entspricht die Entdeckung des eigenen Ich als unerschöpflicher Quelle von ›Exempla‹ mit der Autorität der Erfahrung. So tritt das Ich an die Stelle der Historie als des Inbegriffs der verbürgten Geschichten. So wenig aber bei Montaigne ›historia‹ noch ›magistra vitae‹ ist, so wenig kann das Ich sich selbst ›magistra vitae‹ werden. Indem es sich selbst in seiner unendlichen Widersprüchlichkeit und Unbeständigkeit gegenständlich wird, wird es zum Anstoß nicht eines Lernens – denn dieses setzt Verläßlichkeit voraus –, sondern einer unendlichen Reflexion. Die Beispiele bei Montaigne, auch die Beispiele aus dem eigenen Leben, haben die paradoxe Funktion, Beispiele für das Besondere zu sein, nicht für das Allgemeine. Für diesen neuen Sinn von ›exemple‹ bei Montaigne findet sich in dem Essai »De l'expérience« (III, 13) ein illustrativer Beleg. Die problematische Relation von Allgemeinem und Besonderem wird dort reflektiert im Hinblick auf das Mißverhältnis von Gesetzen und menschlichen Handlungen. Auch die weitgehendste Verfeinerung der Gesetze kann doch immer nur unzulänglich sein vor der unabsehbaren Vielfalt menschlicher Handlungen. An dieser Stelle fährt Montaigne fort: »La multiplication de nos inventions n'arrivera pas à la variation des exemples« (S. 1196). Exemplum ist hier der nicht subsumierbare einzelne Fall, dem selbst durch eine noch so weit getriebene Diversifikation der Gesetze keine Gerechtigkeit widerfahren kann, weil er letzten Endes nur mit sich selbst übereinstimmt.

In letzter Konsequenz ist für Montaigne in der Unmöglichkeit von Exempla die Unmöglichkeit von Geschichten und damit auch einer eigenen Lebensgeschichte impliziert. Montaigne hat seinen Essai »Du repentir« (III, 2) mit einer grundsätzlichen Reflexion eingeleitet, die das Programm einer Lebensdarstellung aufstellt und mit ihm zugleich die Unmöglichkeit einer Lebensgeschichte demonstriert. Der Eingangssatz läßt eine Lebensgeschichte erwarten: »Les autres forment l'homme: je le recite« (S. 899). Aber in den unmittelbar folgenden Reflexionen werden die Bedingungen für die Möglichkeit einer solchen Geschichte aufgehoben. Die Welt ist nichts als ein unablässiges Schwanken, die Dinge in ihr schwanken zweifach, aus sich selbst und aus der Bewegung des Ganzen. Beständigkeit ist nur ein Grenzfall dieser Bewegtheit: »La constance mesme n'est autre chose qu'un branle plus languissant.« So kann auch die Darstellung sich ihres Gegenstands nicht vergewissern: »Je ne puis asseurer mon object. Il va trouble et chancelant, d'une yvresse naturelle.« Der Bewegtheit des Gegenstandes entspricht aber zugleich die Unbeständigkeit der Perspektive, in der er erscheint, eine Perspektive, die von Augenblick zu Augenblick sich verändert: »Je le prens en ce point, comme il est, en l'instant que je m'amuse à luy.« Daraus folgt das Programm einer Darstellung, die das Programm einer Antigeschichte ist, sofern der Geschichte die integrativen Momente entzogen werden, die allererst ihre ›sinnbestimmte‹ Segmentierung ermöglichen.

> Je ne peints pas l'estre. Je peints le passage: non un passage d'aage en autre, ou, comme dict le peuple, de sept en sept ans, mais de jour en jour, de minute en minute.

Aber nicht nur zerfällt die Geschichte in immer kleinere Segmente, deren Prinzip die immer kleinere Einheit der Zeit ist, die Geschichte selbst muß immer neu zurecht gerückt werden, da sie von Stunde zu Stunde sich ändert, indem sie unter einen neuen Blickpunkt tritt. »Il faut accommoder mon histoire à l'heure. Je pourray tantost changer, non de fortune seulement, mais aussi d'intention.« So ist die Darstellung des eigenen Lebens

> un contrerolle de divers et muables accidens et d'imaginations irresolues et, quand il y eschet, contraires: soit que je sois autre moymesme, soit que je saissise les subjects par autres circonstances et considerations. Tant y a que je me contredits bien à l'adventure, mais la vérité, comme disoit Demades, je ne la contredy point (S. 900).

Diese ›vérité‹ ist aber nicht mehr die eines ›récit‹, sondern die eines Essai: »Si mon ame pouvoit prendre pied, je ne m'essaierois pas, je me resoudrois; elle est tousjours en apprentissage et en espreuve.« Was die ›histoire‹ unmöglich macht, macht den Essai möglich. Was im Alexanderexemplum des Essais I, 1 sich zeigte, das Auseinanderfallen der Geschichte, ist hier selbst zum Gegenstand der Reflexion gemacht. Die Radikalität, mit der dies geschieht, ist von theoretischem Anspruch, sie reflektiert nicht etwa nur die Schwierigkeiten beim Abfassen einer Lebensgeschichte. Daß es Montaigne bei seinen Überlegungen so wenig wie sonst, wo er auf sich zu sprechen kommt, nur um sich selbst geht, sondern daß die Bezugnahme auf die Verbürgtheit der eigenen Existenz einen philosophischen Anspruch hat, wird augenfällig dadurch, daß der nach diesen programmatischen Eingangsüberlegungen folgende Essai ›Du repentir‹ sich erstaunlich wenig auf die Problematik der Selbstdarstellung zurückbezieht, was bis jetzt immer wieder übersehen wurde. Man hat das ›Programm der Selbstdarstellung‹ zumeist ebenso von den mit ihm verbundenen Reflexionen über die Unmöglichkeit der Lebensgeschichte abgelöst, wie von dem eigentlichen Thema des Essais selbst, der Reue. E. Auerbach geht so z. B. in dem Montaignekapitel der ›Mimesis‹[48] auf die Verknüpfung des ›Programms‹ mit dem Essai gar nicht ein. Aus dieser Verknüpfung aber kann allererst die eigentlich philosophische Intention des Eingangs sichtbar werden. Dazu ist es nötig, noch einmal zu Montaignes Opposition von ›être‹ und ›passage‹ (»je ne peints pas l'estre. Je peints le passage«) zurückzukehren. Gegen die zeitenthobene Substanz, ›l'être‹, steht ›le passage‹, eine Zeitstruktur, die nicht als gerichteter Verlauf oder als Übergang verstehbar ist, sondern als ein Überspringen von Zeitmoment zu Zeitmoment im Horizont einer prinzipiellen Unvorhersehbarkeit. Die Zeitlichkeit des Menschen erscheint als seine Diskontinuität. So wie es von Zeitmoment zu Zeitmoment keinen konstitutiven Zusammenhang gibt, jedes Zeitmoment prinzipiell nur es selbst ist, von allen anderen Zeitmomenten gesondert, so zerfällt das eigene Dasein in eine Folge von diskontinuierlichen Daseinsmomenten, die das Ich in seiner unausmeßbaren Vielfalt in zeitlicher Erstreckung konstituieren. Die Einheit der Person wäre greifbar nur in der Einheit des Augenblicks. Aber die immer rigorosere Verkürzung des zeitlichen Augenblicks muß deshalb illusionär bleiben, weil auch noch im kleinsten Moment diese Einheit sich entzieht. Deshalb nämlich, weil dieses Ich an sich selbst schon widersprüchlich ist. Die Widersprüchlichkeit manifestiert sich in der Synchronie des Augenblicks ebensosehr wie in der Diachronie der aufeinanderfolgenden Zeitmomente. Von hier aus wird der Sinn der scheinbar nur auf das Subjekt gerichteten Absicht des »peindre le passage« für die ganz anders gerichtete Intention einer Widerlegung der christlichen Forderung nach Reue erkennbar. Die Reue, ›le repentir‹, hat eine eigene Zeitstruktur. Reue bedeutet qualitative Differenzierung in der Reihe der Daseinsmomente, und zwar so, daß der gegenwärtige Augenblick als privilegierter Augenblick aus der Reihe der Daseinsmomente herausgehoben ist, so daß von ihm aus das

48 E. Auerbach, Mimesis, Bern ²1959, S. 271 ff.

Vergangene nicht nur erkennbar ist, wie es war, sondern wie es hätte sein sollen. Gegenwärtige Reue und das Zusammentreten vergangener Daseinsmomente zur Geschichte einer Verfehlung sind wechselseitig für einander konstitutiv. So sind etwa die ›Confessiones‹ des Augustin eine Geschichte, die sich im Hinblick auf den gegenwärtigen privilegierten Augenblick höherer Einsicht allererst konstituiert. Für Montaigne dagegen ist diese Erhöhung des gegenwärtigen Ich, die für die Möglichkeit der Reue unabdingbar ist, Naivität, Perspektivenblindheit, die nicht vermag, sich über die Bedingtheit des naheliegendsten, nämlich gegenwärtigen Augenblicks Rechenschaft zu geben. Ist einmal diese Bedingtheit erkannt, muß es die Aufgabe werden, die Momente des vergangenen Daseins nicht vom gegenwärtigen aus zu beurteilen, sondern diese in ihrer Integrität bestehen zu lassen und so der Vielfalt des eigenen Ich inne zu werden. Die Möglichkeit der Konstitution einer Geschichte wie die Möglichkeit der Reue erscheinen in dieser Perspektive als gleich illusionär.

Indem Montaigne den Weg veranschaulicht vom Exemplum zur Geschichte und über sie hinaus zur Auflösung der Geschichte, weist er auf die Problematik der Geschichten, als Problematik der Prämissen, unter denen sie überhaupt möglich sind. Die Problematik der Konstitution von Geschichten ist ein Beispiel jener Problematik der Relation von Allgemeinem und Besonderem, die in der Perspektive Montaignes die eigentliche Erkenntnisproblematik darstellt. Ist Descartes' ›Discours de la méthode‹ eine prinzipielle Antwort auf Montaignes prinzipielle Erkenntnisproblematisierung, so ist die Philosophie der Geschichte im 18. Jahrhundert, auf welchen verschlungenen Wegen auch immer, eine Antwort auf Montaignes Problematisierung der Geschichten, die gegen Montaignes Atomisierung der Geschichtsmomente die Legitimität der geschichtlichen Konstruktion philosophisch zu begründen suchte. Doch ist die Philosophie der Geschichte mit Montaignes skeptischen Einreden gegen die Möglichkeit der Geschichtskonstitution noch so wenig am Ende wie die Theorie und Praxis der ›Geschichten‹. Erst der moderne Roman hat Montaignes Reflexionen im Ernst ergriffen und sich als Aufgabe die poetische Sprachhandlung ›unmögliche Geschichte‹ gesetzt.

(1970)

GESCHEHEN, GESCHICHTE, TEXT DER GESCHICHTE

Die folgenden Überlegungen haben zum Ausgangspunkt, daß die Dichotomie von ›histoire‹ und ›discours‹ als fundamentalen Kategorien narrativer Texte 1. ergänzungsbedürftig und 2. interpretationsbedürftig ist. Die Opposition von ›histoire‹ und ›discours‹ bei T. Todorov[1] geht auf die Opposition von Fabel und Sujet bei dem russischen Formalisten Tomaschevski zurück. Fabel heißt bei Tomaschevski die Verbindung der Ereignisse nach ihrem zeitlichen Ablauf, Sujet die Leistung des Erzählers, der die Fabel in eine künstlerische Konstruktion überführt.[2] So wenig wie hier wird bei der Opposition von ›hi-

---

* Der Text faßt zwei statements zusammen, die in Geschichte — Ereignis und Erzählung, Poetik und Hermeneutik V, München 1973 erschienen sind.

1 T. Todorov, Les catégories du récit littéraire, in: Communications 8 (1966), S. 126: »Au niveau le plus général, l'oeuvre littéraire a deux aspects: elle est en même temps une histoire et un discours. Elle est histoire, dans ce sens qu'elle évoque une certaine réalité, des événements qui se seraient passés, des personnages qui, de ce point de vue, se confondent avec ceux de la vie réelle. Cette même histoire aurait pu nous être rapportée par d'autres moyens; par un film, par exemple; on aurait pu l'apprendre par le récit oral d'un témoin, sans qu'elle soit incarnée dans un livre. Mais l'oeuvre est en même temps discours: il existe un narrateur qui relate l'histoire; et il y a en face de lui un lecteur qui la perçoit. A ce niveau, ce ne sont pas les événements rapportés qui comptent, mais la façon dont le narrateur nous les a fait connaître.« Die Begriffe histoire und discours wurden bereits von E. Benveniste eingeführt. Benveniste versteht histoire und discours als alternative Möglichkeiten der Textbildung, die zwei verschiedenen Tempussystemen entsprechen (Les relations de temps dans le verbe français, in E. B., Problèmes de linguistique générale, Paris 1966, S. 237 ff.). Dagegen versteht Todorov, in der Tradition des russischen Formalismus, histoire und discours als verschiedene Ebenen des narrativen Textes. Für die Beschreibung narrativer Textkonstitution scheint mir der Ansatz Todoros der fruchtbarere zu sein.

2 B. Tomachevski, Thématique, in Théorie de la littérature, ed. T. Todorov, Paris 1965, S. 269: »Un fait divers que l'auteur n'aura pas inventé peut lui servir de fable. Le sujet est une construction entièrement artistique.«

stoire‹ und ›discours‹ die Dimension des Geschehens als eine eigene Dimension einbezogen. Sie bleibt außerhalb, als nicht im eigentlichen Sinn zum Konstitutionsprozeß des narrativen Textes gehörend. In dieser Perspektive erscheint die Geschichte als primär gegeben und als literarisch relevant einzig die Relation, die die Geschichte an ihren Text bindet. Die Aufdeckung des Konstitutionsprozesses narrativer Texte bei der Geschichte abzubrechen erscheint indes als wenig zwingend. Das Geschehen als Implikat des Textimplikats Geschichte ist eine eigene Dimension im Konstitutionsprozeß des narrativen Textes.

Es empfiehlt sich, an die Stelle der zweigliedrigen Textkonstitutionsrelation von ›histoire‹ und ›discours‹ die dreigliedrige Textkonstitutionsrelation von Geschehen, Geschichte, Text der Geschichte[3] zu setzen. Diese Relation bestimmt sich inhaltlich in dreifacher Hinsicht: 1. als Fundierungsrelation: das Geschehen fundiert die Geschichte, die Geschichte fundiert den Text der Geschichte; 2. als ›hermeneutische‹ Relation: die Geschichte interpretiert das Geschehen, der Text der Geschichte interpretiert die Geschichte; 3. als Dekodierungsrelation: der Text der Geschichte macht die Geschichte sichtbar, die Geschichte macht das Geschehen sichtbar.

Das Geschehen ist in der Geschichte nicht gegeben, wohl aber als eigene Dimension impliziert. Im Hinblick auf den Text der Geschichte ist es wie die Geschichte eine Abstraktionsebene. Mit Hinsicht auf die Geschichte ist das Geschehen ein unabschließbares Feld von Darstellbarkeiten. Indem dieses Feld, wenn nicht erschließbar, so doch prinzipiell voraussetzbar ist, erhält die Geschichte ein Komplement von ›Unbestimmtheitsstellen‹ (vgl. R. Ingarden, ›Das literarische Kunstwerk‹), in Relation zu denen die Expansion der Geschichte und ihre Darstellungsprinzipien bestimmbar sind.

Die Kategorie des Geschehens impliziert Kontinuierlichkeit der Veränderungen und Ambiguität ihrer Richtung. Sie kennt keine ›Schwelle der Zerkleinerung‹ nach unten[4]. Das Geschehen kann gedacht werden als aufgebaut aus immer kleinerwerdenden Geschehensmomenten. Wohl aber gibt es eine Schwelle nach oben, die man als ›Sinnschwelle‹ bezeichnen könnte. Das Ganze eines Geschehens,

---

[3] Dieser Terminus bedarf selbst der Differenzierung. Vgl. das Folgende.

[4] Zur Schwelle der Zerkleinerung als Kategorie der Geschichte vgl. den bedeutenden Aufsatz von G. Simmel, Das Problem der historischen Zeit, in G. S., Zur Philosophie der Kunst, Berlin 1922.

wie immer ein solches Ganzes ausgrenzbar sein mag, hat keinen Sinn, d. h. keine intentionale Relation seiner Momente. (Folglich könnte man die Gattung des Happening bezeichnen als Geschehen, das sich in keine Geschichte übersetzen läßt.) Sind Handlungen die obersten Komprehensionseinheiten des Geschehens, denen als solchen schon Sinn zukommt, so liegt die Grenze des Geschehens zur Geschichte darin, daß diese obersten Momente nicht selbst nach den Prinzipien eines Sinns verknüpft sind, sondern lediglich und in unabsehbarer Vielfalt Verknüpfungsmöglichkeiten bereitstellen.

Die Geschichte im Gegensatz zum Geschehen hat einen Sinn. Einen Sinn hat sie als spezifische Form einer Handlung, nämlich einer Aneignungshandlung von Geschehen. Der Sinn von Handlungen allgemein ist bezogen auf konventionelle Handlungsschemata. Die Schemata der Aneignungshandlungen von Geschehen sind vorkonstituiert durch die Schemata der narrativen Gattungen. Aus dem Verhältnis von Geschehen und den Schemata seiner Aneignung ergibt sich ein komplexes Verhältnis der Priorität: Zwar geht das einzelne Geschehen der einzelnen Geschichte jeweils voraus, doch gibt es andererseits eine Priorität des Schemas der Geschichte, insofern als dieses die Bedingungen bezeichnet, unter denen Geschehen allererst angeeignet wird.

Im Hinblick auf das Geschehen ist die Geschichte eine Reduktion. Diese Reduktion folgt einem Sinn, der beschreibbar ist als »Hindurchlegen einer ideellen Linie« (Simmel). Die ›ideelle Linie‹ konstituiert die narrativen Basisrelationen der Geschichte, im Hinblick auf welche die Momente des Geschehens integriert werden. Die ideelle Linie ist einmal zu verstehen als Linie der Diachronie, zum anderen aber, und dies ist für die Geschichte von konstitutiver Bedeutung, als Verbindung zwischen systematischen Oppositionen eines Wissens von der Welt, für das sich der Terminus ›Ideologie‹ anbietet.

Der Status narrativer Oppositionen ist der von Konzepten, und als solcher von Abstraktionsklassen gleichbedeutender Manifestationen in Aussagesätzen. Die Ebene der narrativen Oppositionen ist die Ebene der Geschichte, nicht die Ebene des Diskurses. Die aus dem narrativen Text herauslösbare Geschichte hat immer nur den Status eines Modells, das mehr oder weniger adäquat sein kann. Sofern die narrativen Oppositionen ihren Ort haben auf der Ebene der Geschichte, ist auch ihr Status der des Modells, ja sie sind für die Möglichkeiten eines solchen Modells konstitutiv. Von der Struktur der narrativen Basisoppositionen hängt wesentlich die ›Relevanz‹ der Geschichte ab. D. h. ein Geschehen wird überhaupt nur als Geschichte thematisiert unter den Bedingungen ganz bestimmter, systematisch bisher noch kaum erschlossener Oppositionen.

Es gibt einen prinzipiellen Unterschied zwischen dem semantischen System einer Sprache und seinen unüberschaubaren Oppositionsmöglichkeiten und dem semantischen System eines Textes, in dem ein System von korrelierten Konzepten sich manifestiert. Jeder narrative Text hat sein eigenes System von Konzepten, seine eigene ›Ideologie‹, eine unter dem Blickpunkt spezifischer Interessen konstituierte Totalität, die sich zur Totalität der Welt wie zur Totalität des sprachlichen Systems als artikulierte sekundäre Totalität verhält. Insbesondere durch die grundlegenden Arbeiten von Lévi-Strauss und Greimas ist die systematisch-ideologische Schicht narrativer Texte allererst aufgedeckt und beschrieben worden. Unter dieser Perspektive stellt der narrative Text sich dar als Transformation eines ideologischen Systems in einen ideologischen Prozeß, der sich auf die Basisformel A vs non A, non A vs A zurückführen läßt. So ließe sich etwa die Strukturformel des ›Ödipus‹ bezeichnen als ›sehend blind vs blind sehend‹, die Basisopposition ›Leben vs Tod‹ in Hebels »Unverhofftes Wiedersehen« wird artikuliert in der Opposition ›lebendig tot vs tot lebendig‹, die Basisopposition von Balzacs »Colonel Chabert« wäre ›Anonymität vs Berühmtheit, Berühmtheit vs Anonymität‹. Was sich an solchen einfachen Modellen klar zeigen läßt, bedürfte bei komplexeren Texten sehr viel umfassenderer Formeln von Oppositionsstrukturen. Doch sind die Oppositionen in narrativen Texten nicht bereits vorgegebene systematische Oppositionen, sondern thematisierte Oppositionen, deren Status abhängt von der Weise ihrer Exponierung, insbesondere von der Vermittlung dieser Oppositionen durch den Prozeß der Transformation, den die Narration beschreibt und durch den die Basisoppositionen interpretiert werden. Narrative Texte verfügen dadurch über nahezu unbegrenzte Möglichkeiten der Differenzierung und Nuancierung oppositiver Konzepte.

Der Priorität des Aneignungsschemas der Geschichte über das angeeignete Geschehen entspricht auf der Ebene der Geschichte selbst die Priorität der achronischen über die diachronische Struktur. Aus dieser zweifachen Priorität ergibt sich die Möglichkeit einer Besetzung des narrativen Schemas, unabhängig von einem zugrundeliegenden Geschehen. Dies eröffnet die Möglichkeit fiktiver Geschichten, wo eine achronische Struktur ohne die Verbürgungsinstanz des Geschehens in eine diachronische Struktur transformiert wird. Der

Sinn der Geschichte wird hier nicht mehr aus einem Geschehen abgeleitet, sondern unmittelbar vergegenständlicht. Der aristotelische Satz, daß die Dichtung philosophischer sei als die Geschichte, hat in dem allegorischen, das heißt das Allgemeine im Einzelnen vergegenständlichenden Charakter fiktionaler Texte seinen Grund. Dennoch gilt auch hier, daß der fiktiven Geschichtsebene eine fiktive Geschehensebene implizit zugeordnet ist, auf deren Hintergrund das Verstehen angewiesen bleibt. Dies wird manifest im Drama, das, wo es aufgeführt wird, definiert werden kann als Projektion einer Geschichte auf die Ebene des Geschehens.

Die Geschichte muß unter doppeltem Aspekt betrachtet werden: einmal in ihrer Relation zum Geschehen, einmal in ihrer Relation zum Text der Geschichte. Doch kann das Verhältnis von Geschichte und Text der Geschichte nicht einfach als unvermittelte sprachliche Manifestation verstanden werden. Für das Besondere ihrer Vermittlung ist der Terminus ›discours‹ üblich geworden. Es wird so aber nur unzureichend bezeichnet. Als ›discours‹ im Gegensatz zur ›histoire‹ wird die ›sprachliche Seite‹ der ›narratio‹ gefaßt. Andererseits ist es üblich, insbesondere die subjektiver Kunstintention zugeschriebene Permutation der Glieder der Geschichte dem ›discours‹ zuzurechnen. Die Permutation der Glieder der Geschichte zu einer subjektiven Variante, die sich jederzeit in die Verlaufsgestalt der zugrundeliegenden Geschichte zurückführen läßt, liegt jedoch auf einer Textkonstitutionsebene, die mit der abschließenden Konstitutionsebene der sprachlichen Manifestation nicht identisch ist. Die Unterscheidung der antiken Rhetorik zwischen ›dispositio‹ und ›elocutio‹ gibt bei aller Ungenauigkeit (insbesondere wird die zweifache ›dispositio‹ von Geschichte und ihrer subjektiven Transformation nicht erfaßt) einen Hinweis auf die hier gemeinte Differenz. Behelfsmäßig soll diese Differenz durch die Einführung der Begriffe ›discours I‹ (›Tiefendiskurs‹) und ›discours II‹ (›Oberflächendiskurs‹) bezeichnet werden. Wie die Geschichte ist auch ›discours I‹ eine translinguistische Textkonstitutionsebene. Während aber die Regeln für die Konstitution der Geschichte durch ein narratives Schema vorgegeben sind, sind Regeln für die Konstitution von ›discours I‹ nicht angebbar. Im Hinblick auf die Geschichte bezeichnet ›discours I‹ einen Spielraum vielfältiger Formen des subjektiven Innehabens der Geschichte oder des Verfügens über sie. Die Geschichte erscheint im Horizont von ›discours I‹ als ein Wissen, über das ein Erzähler simultan verfügt und das in unabsehbar vielfältige Serien seines gesamten Wissens von der Welt integrierbar ist. In fiktiven narrativen Texten erscheint dieser Bereich als Spielraum für die Besetzung prinzipiell möglicher Positionen des Innehabens von Geschichten und der Weisen der Verfügung über sie.

Geschichte und ›discours I‹ sind zwei Pole, zwischen denen sich die Akzentuierung des narrativen Textes bewegen kann. Der ›discours I‹ kann gleichsam nur als Nullstelle, als unergriffene Möglichkeit vorhanden sein, er kann aber auch Geschichte so sehr an seine eigenen Organisationsprinzipien binden, daß die Dominanz des Narrativen verlorengeht, der narrative Text in einen diskursiven Text umschlägt. Dies ließe sich zeigen etwa an Nervals narrativ-lyrischem Gedicht ›El Desdichado‹, wo die Dominanz der Ebene von ›discours I‹ die Geschichte überwältigt hat, so daß sie zu keiner narrativen Konfiguration mehr zusammentritt.[5] Die Dominanz des narrativen über das diskursive Schema muß gewahrt bleiben, wenn der Text im Gattungsbereich der Geschichten seinen Ort haben soll. Von allen Konstitutionsebenen des narrativen Textes ist die Ebene der Geschichte die für die Gattungsbestimmung konstitutive. Es ist ein Kennzeichen moderner narrativer Texte, daß sie genau am Punkt dieses Umschlags operieren, aus seiner Irritation ihre textkonstitutiven Möglichkeiten gewinnen. Dabei stellt die Paraphrasierbarkeit der Geschichte aus dem Text der Geschichte die Grenze dar, die den narrativen Texten gezogen bleibt.

Der Text der Geschichte (›discours II‹) löst die zweifache Intentionalität von Geschichte und ›discours I‹ ein durch ihre Materialisierung nach den Möglichkeiten einer gegebenen Sprache: durch Stückelung nach den Möglichkeiten eines gegebenen Lexikons und Synthetisierung nach den Möglichkeiten einer gegebenen Syntax.[6] Dabei übernehmen Tempus-Operatoren des verschiedensten morphologischen Status die Funktion, eine Situierung der narrativen Segmente auf der narrativen Achse zu ermöglichen. Geschichte und ›discours I‹ haben eine identische Textoberfläche. Diese bezeichnet einen Bewegungsverlauf der Sätze als Abbildung des Bewegungsverlaufs einer aus ih-

---

[5] Vgl. Verf., Dunkelheit und Form in Gérard de Nervals »Chimères«, München 1967.

[6] Durch die ›semantische Anomalie‹ von Metapher und Metonymie kann die Textoberfläche ihrerseits noch einmal partiell perspektivisch gebrochen werden. Vgl. hierzu das über Konnotation und Metapher Gesagte.

ren Erfüllungen erschließbaren Aufmerksamkeitsrichtung. Das Verhältnis des syntaktisch-semantisch Explizierten zum Implizierten beschreibt ein konstitutives Ungleichgewicht der narrativen Expansion, an der sich eine vorausgesetzte Interessenstruktur ablesen läßt. Die Relation von Bestimmtheitsstellen und Unbestimmtheitsstellen, die sich im semantischen, und die Relation von primären und sekundären Gegebenheiten, die sich im syntaktischen Bereich konkretisiert, ist nicht nur signifikant in der Perspektive des Erzählers auf seinen Gegenstand, sondern, und damit kommt erst die pragmatische Relation ins Spiel, im Hinblick auf die implizierte Rolle dessen, der die Interessen aufbringt, die der Text erfüllt. Die Interessenstruktur des impliziten Lesers, die Aufmerksamkeitsleistungen, die sie diesem Leser durch die Verlaufsgestalt des Textes und die semantisch-syntaktische Besetzung der großen narrativen Konzepte abnötigt, ist der Ausgangspunkt, von dem aus die Frage nach der Literarität des narrativen Textes stellbar wird.

(1971)

KOMIK DER HANDLUNG, KOMIK DER SPRACHHANDLUNG, KOMIK DER KOMÖDIE*

I

Wenn Dichtung oder allgemeiner Fiktion sich bestimmt durch sekundären Gebrauch von pragmatischen Kommunikationsformen als den Schemata sprachlichen Handelns, so zugleich durch die Tendenz, im Kommunikationssystem angelegte, aber nicht ergriffene Möglichkeiten zur Darstellung zu bringen. Sinnfällig wird diese Tendenz schon auf der Ebene kleiner Texteinheiten am Beispiel der Metapher. Die Metapher entspringt praktischen Bedürfnissen der Kommunikation als Kompensation eines für die Bezeichnungsintention immer zu kleinen Lexikons, doch wird erst in poetischen Texten das semantische Potential dieser Figur erschlossen und im Rahmen einer gegebenen Poetik ausgeschöpft.[1] Ebenso macht erst die alle pragmatische Begrenzung übersteigende Vielfalt narrativer und deskriptiver Verfahren in fiktionalen Texten deutlich, was an extremen Möglichkeiten die Form der pragmatischen Kommunikation bereitstellt. Gerade indem Fiktion die extremen Möglichkeiten der Kommunikation ausnutzt, ist sie für die Frage nach der Leistungsfähigkeit einer Kommunikationsform von besonderem theoretischem Interesse. Doch gilt dies ebenso für die Möglichkeiten des Scheiterns der Kommunikation und ihren komischen Zusammenbruch. Erst im Bereich der komischen Fiktion wird die Vielfalt der komischen Möglichkeiten und Kombinationen offenbar, wird das Komische in seiner Vielgestaltigkeit und in seinen extremsten Möglichkeiten durch die dichterische Imagination erfahrbar gemacht. So ist es kein Zufall, daß am Anfang der modernen Beschäftigung mit dem Komischen die tiefsinnigen Einsichten eines Schriftstellers, Jean Pauls nämlich, stehen, denen die späteren Theorien oft mehr verdanken als sie zu erkennen geben und daß, auch wo das Komische Gegenstand anthropologischen, philosophischen, psychologischen Interesses wurde, die einsichtigsten komischen Paradigmen literarischen Gestaltungen des Komischen entnom-

* Die folgende Untersuchung wurde auf dem Kolloquium »Probleme des Komischen« vorgelegt, das die Forschungsgruppe ›Poetik und Hermeneutik‹ im September 1974 veranstaltet hat. Sie wird mit ergänzenden statements im 8. Band der von der Gruppe veröffentlichten Arbeitsergebnisse erscheinen.

[1] Vgl. hierzu Aspekte der Metapher.

men sind. Wenn somit die Literaturwissenschaft für die Frage nach dem Phänomen der Komik über ein besonders günstiges Beobachtungsfeld verfügt, so muß dieses doch solange unerschlossen bleiben, wie es nur literaturimmanent genutzt wird und wie die großen Manifestationen des Komischen nicht durchsichtig werden auf die Bedingungen eines komischen ›Codes‹ hin, als dessen Grenzmöglichkeiten sie allererst systematisch verstehbar werden können. Gerade angesichts der großen einmaligen Manifestationen bedarf es einer systematischen Literaturwissenschaft, die erst den Zusammenhang zwischen den elementaren Bedingungen des Systems und seiner einmaligen Ausnutzung oder Erweiterung sichtbar machen und so das Verständnis des Systems selbst wie seiner komplexen Manifestationsmöglichkeiten fördern kann. Eine so aufgefaßte systematische Literaturwissenschaft ist genötigt, ihren eigenen Rahmen zu überschreiten und sich zu verstehen im Zusammenhang einer Wissenschaft des sprachlichen Handelns, die ihrerseits ihren Ort hat in einer als Handlungswissenschaft aufgefaßten systematischen und historischen Kulturwissenschaft. Im Falle des Komischen ist dieser systematische Rückgriff unerläßlich. Denn die Struktur des Sprachkomischen ist eine Struktur des sprachlichen Handelns, dessen komisches Mißlingen elementar erst beschreibbar wird auf der Ebene des Handelns selbst. Der Ort des Komischen ist die Welt des Handelns und damit die Welt des im Handeln manifestierten Sinns. Dieser Welt gehört die Welt der Sprache oder vielmehr des Sprachgebrauchs zu symbolischen Handlungen zu, deren Geltung durch praktischen Konsens festgelegt ist. Gerade von der Möglichkeit ihres komischen Scheiterns aus lassen sich Handlung und sprachliche Äußerung in ihrer Gemeinsamkeit als sinntragende Struktur bestimmen. Im Komischen manifestieren sich Irritationen, Gefährdungen der Handlungswelt und zwar, anders als im Tragischen, als widerrufliche, tilgbare, die sich zur Anschauung bringen lassen, ohne daß sie von ihren Folgen gleichsam verschlungen werden. Unter diesem Gesichtspunkt wird die Theorie des Komischen zu einem Komplement der Theorie des Handelns. Damit ist der Ausgangspunkt für die folgenden Überlegungen festgelegt. Sie versuchen, zunächst die Struktur des Komischen aus der Struktur der Handlung zu entwickeln, sie gehen sodann über zu den Möglichkeiten des Komischen, die die besondere Struktur des sprachlichen Handelns bedingt, und sie fragen schließlich nach der Erscheinung des Komischen im Hinblick auf eine Poetik des Handelns, als deren Komplement die Poetik der Komödie aufgefaßt werden kann.

II

Nicht jedes Scheitern einer Handlung ist komisch. Daß eine Handlung komisch scheitert, ist an Voraussetzungen geknüpft, die sich im Einzelnen analysieren lassen. Objektive Voraussetzung für Komik ist, daß das Scheitern einer Handlung sinnfällig wird als Fremdbestimmtheit eines Handelns.[2] Dies ist insbesondere dann der Fall, wenn die durch ein plötzliches Moment der Störung zur Unhandlung gewordenen Handlung dennoch den Schein der Handlung bewahrt und zwar als einer abgelenkten oder fehlgerichteten. Die Quellen der Fremdbestimmtheit des Handelns sind ganz allgemein die Quellen des Komischen.

Ein berühmtes Beispiel für komische Fremdbestimmung des Handelns findet sich in dem Chaplin-Film ›Modern Times‹. Charly, der als Arbeiter am Fließband sein Unterkommen gefunden hat, ist so sehr seinem Rhythmus zum Opfer gefallen, daß der ruckhafte Einsatz seiner Hände zu einer Zwangsbewegung wird, die sich nicht mehr zum Stillstand bringen läßt, sondern die sich situationsabstrakt auch nach vollendeter Arbeit fortsetzt. Die Zwangshaftigkeit dieser von ihrem Zweck gelösten Bewegung ist von eindrucksvoller, ebenso sinnfälliger wie hintergründiger Komik. Das Beispiel ist zugleich besonders gut geeignet, gleich eingangs Bergsons berühmte Definition des Komischen als ein »mécanique plaqué sur du vivant«[3] zu diskutieren. Gerade an einem Beispiel, das die Bergsonsche Formulierung

---

[2] Diese Bestimmung setzt das Phänomen des Komischen relativ ›hoch‹ an. Unbestreitbar gibt es elementare Formen des Lächerlichen, die ihre Fundierung nicht notwendig in der Handlungswelt haben. Insbesondere gibt es vielfältige Formen eines Lächerlichen der Überraschung, die ihren Grund allein haben in der subjektiven psychischen Disposition dessen, der sich im Lachen von einer bezuglos gewordenen Spannung befreit. Dem entspricht Kants berühmte Definition des Lachens als »Affekt aus der plötzlichen Verwandlung einer gespannten Erwartung in nichts.« (Kritik der Urteilskraft, ed. K. Vorländer, Hamburg 1959, S. 190). Dagegen wird das Komische hier von vornherein als ein gesellschaftliches Phänomen aufgefaßt, das das lachende Subjekt nicht als vereinzeltes, sondern als gesellschaftliche Instanz affiziert.

[3] H. Bergson, Le Rire. Essai sur la signification du comique, Paris [45]1938, S. 50. Der metaphorische Gebrauch des Mechanismuskonzepts hindert Bergson daran, alle Schlußfolgerungen zu ziehen, die sich aus seinen subtilen und materialreichen Untersuchungen ergeben könnten.

schlagend zu bestätigen scheint, kann deren begrenzte Reichweite sichtbar gemacht werden. Nicht jede, einem Lebendigen auferlegte Mechanik ist komisch, sondern nur eine ›Mechanik‹, die als fremdbestimmte, einer Handlungsintention zuwiderlaufende, sinnfällig wird. Der Arbeiter, der am Fließband stehend mechanische Arbeit verrichtet, ist, obwohl ›fremdbestimmt‹ als Moment eines Produktionszusammenhangs, nicht komisch. Erst indem die von außen auferlegte Fremdbestimmung so sehr internalisiert ist, daß sie zum Impuls eines unwillkürlichen, unkontrollierbaren und afunktionalen Handelns wird, kann sie zur komischen Fremdbestimmtheit werden. In ›Modern Times‹ wird die Komik der Fremdbestimmtheit gleichsam aus ihrer Latenz gehoben indem die Fließbandbewegung ohne Fließband sich kontextlos fortsetzt und damit erst eigentlich als Fremdbestimmtheit sinnfällig wird. Der Wiederholungszwang, der das Subjekt mit sich selbst entzweit, der Widerstreit zwischen dem Subjekt und seiner Fremdbestimmtheit als Teil eines Produktionszusammenhangs wird sinnfällig gerade da, wo dieses wieder in seinen privaten Bereich zurückkehrt. Das Entscheidende dieser Komik ist nicht das Mechanische ihrer Äußerung selbst, sondern die im Mechanischen sich ausdrückende Fremdbestimmtheit. Das Beispiel der gleichsam zum Subjekt selbst werdenden mechanischen Fließbandbewegung kann bereits Einsicht geben in die mögliche Komplexität des Komischen. Wenn das Komische immer einer elementaren sinnlichen Evidenz bedarf, so kann diese doch ihrerseits Grundlage einer höheren Form des Komischen werden. Die Komik der automatisierten Bewegung in ›Modern Times‹ ist nicht nur komisch als diese selbst, sondern indem sie abstrakte Fremdbestimmtheit des Arbeiters in einem anonymen Produktionsapparat zu komischer Anschauung bringt.[4]

Im komischen Scheitern der Handlung wird ihre Fremdbestimmtheit manifest und zwar dramatisch als Antagonismus, der im sich Durchsetzen der Instanz der Fremdbestimmtheit sein Ende findet. Fremdbestimmtheit des Handelns wird da erst sinnlich evident, wo sie nicht einfach ein anderes Handeln bewirkt, sondern eines, das zur Handlungsintention sich konträr verhält. Daß ein Scheitern überhaupt komisch fremdbestimmt ist, bleibt im Einzelfall zwar immer

---

[4] Zur Möglichkeit einer das Konzept der Fremdbestimmtheit politisch auslegenden Komödie vgl. P. Ch. Giese, Das »Gesellschaftlich-Komische«, Zur Komik und Komödie am Beispiel der Stücke und Bearbeitungen Brechts, Stuttgart 1974.

Hypothese, aber eine, die sich durch die Erscheinung des Komischen selbst als eines »angeschauten Widerspruchs« (Jean Paul) unmittelbar aufdrängt. Eine Analyse der komischen Erscheinung muß zurückgehen auf die in ihr zur Manifestation kommende Fremdbestimmtheit eines Handelns. Dabei lassen sich grundsätzliche Möglichkeiten unterscheiden, die sich richten nach den konstitutiven Momenten der Handlung selbst. Als diese können im wesentlichen aufgefaßt werden: das Subjekt der Handlung, der Zweck der Handlung, das Handlungsschema, die Mittel der Handlung, d. h. die Ebene ihrer Manifestation, der Kontext der Handlung. Diesen Momenten der Handlung entsprechen Momente möglicher Fremdbestimmtheit und damit möglicher Formen des Komischen. Im wesentlichen sind es die subjektive Unverfügbarkeit des Handlungsimpulses und die objektive Unverfügbarkeit des Materials oder der Umstände der Handlung, aus denen die Möglichkeit komischer Fremdbestimmtheit hervorgeht. Am vielfältigsten sind die komischen Möglichkeiten, die der Fremdbestimmtheit des Subjekts selbst entspringen, als dem zentralen und zugleich komplexesten Handlungsmoment, dem alle übrigen Handlungsmomente zugeordnet sind. Die Komplexität der Konstitution des handelnden Subjekts bedingt die Vielfältigkeit seiner möglichen komischen Fremdbestimmtheit. Es kann sowohl als fremdbestimmt erscheinen mit Hinblick auf seine natürliche wie auf seine kulturelle Konstitution, aber auch durch die Dominanz der natürlichen über die kulturelle oder der kulturellen über die natürliche Person. Ein Mann erscheint als komisch, weil fremdbestimmt, der sich wie eine Frau, eine Frau, die sich wie ein Mann verhält. Komisch ist es aber auch, wenn die leibliche Einheit des Subjekts scheinbar in Widerspruch zu sich selbst gerät, ein Teil über das Ganze dominiert und so gleichsam zu einem Metasubjekt wird. Die metonymische Komik Gogols (vgl. »Der Mantel«, »Die Nase«) hat hierin ihren Grund.[5] Ein triviales Beispiel — aber eine Systematik des Komischen kann auf triviale Beispiele nicht verzichten — ist die Komik des Stolperns, die daraus hervorgeht, daß die Füße plötzlich einem eigenen Willen zu gehorchen scheinen und daß im Fallen das Ganze gleichsam zum Objekt seines Teils wird. Beispiel einer, an eine bestimmte Gesellschaftsauffassung gebundenen Komik kultureller Fremdbestimmtheit ist es, wenn der

---

[5] Auf demselben komischen Schema beruhen auch die Mémoires d'un nez, racontés par une bouche in den Petites misères de la vie humaine par Old Nick (i. e. J. Janin) et Grandville, Paris 1846.

Diener sich anmaßt, die Rolle des Herrn zu spielen oder umgekehrt, wenn der Herr dem Anspruch seiner gesellschaftlichen Rolle nicht gewachsen ist. Der Komik der Fremdbestimmtheit am meisten ausgesetzt ist das erhabene Subjekt, das am meisten Subjekt zu sein beansprucht, und dessen Anspruch sich durch Fremdbestimmtheit komisch als leere Prätention dekuvriert.[6] Komisch ist es, wenn im kulturellen, durch Sitte oder Schicklichkeit festgelegten Kontext plötzlich das Körperliche in seinen natürlichen Bedingungen sich unversehens zur Geltung bringt[7]. Wo Sancho Panza komisch ist, erscheint er komisch durch ›fremdbestimmende‹ Natur. Komisch ist aber auch, wenn im natürlichen Kontext oder im Kontext der zweiten Natur des Gewohnten oder Alltäglichen die kulturelle Norm sich als fremd und abstrakt durchsetzt. Dies gilt für das abstrakte, von seinem Kontext dementierte Rittertum des Don Quijote ebenso wie für das stereotype »das schickt sich nicht« der Marie in Nestroys Lustspiel »Einen Jux will er sich machen«. Es gibt eine Komik der naiven Natürlichkeit wie es eine Komik der naiven Verhaftetheit an eine zur abstrakten Norm gewordene Kultur gibt. Erst unter der Voraussetzung dieser Naivität, d. h. der Bewußtlosigkeit des Subjekts mit Hinblick auf seine Fremdbestimmtheit, wird diese wirklich komisch.

Zur Komik der Fremdbestimmtheit des natürlichen wie des kulturellen Subjekts, der Dominanz des natürlichen über das kulturelle oder des kulturellen über das natürliche Subjekt treten vielfältige Möglichkeiten der Fremdbestimmtheit durch Prädominanz einer im

---

6 Daß eine Fliege genügt, um den von der Aura der Macht umgebenen Herrscher zum komischen Schauspiel zu machen, ist Pascal Anlaß einer moralistischen Reflexion. Vgl. Pensées, Class. Garnier, Paris 1966, S. 165 (Br. 366): »L'esprit de ce souverain juge du monde n'est pas si indépendant, qu'il ne soit sujet à être troublé par le premier tintamarre qui se fait autour de lui. Il ne faut pas le bruit d'un canon pour empêcher sa pensée: il ne faut que le bruit d'une girouette ou d'une poulie. Ne vous étonnez pas s'il ne raisonne pas bien à présent; une mouche bourdonne à ses oreilles; c'en est assez pour le rendre incapable de bon conseil. Si vous voulez qu'il puisse trouver la vérité, chassez cet animal qui tient sa raison en échec et trouble cette puissante intelligence qui gouverne les villes et les royaumes. Le plaisant dieu que voilà! *O ridicolosissimo eroe!*«

7 F. Schiller nennt diese Komik die des »Naiven der Überraschung«. Vgl. Über naive und sentimentalische Dichtung, Reclam, Stuttgart 1972, S. 10.

Subjekt angelegten Disposition als Fixiertheiten jeder Art hinzu. So ist der Geizige komisch, der von seinem Geiz beherrscht wird, der Misanthrop, der situationsabstrakt seiner Misanthropenleidenschaft folgt, der Zerstreute, der das immer neue Opfer seiner nicht mehr von ihm durchschauten Umstände wird. Steigerungsmöglichkeiten des Komischen ergeben sich hier durch Vervielfältigung der Fremdbestimmtheit, der ein unabschließbares Feld komischer Kombinatorik offensteht. Der von seinem Geiz Besessene, den zugleich die Liebesleidenschaft ergreift, und der dadurch in einen unlösbaren Konflikt gerät, der verliebte Misanthrop, den seine konträren Passionen in ein endloses Ungleichgewicht bringen, sind zwei berühmte Beispiele dafür, wie komische Imagination sich die Kombinationsmöglichkeiten in diesem Feld zunutze macht und aus ihnen ihre komischen Gestalten erschafft.

Die Komik der fremdbestimmten Handlung kann zurückführen auf die Komik der Fremdbestimmtheit im Subjekt selbst. Sie kann andererseits hervorgehen aus einer akzidentiellen Fremdbestimmtheit des Subjekts, wenn es sein Handeln unter falsche Prämissen stellt. Diese können in einem Irrtum, einem Zufall oder auch einer List, die die Illusion scheinhafter Handlungsprämissen erzeugt, begründet sein. Mit einem Begriff aus der Narrationstheorie von Greimas könnte man die daraus hervorgehende Komik als eine Komik des »savoir« bezeichnen. Eine andere Möglichkeit[8] des Komischen entspringt der Unfähigkeit, ein gesetztes Handlungsprogramm zu erfüllen, sei es aus Ungeschicklichkeit oder aus mangelndem Handlungspotential (Komik des »pouvoir«). Eine letzte Möglichkeit des Komischen, die mit den vorausliegenden in Verbindung steht, aber sich von ihnen abgrenzen läßt, ist die Komik der unverfügbaren Zusatzbedingungen, unter denen eine Handlung steht und die ein komisches Scheitern der Handlung bewirken können. Dies ist der Bereich der Situationskomik im eigentlichen Sinne, bei der der Zufall gleichsam zu einem Quasi-Subjekt der Handlung wird.[9] Der vom Zufall arrangierte Gegensinn sei es einer plötzlichen Veränderung, Eigenbewegung der Situation, die sich der Kontrolle des Handelnden entzieht, sei es des

[8] Vgl. Semiotik als Kulturwissenschaft, S. 186-219.

[9] G. Heymans nennt dies treffend die »Witze des Zufalls«. Vgl. G. H., Ästhetische Untersuchungen in Anschluß an die Lippsche Theorie des Komischen in: Zeitschrift für Psychologie und Physiologie der Sinnesorgane, 11. Bd. (1896), S. 39.

Arrangements einer prägnanten gegensinnigen Wiederholungsrelation, die den Handelnden einer über ihn verfügenden Macht auszusetzen scheint, läßt in eigener Weise das handelnde Subjekt fremdbestimmt erscheinen.

Die Handlungsmomente, an denen eine Fremdbestimmtheit primär ansetzen kann, sind nicht isolierbar, sondern stehen in notwendigem Zusammenhang mit allen übrigen Handlungsmomenten, die dadurch sekundär gleichfalls zu fremdbestimmten werden. Die Fremdbestimmtheit eines Moments der Handlung bedeutet immer zugleich die Fremdbestimmtheit der Handlung selbst. Die kanonische komische Relation zwischen den Momenten einer fremdbestimmten Handlung kann an der Struktur der sogenannten »Tücke des Objekts«[10] entwickelt werden. Ein Subjekt verfügt über ein Objekt, in dem als Handlungsmedium die Handlung sich materialisieren soll. Die Handlung kann nun komisch daran scheitern, daß das Objekt unvorhergesehen und plötzlich sich als widerständig erweist und genau so reagiert, daß der Handlungsplan nicht nur scheitert, sondern sich in einer Unhandlung fortsetzt, die den Schein einer zur intendierten Handlung konträren Handlung trägt. Durch das Arrangement des Zufalls wird das Objekt so zu einem Quasi-Subjekt, das über das handelnde Subjekt zu verfügen scheint und dieses selbst zu einem Quasi-Objekt macht. Dieses plötzliche Umschlagen einer Subjekt-Objekt-Relation in eine Objekt-Subjekt-Relation ist eine der wirkungsvollsten Formen des Komischen. Die Fremdbestimmtheit der Handlung ist hier beziehbar auf ein außerhalb des Subjekts liegendes Quasi-Subjekt, das im Handlungsverlauf selbsttätig eine Gegenhandlung zu erzeugen scheint, so daß der Handlungssinn an einem unvorhersehbaren Gegensinn zum Scheitern kommt. Im Gegensatz zum Sinn der intendierten Handlung verfügt der Gegensinn nur über einen reduzierten Code, besonders das Mittel der Opposition. Insofern ist der Code des Gegensinns dem reduzierten Code der Konnotation vergleichbar. Aber gerade vermittels des reduzierten Codes triumphiert der Gegensinn über den Sinn. Dies ist das eigentlich komische Moment. Was für die Tücke des Objekts gilt, gilt auch für die Tücke der Umstände, die ebenfalls zu einem, noch allgemeineren, Quasi-Subjekt werden können durch die Prägnanz des gegensinnigen Zufalls.

---

[10] Der Ausdruck hat seinen Ursprung in F. Th. Vischers komischem Roman »Auch Einer«, in dem Vischer seine Theorie des Komischen konkretisiert.

Fremdbestimmtheit des Handelns hat im wesentlichen zwei Quellen: sie ist Fremdbestimmtheit durch ein außerhalb des Subjekts liegendes Quasi-Subjekt oder Fremdbestimmtheit durch ein im Subjekt selbst liegendes Metasubjekt. Beide bewirken, daß das primäre Subjekt der Handlung zum Opfer seiner Handlung wird, deren Intentionalität so gleichsam auf ein neues Subjekt übergeht. Prägnanz des Komischen entsteht hier einerseits durch die Plötzlichkeit des Umschlags, andererseits durch die als Opposition bestimmbare Relation zwischen einer den Handlungsverlauf bestimmenden intendierten Sachlage und der negativen Variante des ihr zugeordneten Sachverhalts. Bei Fremdbestimmtheit durch ein Metasubjekt kann die Handlung gerade dann, wenn sie gelingt, schon komisch sein. Hier kommt nur eine einseitige Vervielfältigung ins Spiel: im Subjekt selbst entsteht ein Metasubjekt, auf das der Fokus der Subjektivität überwechselt. Im Falle der Fremdbestimmtheit durch ein Quasi-Subjekt kommt es zu einer zweiseitigen Struktur der Verdoppelung: die einfache Relation Subjekt vs Objekt wird zu der komplexen Relation Subjekt als Objekt vs Objekt als Subjekt. Ein Komisches anderer Art entsteht dann, wenn das Objekt selbst schon Subjekt ist, d. h. bei Interaktion. Hier kann der in eine Handlung einbezogene Andere immer schon die Initiative des Handelns an sich reißen, die Handlung kann durch eine Gegenhandlung durchkreuzt werden. Aber zu komischer Fremdbestimmtheit kommt es hier erst dann, wenn die Gegenhandlung nicht einfach eine intendierte Handlung zum Scheitern bringt, sondern wenn es dem Anderen gelingt, seine Zwecke so zu verfolgen, daß sie vom Handelnden selbst durch eine Fremdbestimmtheit seines »savoir« verwirklicht werden. Das Subjekt glaubt so im Handeln seine eigenen Zwecke zu verfolgen und wendet sich doch gegen sich selbst. So wird der Handelnde, indem er handelt, zum Objekt einer fremden Handlung. Dies ist die Struktur der List, die je nach Zuwendung zum Listigen oder zum Opfer seiner List als witzig oder als komisch erfahren werden kann. Mit der List scheint eine Grenze für die Möglichkeit komischer Fremdbestimmtheit durch ein fremdes Subjekt gegeben zu sein. Faktische Fremdbestimmtheit durch Gewalt ist prinzipiell nicht komisch, auch wenn unter spezifischen Bedingungen der Situationskomik dieser generelle Sachverhalt durchbrochen werden kann, dann nämlich, wenn sekundär Motive einer ›ausgleichenden Gerechtigkeit‹ mitspielen. Fremdbestimmtheit durch physische Gewalt fehlt ein entscheidendes Moment, dessen Bedeutung sich erst bei der Zuwendung zu den subjektiven Bedingungen des Komischen im Betrachter aufklären lassen kann, das der hypothetischen Entsetzung des Subjekts durch ein Metasubjekt oder Quasi-Subjekt, das dennoch das handelnde Subjekt als dieses formal bestehen läßt. Komisch ist das Subjekt nur, wenn seine Fremdbestimmtheit ihm nicht selbst zu Bewußtsein kommt oder sich der Kontrolle seines Bewußtseins entzieht. Die komische Entzweiung der Fremdbestimmtheit wird sinnfällig immer nur von außen, ja daß sie nur von außen sinnfällig werden kann, ist, wie im weiteren noch darzustellen sein wird, eine wesentliche Bedingung ihres komischen Erscheinens.

Von den Momenten der Fremdbestimmtheit lassen sich die Sphären der Fremdbestimmtheit unterscheiden. Diese bestimmen sich generell als Funktionen leitender Normen, die eine gegebene Handlungswelt sichern. Überall, wo die Verläßlichkeit und Stabilität einer Handlungswelt durch Unverfügbarkeit gefährdet ist, wo ein Handlungskontext plötzlich zusammenbricht, eröffnen sich Sphären der Fremdbestimmtheit. Diese können liegen in der Unverfügbarkeit der Natur und des Anderen, aber auch in der Unverfügbarkeit des Subjekts über sich selbst und nicht zuletzt in den Zwängen einer Kultur, die eine Handlungswelt, statt sie zu stabilisieren, durch ihre Interdiktionen zu beeinträchtigen droht.

III

Komisch ist nicht schon die fremdbestimmte Handlung selbst, sondern erst ihre Erfassung in der Perspektive einer anderen Person. Zu den objektiven Bedingungen des Komischen, die sich unter dem Gesichtspunkt der fremdbestimmten Handlung zusammenfassen lassen, treten subjektive Wahrnehmungsbedingungen hinzu, die ihrerseits der Explikation bedürfen. Jean Paul, der mit seinen Überlegungen zum Komischen dieses erst eigentlich in seiner ganzen Tiefe erschlossen hat, hat zuerst in aller Klarheit gesehen, »daß also das Komische, wie das Erhabene, nie im Objekte wohnt, sondern im Subjekte«[11]. Komik ist nicht schon das Resultat der fremdbestimmten Handlung, sondern ihrer Interpretation. Diese setzt als erste Hypothese voraus, daß das Subjekt der fremdbestimmten Handlung die Freiheit des Handelns hat, wodurch seine Handlung überhaupt erst

---

[11] Vorschule der Ästhetik, ed. G. Zimmermann, Jean Pauls Werke Bd. 49, Berlin o. J., S. 116.

als Handlung mißglücken kann.[12] Das impliziert, daß Handlung sinnhafte Handlung überhaupt nur sein kann, wenn sie die Handlung eines Subjekts ist. »Daher das lächerliche Wesen und dessen Mangel wenigstens den Schein der Freiheit haben muß[13].« Die fehlgeleitete, mißlungene, nicht zu Ende gekommene Handlung muß als diese erst rekonstruiert werden, d. h. es muß das Schema gewonnen werden, dessen negative Variante die fremdbestimmte Handlung ist. Das Komische ist komisch erst durch »das Leihen unserer kontrastierenden Einsicht«[14]. Diese Einsicht ist bei Jean Paul bestimmt als eine subjektive, die dem Irrtum als »Folie« »unterlegt« wird. Für Jean Paul ist dieses Unterlegen nicht ein notwendiges, sondern ein willkürliches, fiktives einer freien Subjektivität. An diesem Punkt bedürfen die Jean Paulschen Gedanken der Fortführung in eine andere Richtung. Das ›Unterlegen‹, wodurch die mißlingende Handlung als eine negative Variante einem Handlungsschema zugeordnet wird, ist nicht eine Tätigkeit subjektiver Willkür, sondern die notwendige Voraussetzung für jedes Verstehen einer fremden Handlung. Dessen prinzipiell hypothetischer Charakter ist unhintergehbar. Doch liegt die Chance des Verstehens von Handlungen gerade darin, daß diese, wenn sie überhaupt als Handlungen aufzufassen sind, gesellschaftlichen Charakter haben, Teil sind einer Handlungswelt, an der der einzelne im Handeln und im Verstehen von Handlungen partizipiert. A. Schütz hat dies in seiner phänomenologischen Analyse des Handelns und des Handlungsverstehens eindringlich erwiesen[15]. Was Jean Paul als das Leihen unserer Einsicht beschrieben hat, bedarf einer weitergehenden Bestimmung, die es ermöglicht, die Kommunika-

---

[12] Gerade was F. Th. Vischer Jean Paul vorwirft, daß er das Komische an die Handlung gebunden habe, scheint mir das eigentlich Weiterführende seines Ansatzes. Vgl. F. Th. Vischer, Über das Erhabene und das Komische, Einl. V. W. Oelmüller, Frankfurt 1967, S. 179: »Nur reicht der Jean Paulsche Satz nicht aus, weil er bloß auf das Komische in menschlichen Handlungen anzuwenden ist ... Der komische Widerspruch ist universaler Natur und muß auf seinen metaphysischen Urgrund, das Ineinandersein des Endlichen und Unendlichen, überhaupt zurückgeführt werden ...«

[13] op. cit., S. 119 f.

[14] op. cit., S. 119.

[15] Zur Theorie des fremden Handelns und zur »Fundierung des Fremdverstehens durch Akte der Selbstauslegung« vgl. A. Schütz, Der sinnhafte Aufbau der sozialen Welt Wien [2]1960, S. 117 ff.

tionssituation des Komischen und damit die Beziehung zwischen dem komischen Opfer seiner selbst oder seiner Umstände und einer weiteren, wahrnehmenden Person sichtbar zu machen. Eine solche Untersuchung kann wesentliche Anregungen aus Freuds Abhandlung »Der Witz und seine Beziehung zum Unbewußten«[16] übernehmen, in der die kommunikative Struktur des Witzes aufgedeckt wird. Freud faßt den Witz auf als »psychische(n) Vorgang zwischen drei Personen« im Gegensatz zum komischen Vorgang, der sich begnügt mit »dem Ich und der Objektperson«[17]. Für Freud bleibt die ›dritte Person‹, der unbeteiligte Andere, beim Komischen funktionslos, während er beim Witz zum eigentlichen Zielpunkt der Kommunikation wird. Die komische Relation, die sich für Freud zwischen zwei Personen abzuspielen scheint, läßt sich unter Zuhilfenahme von Einsichten von A. Schütz genauer bestimmen. In seinen grundlegenden phänomenologischen Beschreibungen gesellschaftlicher Einstellungsweisen unterscheidet Schütz zwischen Wir-Einstellung und ihr entspringender Du-Einstellung als Einstellung auf die unmittelbare Gegebenheit des Anderen und Ihr-Einstellung als Einstellung auf die mittelbare Gegebenheit des Anderen vor dem Hintergrund eines gesellschaftlichen Bezugrahmens[18]. Schütz folgt hier nicht dem Fingerzeig der Sprache, die ihn hätte veranlassen können, als weitere Einstellungsweise die Er-Einstellung zu berücksichtigen. Für die Beschreibung der komischen Kommunikation ist die Unterscheidung zwischen Du-Einstellung, Ihr-Einstellung und Er-Einstellung unerläßlich. In der Er-Einstellung erscheint der Andere als Objekt einer Ich-Du-Einstellung. Wir wollen Freuds Begriff der ›dritten Person‹ übernehmen, ihr aber eine neue Bedeutung geben und mit ihr die Person der Er-Einstellung bezeichnen. Damit ist die Voraussetzung geschaffen, um die komische Kommunikation in ihren Phasen beschreiben zu können und zwar als sich vollziehenden Zusammenbruch einer kommunikativen Situation. Die eindeutige Festlegung der komischen ›Objektperson‹ als ›zweite Person‹ ist nun nicht mehr möglich. Die Dynamik des komischen Vorgangs impliziert nämlich einen Positionswechsel der involvierten Personen, der sich genau beschreiben läßt. Im Modell der komischen Kommunikation vorauszusetzender Ausgangspunkt der komischen

---

16 Gesammelte Werke, Bd. VI, Frankfurt ³1961.

17 op. cit., S. 161.

18 Schütz, op. cit., 4. Abschnitt: Strukturanalyse der Sozialwelt, Soziale Umwelt, Mitwelt, Vorwelt, S. 156 ff.

Relation zwischen erster Person als wahrnehmender Person und Objektperson ist eine in sich selbst noch unkomische Relation von erster und zweiter Person. Die Einstellung der ersten zur zweiten Person ist die der Du-Einstellung. Genauer noch ist es eine Einstellung der Identifikation, die als Wir-Einstellung erfaßt werden kann. In der Identifikation übernimmt die erste Person die Aufmerksamkeitsrichtung der zweiten Person, die handelnd der Verwirklichung einer Intention zugewandt ist. Der komische Umschlag, der die eigentliche komische Dynamik bestimmt, läßt sich mit Hinblick auf die erste Person erfassen als die plötzliche Erstellung einer neuen Kommunikationssituation. Die Du-Einstellung zur ›Objektperson‹ schlägt in eine Er-Einstellung um, wobei erst in diesem Augenblick eigentlich von einer Objektperson gesprochen werden kann. Der Positionswechsel hinterläßt indes keine leere Stelle. Verläßt die Objektperson die Stelle der Du-Einstellung, so wird diese zumindest tendenziell neu besetzt durch die erst jetzt ins Spiel kommende Instanz eines Anderen, an dessen Zustimmung der Lachende appellieren muß. Indem der Lachende zum Verlachten in das Verhältnis von erster zu dritter Person tritt, wird er zur gesellschaftlichen Instanz, die prinzipiell der Zustimmung Anderer bedürftig ist. Der Lachende ist nur dann nicht selbst komisch, wenn der Grund seines Lachens gerade nicht subjektiv ist, sondern allgemein geteilt wird, wenn er sich also in Übereinstimmung mit einem sensus communis befindet. Je markierter die Intention des komischen Subjekts, desto größer der Identifikationsaufwand bei der ersten Person und desto weiter die Distanz des Einstellungswechsels. Die Möglichkeit des Umschlags von Identifikation in Distanz im Kommunikationsmodell des Komischen ist gebunden an die Möglichkeit der Kontrastierung von Schema der Handlung und negativer Variante, d. h. von Disposition und Realisierung. Ein Teil der Handlung muß metonymisch die Handlung selbst bezeichnen können, damit dies möglich wird. Erst aufgrund einer solchen metonymischen ›Lesung‹ des Handlungsschemas, ist es möglich, den ›Code‹ des komischen Gegensinns zu erfassen und von ihm aus die gescheiterte Handlung auf die Quellen der Fremdbestimmtheit zurückzubeziehen, die das Scheitern bedingen. Das inkongruente Detail, das den Handlungskontext durchbricht, erscheint hier seinerseits als metonymisch oder metaphorisch verstärkt und evoziert so die Sphäre eines Gegensinns.

Freilich sind die Möglichkeiten der Zurückrechnung nicht immer eindeutig. Es muß mit Möglichkeiten der komischen Ambiguität gerechnet werden. Formale Fremdbestimmtheit des Handelns kann inhaltlich immer auch Selbstbestimmtheit bedeuten. Dafür ist das Beispiel der Fremdbestimmtheit durch Natur im Hinblick auf die Norm der Kultur besonders aufschlußreich. Ein unabsichtliches Durchbrechen einer kulturellen Sphäre kann zunächst auf den zurückfallen, der die Sphäre durchbrochen hat und ihn zum Gegenstand komischer Distanz machen. Doch kann gleichzeitig auch die kulturelle Sphäre selbst mit ihren Zwängen als fragwürdig erscheinen und damit ihrerseits der Lächerlichkeit preisgegeben werden und sei es nur in der Weise eines untergründigen Motivs, das sich im Lachen mit dem primären Motiv vereint. Hier gibt es Möglichkeiten der Oszillation des komischen Fokus, die denen vergleichbar sind, die Freud am Witz und den widersprüchlichen Motiven des Lachens über den Witz aufgedeckt hat.[19] La Fontaine hat seine Fabel vom »Paysan du Danube« genau auf die Möglichkeit dieser komischen Ambiguität angelegt, wobei der Verlauf der Fabel von einer Perspektive zur anderen übergeht.

In der Perspektive des Betrachters ergeben sich Möglichkeiten des Komischen, die nicht mehr allein fundiert sind in der Fremdbestimmtheit eines Handelns, sondern durch eine Erweiterung des Fokus der Wahrnehmung, in der sich allererst die komische Relation konstituiert. Man könnte in diesem Fall von einer Quasi-Fremdbestimmtheit des Handelns sprechen. Dies gilt insbesondere für das Komische der Situation. Da jede Handlungssituation über das Handeln selbst und sein Aufmerksamkeitfeld hinausreicht, ist es möglich, durch entsprechende Aufmerksamkeitsakte einer Handlung Momente eines Gegensinns beizustellen. Wenn für diese Möglichkeit des Komischen gilt, daß sie eine Leistung der wahrnehmenden Subjektivität ist, so doch mit der Einschränkung, daß diese nicht einer aktiv sich ausrichtenden Aufmerksamkeit verdankt werden darf, sondern hervorgehen muß aus der Unwillkürlichkeit einer sich aufdrängenden Gegenrelation. Gerade im Falle dieser erst aus der Wahrnehmung des Subjekts selbst hervorgehenden komischen Relation ist der Lachende am meisten in Gefahr, daß sein Lachen eine allgemeine Zustimmung nicht finden kann und der Lachende so selbst der Lächerlichkeit verfällt.

Handlungskommunikation vollzieht sich als verstehendes Wahrnehmen. So ist der Zusammenbruch der Kommunikationssituation zwischen Objektperson und erster Person zugleich ein Zusammenbruch

[19] op. cit., Kap. III; Die Tendenzen des Witzes, S. 97 ff.

eines Aufmerksamkeitsfeldes. Für die Erfassung des Komischen ist die Erfassung der Aufmerksamkeitsbewegung grundlegend, die der Fremdbestimmtheit des Handelns korrespondiert.[20] Aufmerksamkeit ist nie anders möglich als durch Ausgrenzung eines überschaubaren Aufmerksamkeitsfeldes[21]. Das Verfolgen einer fremden Handlung durch Identifikation bedeutet die Richtung der Aufmerksamkeit auf ein indiziertes Handlungsschema und seine Erfüllung. Die Identifikation als Aufmerksamkeitsbewegung hat Freud in einer glänzenden Analyse als Innervationsaufwand beschrieben[22]. Durch meinen Innervationsaufwand kontrolliere ich gleichsam an meiner durch Erfahrung gewonnenen Norm den Verlauf und das Gelingen einer fremden Handlung. Erst am Punkt des komischen Mißlingens verzweigt sich die bis dahin bei erster und zweiter Person parallel verlaufende Aufmerksamkeitsrichtung. In dem Maße, wie das handelnde Subjekt Objekt einer Fremdbestimmtheit wird, bricht das durch Identifikation begrenzte Aufmerksamkeitsfeld der ersten Person zusammen. Im plötzlichen Umschlag[23] eröffnen sich neue Aufmerksamkeitsfelder, die das primär gegebene exklusive Aufmerksamkeitsfeld relativieren und in Bezug setzen zu Nebenschauplätzen der Aufmerksamkeit, die gerade als das primäre Aufmerksamkeitsfeld sprengend, die Dominanz gewinnen müssen.[24] Dies ist die inhaltliche Seite des zunächst

---

[20] Die ›subjektiven‹ Bedingungen des Komischen finden sich insbesondere bei Th. Lipps, Komik und Humor, Hamburg 1898 (vgl. S. 125 ff.: Die besonderen Bedingungen der Komik) und G. Heymans, op. cit.

[21] Über den Zusammenhang von Aufmerksamkeit und Selektion vgl. Lessing, Hamburgische Dramaturgie, 70. Stück, Ges. Werke ed. P. Rilla, Berlin 1954, Bd. 6, bes. S. 358 f. Lessing hat hier nicht das Zusammenbrechen des Aufmerksamkeitsfeldes beim Komischen im Auge sondern den Aufwand an Aufmerksamkeit, der gegen diesen Zusammenbruch aufgeboten werden muß. »Wenn wir Zeugen von einer wichtigen und rührenden Begebenheit sind, und eine andere von nichtigem Belange läuft quer ein: so suchen wir der Zerstreuung, die diese uns drohet, möglichst auszuweichen.« Der Kampf, der in einem solchen Fall an den Rändern des Aufmerksamkeitsfelds geführt wird, ist ein Kampf um das Ernstbleiben.

[22] Freud, op. cit., S. 218 ff.

[23] Was sich hier durchsetzt ist, mit Jean Paul, die »Allmacht und Schnelle der sinnlichen Anschauung« (op. cit., S. 116).

[24] Vgl. Lipps, op. cit., S. 130: »Es ist bildlich gesprochen, aber es trifft die Sache, wenn wir mit Rücksicht auf alle Komik den Vorgang so be-

nur formal beschriebenen Wechsels von Du-Einstellung als Wir-Einstellung zur Er-Einstellung. Die Multiplikation der Aufmerksamkeitsfelder in der ersten, wahrnehmenden Person angesichts der Fremdbestimmtheit des Handelns der zweiten Person läßt sich elementar beschreiben am Beispiel jener prägnanten Fremdbestimmtheit, bei der die ›Emanzipation der Mittel‹ den komischen Umschlag bewirkt. Wir können hier auf die Ergebnisse unserer Analyse des durch die ›Tücke des Objekts‹ fremdbestimmten Handelns zurückgreifen. Es hatte sich in diesem Fall ein zweifacher Umschlag vom Subjekt zum Subjekt als Objekt und vom Objekt zum Objekt als Subjekt gezeigt. Die Multiplikation der Aufmerksamkeitsfelder bei der ersten Person steht in Korrespondenz zu diesem Umschlag und seiner auf ein höheres Niveau aufsteigenden Subjekt-Objekt-Relation. Angesichts dieser Struktur ersteht der ersten Person die Aufgabe einer Aufmerksamkeitsleistung von hoher Komplexität[25]. An die Stelle einer einfachen einsinnigen Aufmerksamkeitsbewegung tritt die Erfordernis einer zweifachen gegensinnigen Aufmerksamkeitsbewegung. Die erste Person folgt der Aufmerksamkeit der zweiten Person, sofern sie Subjekt ist, sie folgt der gegensinnigen Bewegung eines Metasubjekts oder Quasi-Subjekts, sofern dieses das primäre Subjekt zu einem sekundären Objekt macht und sie folgt dem Objekt, sofern dieses zum Quasi-Subjekt geworden ist. Die hier implizierte Aufmerksamkeitsbewegung läßt sich wie folgt darstellen:

```
o — s
|   |
s — o
```

Diese Formel beschreibt das elementare Schema der beim Komischen involvierten Aufmerksamkeitsbewegung. Die Aufgabe, die sich so der Aufmerksamkeit der ersten Person stellt, ist eine unlösbare. Sie

---

schreiben, daß wir sagen, ein Nichtiges, das heißt zur Aneignung seelischer Kraft aus eigner Energie relativ Unfähiges, gewinne erst in Verbindung und durch Verbindung mit einem Bedeutsamen, das heißt zu dieser Aneignung seiner Natur nach Fähigen, Raum oder Luft in dem Gedränge der seelischen Vorgänge, und erfreue sich dann für eine Zeitlang der Möglichkeit freier Entfaltung und Selbstbehauptung in dem Raume, der nach Verschwinden des Bedeutsamen ihm allein zur Verfügung bleibt.« Vgl. auch Heymans, S. 33.

25 Ein besonders prägnantes Beispiel hierfür ist das bei Heymans S. 42 erwähnte Umfallen einer Theaterkulisse und die dadurch ausgelöste Komik.

kann als Paradoxie der Aufmerksamkeit bezeichnet werden. Diese besteht darin, daß gleichzeitig eine zweifache Gegensinnigkeit der Aufmerksamkeit gefordert ist, die Aufmerksamkeit selbst aber nur in einsinniger Richtung verlaufen kann. Im Lachen, so läßt sich jetzt sagen, wird die Paradoxie der Aufmerksamkeit fallengelassen. Das Lachen ist, wie Plessner bemerkt, eine »elementare Reaktion gegen das Bedrängende des komischen Konflikts«[26]. Der komische Konflikt ist zugleich ein Konflikt der zweiten Person und ein Aufmerksamkeitskonflikt der ersten Person, aber nur sofern der reale Konflikt zu einem Aufmerksamkeitskonflikt wird, entsteht die Komik, deren Spannung im Lachen lustvoll abgeführt wird. Wenn J. Ritter in der Einsicht in die »geheime Zugehörigkeit des Nichtigen zum Dasein« den eigentlichen Grund des Lachens über das Komische sieht, und dieses Lachen bestimmt als die »unendlich positive Bewegung, in der das für den Ernst Nichtige in der Lebenswirklichkeit bleibt«[27], so gilt diese Bestimmung eben so gewiß für den Humor wie sie für das Komische nicht gilt. Nicht die Rehabilitierung des von der Handlungsintention oder von der Norm der Sitte Ausgegrenzten bestimmt das Komische, sondern die Unlösbarkeit der durch die komische Struktur gesetzten Aufgabe.

Die Paradoxie der Aufmerksamkeit ist nur möglich in der Einheit der sinnlichen Anschauung. Ihr Aufbau vollzieht sich ebenso schnell wie die Befreiung durch das Lachen, mit dem die komische Spannung getilgt wird. Nur die Plötzlichkeit der Abfolge zweier zeitlicher Phasen einer komischen Differenz gibt diesen die Einheit der sinnlichen Anschauung. Nur wenn die komische Situation sich im Augenblick in allen ihren Aspekten enthüllt, erhält die Paradoxie der Aufmerksamkeit ihre höchste Spannung. Der plötzliche Umschlag, die Überraschung ist für die Auslösung einer Paradoxie der Aufmerksamkeit

---

[26] H. Plessner, Lachen und Weinen, Bern [3]1961, S. 117. Das Bedrängende des komischen Konflikts liegt für Plessner begründet in einer »*Gegensinnigkeit*, die gleichwohl als *Einheit* sich vorstellt und hingenommen werden will.« (S. 111).

[27] J. Ritter, Über das Lachen in: J. R., Subjektivität, Frankfurt 1974, S. 91. Für Ritter ist der Humor die tiefste Form des Komischen. Damit steht er in einer Linie mit Hegels Ästhetik, die gleichfalls Komik und Humor in einem sieht. Demgegenüber weist Freud, wie mir scheint überzeugend, auf die Momente, die Komik und Humor unterscheiden. Vgl. op. cit., S. 260 ff.

wesentlich. Dem scheint das Komische der Wiederholung zu widersprechen. Aber auch dieses Komische muß so angelegt sein, daß es gerade dann sich zur Geltung bringt, wenn es am wenigsten erwartet wird, so daß die Erwartbarkeit des Komischen als Serie, nachdem sie einmal eingeführt ist, immer neu in Widerspruch tritt zur objektiven Unerwartbarkeit in der gegebenen Situation. Auch hier ist dominant die sinnliche Anschauung, zu der das Prinzip der Wiederholung nur verstärkend sekundär hinzutritt. Das stereotype »Das ist klassisch« des Knechts Melchior in Nestroys »Einen Jux will er sich machen« steht immer neu im Widerspruch zu der so kommentierten Situation und gewinnt andererseits von Mal zu Mal an komischem Hintergrund durch alle vorausgegangenen, gleichermaßen kommentierten Situationen, die so in eine ungewollte Serie einrücken.

Das Lachen angesichts des Komischen ist ein Akt der Befreiung, der komischen Katharsis, in mehr als einem Sinn. Es ist die Befreiung von einer Paradoxie der Aufmerksamkeit, aber es ist darüberhinaus auch ein Akt der Befreiung von der Identifikation mit einem fremdbestimmten Handeln und schließlich auch ein symbolischer Akt der Befreiung des in eine Fremdbestimmtheit komisch verstrickten Subjekts. Im Lachen wird das komische Mißlingen aus seinem Kontext herausgehoben und, indem es Gegenstand der Anschauung wird, gesellschaftlich negiert. Indem der Betrachter das komische Faktum isoliert und als dieses zur Anschauung bringt, wird das in ihm liegende Moment einer Bedrohung der Handlungswelt als akzidentiell und eleminierbar aufgefaßt. Nachdem gelacht wurde, ist die Welt wieder ins Lot gebracht, die komische Verstrickung ist, indem sie im Lachen fallengelassen wurde, negiert. Das komische Ereignis bleibt prinzipiell Episode, auch wenn es noch so oft wiederkehrt. Dies gilt auch für die Verstrickung in komische Zufälligkeit. Gerade indem sie belacht wird, ist ihre bedrohende Seite, die Seite des chaotischen Gegensinns der Dinge unter Kontrolle gebracht. Durch diese Bezogenheit der Paradoxie der Aufmerksamkeit und ihrer Lösung auf die Fremdbestimmtheit des Handelns ist das Komische spezifisch bestimmt. Denn nur dadurch unterscheidet sich die Paradoxie der Aufmerksamkeit beim Komischen von der Paradoxie der Aufmerksamkeit, die im Witz erzeugt wird[28]. Während der Witz dann am besten ist, wenn er

myth.

Symbol

---

28 Wenn auch beim Witz von einer Bezogenheit der durch ihn erzeugten Paradoxie der Aufmerksamkeit die Rede sein kann, so nicht mit Hinblick auf ein fremdbestimmtes Handeln sondern auf sein eigenes Ver-

eine Paradoxie der Aufmerksamkeit gleichsam in Reinkultur erzeugt, ist die komische Paradoxie der Aufmerksamkeit immer eine bezogene, die über sich selbst hinausführt in die Fremdbestimmtheit eines anderen Handelnden.

IV

Objektive wie subjektive Bedingungen des Komischen werden umfaßt von einer beide Bereiche gleichermaßen bestimmenden Bedingung, die bisher nur implizit vorausgesetzt worden ist. Je nach dem Aspekt, unter dem diese erfaßt wird, kann sie bezeichnet werden als komische Enthebbarkeit, komischen Enthebung, komische Enthobenheit. Es unterscheidet die komische Fremdbestimmtheit des Handelns von allen anderen Formen der Fremdbestimmtheit, insbesondere aber von der tragischen Fremdbestimmtheit des Handelns, daß sie enthebbar ist, d. h. daß das komische Faktum betrachtbar ist als es selbst, ohne Hinblick auf die vorausgehenden Momente einer Serie von Handlungen, die Teil sind einer Lebensgeschichte, und insbesondere ohne Hinblick auf die Handlungs- und Ereignisserien, die aus dem komischen Faktum für eine Lebensgeschichte als Folgen hervorgehen. Die Folgenlosigkeit des komischen Faktums ist die wesentliche Bedingung seiner Enthebbarkeit. Stürzt jemand durch einen Fehltritt versehentlich ins Wasser, so kann dies nur komisch sein, wenn sich daraus keine Folgen ergeben, die z. B. den potentiellen Betrachter veranlassen, als Retter selbst einzugreifen. Die Möglichkeit des Wechsels von Du-Einstellung zu Er-Einstellung ist wesentlich an die Möglichkeit der Enthebbarkeit geknüpft. Dies unterscheidet auch grundsätzlich die Identifikationsstruktur angesichts komischer oder tragischer Fremdbestimmtheit. Während dort die Enthebbarkeit die Möglichkeit des sozialen Einstellungswechsels bedingt, hat hier die Fremdbestimmtheit eine gesteigerte Identifikation zur Folge, sei es durch den Appell zur praktischen Hilfe, oder durch den Appell zur Solidarität des Mitleidens. Die tragische Katharis der Tragödie bedeutet dann gleichsam eine Befreiung des Betrachters durch die Größe und Standhaftigkeit des leidenden Helden selbst, während umgekehrt die komische Katharis wesentlich mitbedeutet die symbolische

fertigtsein. Das poietische Moment bedingt die Lust am Witz wesentlich mit.

Befreiung des komischen Helden aus seiner komischen Verstrickung. Fremdbestimmtheit des Handelnden, die sich nicht negieren läßt, sondern die notwendig Folgen nach sich ziehen muß, wie etwa bei Verbrechen, Unglücksfällen, etc., kann deshalb nicht komisch werden, weil die Möglichkeit der Enthebbarkeit des komischen Faktums fehlt[29].

Was Schiller als das Gesetz der Komödie formuliert hat, gilt schon für das elementare Faktum des Komischen: »In der Comödie muß alles von dem moralischen Forum auf das physische gespielt werden, denn das moralische erlaubt keine Indifferenz.«[30] Genauer ließe sich dies Hinüberspielen von der moralischen auf die physische Ebene bestimmen als ein Hinüberspielen von der moralischen auf die ästhetische Ebene. In der Perspektive des Wahrnehmenden erscheint die komische Enthebung als eine elementare Ästhetisierung. Durch Enthebung wird das komische Faktum irrealisiert, insofern als es in die Perspektive bloßer Betrachtung gebracht wird.[31] Diese Irrealisierung vollzieht sich als Herauslösen des komischen Faktums aus dem Vorher und Nachher einer Lebensgeschichte zu einer eigenständigen Einheit der komischen Komprehension, die von der Aufmerksamkeit festgehalten wird und an der sich die Paradoxie der Aufmerksamkeit freisetzt. Alle Aufmerksamkeit ist so auf die Punktualität des komischen Faktums zusammengezogen und erfährt ihre Befreiung als ein lustvolles Fallenlassen, das zugleich eine Vernichtung, Tilgung des komischen Faktums bedingt. Die freigesetzte komische Einheit ist das Resultat einer komischen Enthebung. Doch ist die in diesem Ausdruck implizierte Selbsttätigkeit des wahrnehmenden Subjekts

---

29 Es sei denn, daß diese allgemeine Bestimmung durch besondere Bedingungen aufgehoben wird. Im Kasperltheater etwa, wo Mord und Todschlag folgenlos bleiben, können sie Gegenstand eines ungetrübten komischen Genusses werden.

30 Vgl. F. Schiller, Tragödie und Comödie, Aus dem Nachlaß, Werke, Nationalausgabe Bd. 21, ed. B. v. Wiese, Weimar 1963, S. 92.

31 Zur Ästhetisierung als Irrealisierung vgl. J. P. Sartre, L'Imaginaire, Paris 1965, S. 245: »Il arrive cependant que nous prenions l'attitude de contemplation esthétique en face d'événements ou d'objets réels. En ce cas chacun peut constater en soi une sorte de recul par rapport à l'objet contemplé qui glisse lui-même dans le néant. C'est que, à partir de ce moment, il n'est perçu; il fonctionne comme analogon de lui-même, c'est-à-dire qu'une image irréelle de ce qu'il est se manifeste pour nous à travers sa présence actuelle.«

irreführend. Es liegt nicht im Ermessen und in der Gewalt des Betrachtenden, die komische Enthebung herzustellen. Diese vollzieht sich vielmehr unwillkürlich, ohne aktives Zutun des Betrachtenden als psychischer Automatismus. Für das beobachtende, irrealisierende Subjekt stellt sich die komische Enthebung immer schon als eine komische Enthobenheit dar. Die Irrealisierung, die die komische Enthobenheit bewirkt, bedeutet mit Hinblick auf das komische Opfer eine gesellschaftliche ›Durchstreichung‹ seiner fremdbestimmten Handlung und damit zugleich die Voraussetzung seiner Reintegration nach Aufhebung der gesellschaftlichen Kommunikation im Rahmen des komischen Faktums. Damit einher geht die theoretische Stabilisierung der punktuell in Frage gestellten Handlungswelt. Durch die komische Enthebung wird das komische Faktum aus der Handlungswelt ausgegrenzt und im Lachen vernichtet. So erscheint die Irritation der Handlungswelt durch Fremdbestimmtheit des Handelns als eine isolierbare und damit eliminierbare, die die Handlungswelt und ihr System schließlich ungefährdet und gestärkt aus ihr hervorgehen läßt.

Die Einstellung des Betrachters auf das irrealisierte ästhetische Faktum des Komischen ist prinzipiell eine interesselose, die im Sinne Kants ein Faktum erst zu einem ästhetischen, d. h. zu einem Gegenstand der reinen Wahrnehmung macht. Dies ist es auch, was Schiller als »Indifferenz« bezeichnet. Doch ist diese primäre Interesselosigkeit angesichts des zum Gegenstand ästhetischer Anschauung enthobenen komischen Faktums verbindbar mit sekundären Motiven der Interessiertheit. Wir haben gesehen, wie eine zumindest theoretische Interessiertheit die primäre Interesselosigkeit der Einstellung auf das ästhetisierte komische Faktum begleitet. Doch reißt das einmal ausgelöste Lachen die vielfältigsten Motive in sich hinein. Hier läßt sich eine Unterscheidung übernehmen, die Freud in seiner wegweisenden Studie über den Witz zuerst gemacht hat. Freud unterscheidet zwischen der »Vorlust« des Witzes, die ausgelöst wird durch die formale Struktur des Witzes selbst, und der eigentlichen »Witzeslust«, die am größten ist, wenn der Witz in den Dienst einer unterdrückten Tendenz tritt, die er im Lachen befreit: »Wir können nun die Formel für die Wirkungsweise des tendenziösen Witzes aussprechen: er stellt sich in den Dienst von Tendenzen, um vermittels der Witzeslust als Vorlust durch die Aufhebung von Unterdrückungen und Verdrängungen neue Lust zu erzeugen.«[32] Dies Prinzip gilt unter anderen Vor-

[32] op. cit., S. 154.

aussetzungen auch für das Komische. Hier ist das sekundäre Motiv der Interessiertheit par exellence das der Befreiung vom Zwang einer Solidarität. Das Lachen als die plötzliche Entlastung von einer Aufmerksamkeitsanstrengung enthält immer zugleich die Möglichkeit der Entlastung von erzwungener Identifikation. Dies erweist sich elementar angesichts der Komik des erhabenen Subjekts. Dieses erzwingt gleichsam eine Identifikationsfixierung, die im komischen Zusammenbruch lustvoll aufgehoben werden kann. In erzwungenen Herrschaftsverhältnissen ist die Tendenzkomik greifbar als Lust an der Fremdbestimmtheit des Herrschenden, sofern diese den Vorwand gibt, in der komischen Enthebung wenigstens momentan sich vom Druck der erzwungenen Identifikation freisetzen zu können. Das Lachen der Unterdrückten ist die symbolische und spontane Aufkündigung einer erzwungenen Identifikation. Dem antwortet dann das ›Lachverbot‹, das die Unenthebbarkeit des erhabenen Subjekts oder der pathetischen Situation sichern soll. Umgekehrt zeigt sich in der ›Klassenkomödie‹ eine Interessiertheit, wenn dort mit der Komik der Diener gesellschaftliche Fremdbestimmtheit zum Schein natürlicher Fremdbestimmtheit wird. Jede Komik, bei der Klassendifferenzen eine Rolle spielen, ist offen oder verhüllt immer auch eine Form der interessierten Komik. Die Motive sekundärer Interessiertheit kommen insbesondere auch zur Geltung bei komischer Ambiguität. Hier ist das angesichts der Normen einer gesellschaftlichen Situation fremdbestimmte Subjekt nur auf vordergründige Weise komisch im Sinne von Freuds Vorlustprinzip. Das Komische, das hervorgeht aus der Fremdbestimmtheit eines Subjekts mit Hinblick auf die Norm einer gesellschaftlichen Situation, kann auf diese selbst zurückschlagen und ermöglicht so eine interessierte momentane Freisetzung von deren Zwängen. Was sich hier zeigt, läßt sich verallgemeinern: Die Komik natürlicher Fremdbestimmtheit angesichts der kulturellen Norm und die Komik kultureller Fremdbestimmtheit angesichts der Norm der Natur sind nicht unvermittelt sondern erweisen sich jeweils nur als Dominanzen, die untergründige Gegenmotive zulassen. Wenn einerseits ein theoretisches Interesse an der Aufrechterhaltung der Handlungswelt dem Komischen als primäres Motiv zugrundeliegt, so andererseits ein Interesse an der Aufhebung der Zwänge, die mit der Aufrechterhaltung der Handlungswelt verbunden sind. Dieser elementare Widerspruch in den Motiven sekundärer Interessiertheit angesichts des enthobenen komischen Faktums ist unaufhebbar. Das »Unbehagen an der Kultur« ist nur die andere Seite der Kultur selbst. Im Komischen suchen beide Seiten sich ihr Recht. Im Extremfall kann andererseits die erste Person der komischen Kommunikation bis zur Albernheit jede gesellschaftliche Identifikation im Lachen verweigern, sie kann aber auch bis zur Borniertheit jede Abweichung von den gesellschaftlichen Zwängen belachen.

V

Die Chancen des Mißlingens von Handlungen wachsen an mit der Entfernung von ihrem natürlichen Substrat, d. h. in dem Maße, wie Handlungen zu symbolischen und damit erst eigentlich kulturellen Handlungen werden. Der Bereich der Sprachhandlungen ist der Bereich der symbolischen Handlungen par excellence. In diesem Bereich als der Sphäre, die von allen Sphären der Handlungswelt die gefährdetste ist, kommen die Möglichkeiten komischer Fremdbestimmtheit des Handelns zu ihrer größten Vielfalt. So sind gewisse Einsichten in die Natur des Komischen erst auf der Ebene der Sprachhandlung möglich oder explizit faßbar. Dies gilt insbesondere für die Abgrenzung zwischen einer sich nur im sprachlichen Medium konstituierenden Paradoxie der Aufmerksamkeit, die als diese selbst wahrgenommen sein will, d. h. dem Witz und der auf Fremdbestimmtheit eines Handelns zurückbezogenen Paradoxie der Aufmerksamkeit. Vor allem aber wird erst auf der Ebene der Sprachhandlung die kommunikative Dimension komischer Fremdbestimmtheit voll erfaßbar.

Das komische Mißlingen der Rede betrifft zentral den Handlungsaspekt des Redens. Gerade das Phänomen des Komischen macht ex negativo deutlich, wie sehr Sprechen und Handeln sich berühren, ja wie das Sprechen nur zu seiner Wirkung kommt, wo es die Verbindlichkeit eines Handelns gewinnt. Alle Momente des Komischen, die an der komischen Fremdbestimmtheit des Handelns elementar entwickelt wurden, gelten auch für den besonderen Bereich des Komischen der Sprachhandlung. Komisch ist am Sprechen nie allein die Sprachlichkeit sondern ihre Verankerung in der Welt des Handelns. Das Komische der Rede ist kein linguistisch beschreibbares Phänomen. Doch macht es gerade deshalb die, die Sprachlichkeit der Äußerung übersteigende, Handlungsqualität der Rede sichtbar und verweist so zugleich auf die Notwendigkeit der nichtlinguistischen Beschreibung des Gebrauchs der Sprache zu außersprachlichen Zwecken, an denen der Sprechende komisch scheitern kann. Wenn somit die Komik der Sprache in der Komik der Handlung fundiert ist, so ergeben sich andererseits im Medium der Sprache Möglichkeiten des Komischen von besonderer Qualität, die einer eigenen Beschreibung bedürfen.

Die semiotische Qualität des Handelns bedingt erst die Möglichkeit seines Verstehens und damit zugleich die Möglichkeit, eine gegebene Handlungsvariante auf ein Handlungsschema zu beziehen. Erst vor dem Hintergrund einer Bezogenheit von Handlungsmanifestation und Handlungsschema kann der Gegensinn der fremdbestimmten Handlung sich präsentieren und zwar im Gegensatz zur artikulierten Semiotik der Handlung selbst in Form eines reduzierten semiotischen Codes, der einer besonderen Form der metaphorischen oder metonymischen Lesung bedarf. Das Verhältnis von artikuliertem und reduziertem Code ist im Bereich der Sprache ein extremes. Von allen Handlungsweisen ist die sprachliche bestimmt durch die größte Differenz von natürlichem Substrat und Sinn der Handlung. Sie ist damit zugleich diejenige, deren Artikulationen am meisten an verbindliche Normen gebunden sind. Im Gegensatz zum Handlungsverstehen ist das Verstehen sprachlicher Handlungen nicht mehr gestützt durch ein mögliches Verhältnis einer Handlung zu ihrem natürlichem Substrat. Die Konventionalität der Sprache, d. h. die extreme Distanz zwischen Handlungssubstrat und Sinn, hat andererseits gerade zur Funktion, Kommunikation nicht nur sekundär zu implizieren, sondern sie primär zu präsentieren. So ergibt sich erst in der Sprache eine Differenz zwischen unmittelbarer sprachlicher Kommunikation und mittelbarer semiotischer Kommunikation der in der Sprache und mit der Sprache sich verwirklichenden konnotativen Information. Im Fall des komischen Mißlingens wird diese zu einem konnotativen semiotischen Gegensinn, der indes an die primäre Gegebenheit der denotativen Kommunikation gebunden ist. Die sich daraus ergebenden eigenen Möglichkeiten der sprachlichen Komik lassen sich von hier aus systematisch erfassen.

Wenn die Möglichkeiten komischer Fremdbestimmtheit des Handelns sich richten nach den konstitutiven Momenten des Handelns, so bedeutet dies, daß die Ebenen komischer Fremdbestimmtheit sprachlichen Handelns bezogen sind auf die mehrfachen, in einem Fundierungszusammenhang stehenden Artikulationsebenen, auf denen die Sprache aufgebaut ist. Jede der Artikulationsebenen der Sprache impliziert eigene Gefährdungen und damit Möglichkeiten komischer Fremdbestimmtheit, komischer Paradoxie der Aufmerksamkeit und komischer Enthobenheit.

Schon auf der Ebene der ›Ausdruckssubstanz‹ gesprochener Sprache ergeben sich Möglichkeiten der Normabweichung, die im Zuhörer eine Ablenkung der Aufmerksamkeit vom intendierten Sinn zu dessen Manifestation bewirken können. Besonders wenn die Abweichung konnotativ besetzbar ist, etwa bei dem Hörer nicht selbstverständlichem dialektalen Sprechen, oder bei subjektiven Abweichungen, die sich als Indikatoren einer individuellen als Fremdbestimmtheit des Subjekts auslegbaren ›Sprechphysiognomie‹ auslegen lassen, ergeben sich Möglichkeiten komischer Wirkung. Doch ist die mögliche komische Wirkung der Normabweichung auf dieser Ebene nur flüchtig, wenn sie nicht durch andere Formen der Normabweichung auf den höheren Ebenen der Sprachkonstitution oder der übergreifenden Gestualität des komischen Subjekts gestützt ist. Nicht uninteressant erscheint in diesem Zusammenhang, daß der Ebene der graphematischen Ausdruckssubstanz, dem individuellen Schreibstil, kaum Möglichkeiten des Komischen anhaften. Dies mag seinen Grund haben in der im Vergleich zum Sprechen reduzierten sinnlichen Präsenz und ›Körperlichkeit‹ des graphematischen Ausdrucks. Dafür verfügt die graphematische Ebene über eigene Möglichkeiten des Komischen im Bereich ihrer Ausdrucksform. Falsche Orthographie erscheint als eine elementare komische Fremdbestimmtheit des schreibenden Subjekts, insofern als es sich angesichts einer kulturellen Tätigkeit par excellence als partiell inkompetent erweist. In dem Maße, wie die Beherrschung der Orthographie gleichsam zum formalen Ausweis der Zugehörigkeit zu einer Kultur wird, kann gerade diese Ebene möglicher Normabweichung mit einer unverhältnismäßig hohen komischen Potenz ausgestattet werden. So kann gerade die Orthographie bzw. der Verstoß gegen ihre Normen zum Paradigma werden für komische Fremdbestimmtheit, deren Bezugsebene die kulturelle Norm ist.

Erst mit der Ebene der ›Ausdrucksform‹ ist eine Ebene des möglichen Sprachkomischen erreicht, die nicht mehr abgesondert von den übrigen Ebenen der Sprachkonstitution betrachtet werden kann. Hier setzen alle die Möglichkeiten des Versprechens und Verschreibens ein, die von Freud in seiner Untersuchung zur »Psychopathologie des Alltagslebens« so scharfblickend erfaßt und gedeutet worden sind. Freuds Aufmerksamkeit ist ganz auf die Bedingungen des Versprechens als einer besonderen Form der Fehlhandlung gerichtet. Deshalb kommt ihm die komische Dimension des Versprechens, die sich erst in der Perspektive des Zuhörers oder Lesers erstellt, nicht in den Blick. Psychologisch interessant sind für Freud in erster Linie die in der psychischen Struktur des komischen Subjekts angelegten Fälle, besonders die prägnanten Fälle des ›unbewußten Witzes‹, in denen sich eine Subjektvervielfältigung vollzieht und zwar so, daß ein Metasubjekt gleichsam in die Kommunikation des Subjekts eine Gegenkommunikation einschmuggelt. In der Perspektive der ersten Person, des Zuhörers in diesem Falle oder des Lesers, ist diese Eingrenzung nicht zweckmäßig. In seiner Perspektive zeigen sich zwei Formen komischer Fremdbestimmtheit, die sich als Abweichungen artikulieren. Der erste Fall ist der von Freud untersuchte, wo die Fremdbestimmtheit des Sprachhandelns hervorgeht aus der Domination des Subjekts durch ein dem Subjekt selbst inhärentes Metasubjekt. Der andere Fall, der besonders an der graphematischen Fremdbestimmtheit anschaulich wird, ist der des nicht im Subjekt motivierten zufälligen Versprechens oder Verschreibens, bei dem Fremdbestimmtheit sich darstellt als Dominanz des Zufalls als eines Quasisubjekts über das sprechende Subjekt. Die zufällig entstandene Gegenkommunikation ist in der Perspektive des Wahrnehmenden nicht weniger, wenn auch anders komisch als die komische Fremdbestimmtheit durch ein Metasubjekt. Die Gegenkommunikation in der Kommunikation, bedingt durch den Zufall eines Mißlingens, das indes den Schein eines Gelingens trägt, ist nichts anderes als eine Form der ›Tücke des Objekts‹. Der Anschein der Selbsttätigkeit des Kommunikationsmediums, das unabhängig von seinem Benutzer als Quasisubjekt eine Gegenkommunikation zu erstellen scheint, hat in der Rede vom ›Druckfehlerteufel‹ auch sprachlich seinen Niederschlag gefunden. Gerade im graphematischen Bereich des Druckfehlers ließe sich im einzelnen zeigen, wie Komik, im Gegensatz zu Tragik, nicht selbst schon eine inhaltsbestimmte Kategorie ist, sondern zunächst nur eine formale, inhaltlich erst noch zu erfüllende Disposition bedeutet. So gibt es Druckfehler, deren vis comica so gut wie unmerklich bleibt, während andere von durchschlagender komischer Wirkung sind. Die komische Gewalt der ungewollten, durch Zufall erzeugten Abweichung, richtet sich nach Prägnanz, Komplexität und Auswirkung des erzeugten Gegensinns. Gerade am Beispiel des Versprechens, Verschreibens, Verdruckens wird besonders sinnfällig, was man die Reichweite des komischen Faktums nennen kann. Diese ist im Falle der sprachlichen Kommunikation am größten dann, wenn eine Fremdbestimmtheit auf der niedersten der eigentlich sprachlichen Artikulationsebenen, d. h. der Ebene der Ausdrucksform, durch alle darüberliegenden Artikulationsebenen hindurch bis in den semantischen

Kontext einer Sachlage und deren Modalisierung als Sprachhandlungsmoment von Wirkung ist. Ein verdruckter Buchstabe kann ein Wort verändern, das Wort kann den Satz verändern und zugleich dessen »illocutionary force«[33]. Die »infelicities«[34] beim Gebrauch der Sprache, von denen Austin spricht, haben immer, in mehr oder weniger starkem Maße die Chance, als komische Fremdbestimmtheit einer Handlung durch ein die Kommunikation und ihr Mißlingen zugleich erfassendes Subjekt aufgefaßt zu werden.

Das Versprechen mit seiner plötzlich sich durchsetzenden, in seinen Motiven oft rätselhaften Fremdbestimmtheit ist eine Form des Komischen der Überraschung. Dieser stehen Formen komischer sprachlicher Wiederholung, zwanghafter sprachlicher Ticks entgegen, wie z. B. das Stottern, bei dem ein sprechendes Subjekt mit einer ungreifbaren Tücke des Objekts zu kämpfen scheint. Die subjektive Hemmung hat hier den Anschein einer objektiven Widerspenstigkeit des Mediums, das sich gleichsam der Verfügung entzieht. Das Scheitern der Kommunikation liegt in allen diesen Fällen außerhalb des eigentlichen Bereichs der sprachlichen Kompetenz, es geht nicht hervor aus einsehbaren Schwierigkeiten, die im Medium der Sprache und seiner Benutzung selbst liegen, sondern aus Störungen automatisierter Schichten der Artikulation. Daneben aber gibt es ein komisches Scheitern am Widerstand der Sprache, das durch einsehbare Schwierigkeiten des Gebrauchs der Sprache zu Zwecken der Kommunikation bedingt ist. Der Ort dieses Scheiterns ist die Sphäre der Semantik und hier besonders die Sphäre der sekundären Bedeutungen. Wörter in Texten haben nicht nur paradigmatische sondern durch ihre Bestimmtheit in einem Kontext zugleich syntagmatische Nebendeutungen. Beherrschung einer Sprache meint insbesondere Beherrschung der aus dem Sprachgebrauch hervorgehenden konnotativen Nebenbedeutungen, derart, daß diese sich zu einem begleitenden, kommentierenden, differenzierenden kontextuellen Sinn zusammenschließen. Die Bewältigung der semantischen Mitgegebenheiten ist umso schwieriger, je mehr die Kommunikation sich dem Bereich einer idiomatisch festgelegten, vertrauten Kommunikationssphäre entfernt. Hier öffnet sich ein unerschöpfliches Feld sprachlicher Komik, wenn undurchschaute Konnotationen sich zu einem nicht intendierten Gegensinn

---

33 J. L. Austin, How to Do Things with Words, Oxford ^{2}1967, S. 149.
34 op. cit., S. 14.

zusammenschließen. Die Sprache erweist sich hier in ihrer Tücke, indem sie selbst mit dem sie Benutzenden zu spielen scheint und ihn zu unintendierten Kommunikationen verleitet. Die kanonische Form der Fremdbestimmtheit als Verwandlung eines Subjekts in ein Objekt durch ein Objekt oder Medium, das selbst zum Quasisubjekt wird, kommt hier zu exemplarischer Deutlichkeit. So sprachbewußte Schriftsteller wie Flaubert sind bestimmt von der Erfahrung der ›Tücke‹ der Sprache, ihrer Tendenz zur ungewollten Gegenkommunikation. Die Arbeit des Schriftstellers an seinem Stil kann verstanden werden als Bemühung um immer größere Präzision im Bereich der mitgegebenen Konnotationen, ja die konnotative Information kann schließlich zur eigentlich intendierten poetischen Information werden. Unter den Phänomenen der höheren Semantik, wie man diesen Bereich nennen könnte, nimmt die Metapher, was die Möglichkeiten ihres Gelingens wie ihres komischen Mißlingens betrifft, eine Sonderstellung ein. Unkontrollierte metaphorische Gegenbedeutungen können entstehen, wenn ein intendiertes tertium comparationis durch eine ungewollte kontextuelle Relation überblendet wird, so daß ein störendes, nicht ausgeblendetes Moment des metaphorischen Substituenten die Metapher in eine gegensinnige Metapher umschlagen läßt. Die Metapher, besonders wenn sie außerhalb des Bereichs usueller, in ihrem Gebrauch schon festgelegter Metaphern steht, bedarf eine besondere Kunst der Ausblendung möglicher Nebenbedeutungen durch kontextuelles Arrangement. Wo die Ausblendung mißlingt, können sich unbeabsichtigte Nebenbedeutungen ergeben, die je nach ihrer gegensinnigen Prägnanz als komisch erfahrbar sind, andererseits kann aber auch die Metapher selbst zusammenbrechen und einen gegensinnigen oder grotesken Bedeutungszusammenhang erzeugen. Die schon von Freud zitierten »dornenvollen Kinderschuhe« der Friederike Kempner sind hier ein schönes Beispiel. Überhaupt ist die Dichtung des Schlesischen Schwans eine unerschöpfliche Fundgrube für komisches Scheitern im Bereich der höheren Semantik. Wenn es so etwas wie negative Genialität im Scheitern an der Sprache gibt, so kann diese der Kempner uneingeschränkt zugesprochen werden. Ihre Arglosigkeit gegenüber den Fallstricken der Sprache ist rückhaltlos. Gerade in pathetischen Sprechsituationen, die die Aufmerksamkeit des Zuhörers ganz auf das Gemeinte hinzulenken beanspruchen, entsteht eine gesteigerte komische Spannung, wenn ein plötzlicher unintendierter Gegensinn die Aufmerksamkeit auf die Sprachlichkeit der Kommunikation und ihr Scheitern ablenkt. In der Häufung komischer, den hohen lyrischen Gestus durchbrechender Gegensinnigkeiten ist die Kempner unübertroffen. Das poetische Ingenium der Kempner ist das sich reproduzierende Zitat. In ihrem Dichten kommen die schönsten Stellen dessen, was die Anthologien jener Zeit als Schatz unvergänglicher Poesie aufbewahrten, in eine zwangshafte Assoziationsbewegung, die den abenteuerlich-komischen Sturzsequenzen der Slapsticks der Zwanziger Jahre gleicht. Durch die kontextunempfindliche Verknüpfung lyrischer Versatzstücke entstehen immer wieder Gegenfiguren, die die Einheit des ebenso wohlgemeinten wie platten Gedankens aus unintendierten semantischen Distanzen und Gegenbeziehungen in ein grotesk-komisches Licht stellen. Hier nur zwei Beispiele:

»Zu des Orkus finsteren Gewalten
lege ich mein lebensmüdes Haupt,
Ungeheuer öffne deine Falten,
viel hab' ich gestrebt und viel geglaubt.«[35]

Oder in unerbittlicher Goethe-Nachfolge:

»Kennst Du das Land
wohin Märtyrer ziehen,
und wo sie still
wie Alpenröslein glühen?
Kennst Du das Land, kennst Du es nicht?
die zweite Heimat ist's, so mancher spricht.« (S. 60)

Oft ist es auch der Reimzwang, der die Kühnheit des komischen Gegensinns oder Begleitsinns entbindet:

»Wenn im Inneren verletzet
stolzes Herz,
Seelenschmerz
seine Stachel wetzet« (S. 117)

Zu »verletzet« bot sich »wetzet« als eine allzu trügerische Lösung des Reimproblems an.

Die Einheit der komischen Enthebung ist in der Sprache der Satz. Nur im Satz können Sinn und Gegensinn so zusammentreten, daß aus ihnen ein anschauliches komisches Mißverhältnis entspringt. In den Satz müssen alle Gegebenheiten formal eingebunden sein, die

[35] Gedichte von Friederike Kempner, 7. verm. Aufl., Berlin 1895, S. 95.

das Komische bedingen. So ist der Satz das sprachliche Äquivalent jener Einheit des sinnlichen Kontrasts, der schon auf der Ebene des Handelns das Komische bedingt. Während aber die Kohärenz der Handlung eine unmittelbar gegebene und als solche unmittelbar wirkende ist, bedarf die enthebbare Einheit der Sprachhandlung einer formalen Konsistenz, wie sie nur im Satz durch dessen Syntax geregelt ist, während übergreifende Einheiten der Sprachhandlung sich nicht mehr zu einer enthebbaren Einheit zusammenschließen lassen. Der Augenblick, in dem die sukzessiven Momente des syntaktisch organisierten Satzes sich zu einer simultanen Bedeutungseinheit vereinigen, dann nämlich, wenn der Satz kein Moment des Suspens mehr enthält und somit gesättigt ist, ist der endgültige Augenblick der komischen Enthebung. Die Form des Witzes trägt dieser Struktur Rechnung. Die eigentliche Pointe des Witzes, auf die alle vorbereitende Information hinzielt, entlädt sich in der Einheit eines Satzes als dem Äquivalent zu jener sinnlich wahrnehmbaren Einheit, die beim Handeln die Paradoxie der Aufmerksamkeit auslöst. Beim Witz liegt die Paradoxie der Aufmerksamkeit darin, daß Einheit der Information und formale Einheit des sprachlich aufgebauten Satzes gleichzeitig zu Bewußtsein gebracht werden müssen und doch nicht gleichzeitig dieselbe Stelle im Bewußtsein einnehmen können. Im Witz wird die Aufmerksamkeit des Zuhörers auf einen Sachverhalt hin gespannt und plötzlich auf die sprachliche Konstitution zurückverwiesen. Nichts anderes geschieht bei der komisch mißglückenden Sprachhandlung, wenngleich unter anderen Voraussetzungen. Die Aufmerksamkeit des Zuhörers ist hier nicht nur gespannt zwischen Sachlage und ihrer sprachlichen Vermittlung, sondern sie bringt darüber hinaus ein in der Sprache handelndes und als handelndes fremdbestimmtes Subjekt in den Blick. Sprachliche Komik ist primär immer eine Komik der ›énonciation‹, nicht des ›énoncé‹[36], während im Witz das ›énoncé‹ selbst, unabhängig von seiner ›énonciation‹ den Witzcharakter prägt. Wird Komik zum Objekt einer ›énonciation‹, so fungiert die ›énonciation‹ immer als Einbettung eines ›énoncé‹, das seinerseits eine ›énonciation‹ ist. In dieser Weise kann Sprachkomik sekundär zum Inhalt eines Witzes werden. Der Witz selbst ist nicht komisch, doch kann er die Bedingungen, den Rahmen bereitstellen, in dem die Komik einer ›énonciation‹ zu ihrer Wirkung kommt. Wird Komik, wie

---

[36] Zu énoncé und énonciation vgl. S. 194.

z. B. im komischen Roman, zum Gegenstand eines ›énoncé‹, das nicht ›énonciation‹ ist, so geht die sinnliche Unmittelbarkeit des Komischen verloren und bedarf der Kompensation durch zusätzliche Momente einer ironischen oder humoristischen Erzähleinstellung.

VI

Gegenstand des Komischen ist, was eine Kultur als System bedroht: einerseits der Rückfall in Natur, andererseits die Abgeschnittenheit der Kultur von Natur, ihre unvermittelte Absolutsetzung. Was angesichts dieses Gegenstands für das komische Faktum selbst gilt, seine Enthobenheit, gilt in anderer Weise auch für die Form der Komödie, in der das Komische in der Vielfalt seiner Aspekte unter einem dirigierenden Gesichtspunkt zur Darstellung kommt. Erscheint das komische Faktum durch seine Enthobenheit schon im Licht der gefährdeten aber bewahrten Vernünftigkeit der Handlungswelt, so gilt dies explizit für die Komödie. Die Wiederherstellung vernünftiger Zustände, einer geordneten kulturellen Welt, ist der Zielpunkt, auf den hin die komische Handlung der Komödie sich bewegt und an dem, wenn er erreicht ist, sie zuende kommt. Die Perspektive vernünftigen Handelns, die der Betrachter des komischen Faktums diesem immer schon unterlegt, ist selbst konstitutives Moment der Komödie. Die Gegenseite des Vernünftigen, mit der sich der Zuschauer identifiziert, ist in der Komödie immer schon mitenthalten. So erscheint das Komische in der Komödie als perspektiviert im Hinblick auf eine Vernünftigkeit, mit deren endgültigem Sieg die Komödie zum Abschluß kommt. Das Moment der komischen Enthobenheit wird so im angeschauten Kontrast zur vernünftigen Welt gegenwärtig gehalten. Der Widerstreit von vernünftiger und unvernünftiger Welt, der im Anblick des komischen Faktums selbst sich darstellt und durch den Betrachter im Akt der Enthebung gelöst werden muß, wird in der Komödie dynamisiert und zur Bewegung des Ablaufs der Komödie gemacht. Es liegt darin die Lösung eines Problems, vor das die Komödie sich unausweichlich gestellt sieht. Wenn nämlich das komische Faktum immer nur als ein enthobenes komisch werden kann, dann stellt sich die Frage, wie überhaupt die Bewegung der Komödie, die Konstruktion einer komischen Fabel denkbar ist. Denn komische Enthobenheit ist immer nur in der irrealisierten Präsenz einer Einheit der Wahrnehmung möglich. Die Schwierigkeiten, vor die die Konstruktion einer komischen Fabel stellt, sind größer und prinzipiell von anderer Natur als die der Tragödie[37]. Das Tragische der Tragödie entfaltet sich Zug um Zug in unausweichlicher Verknüpfung, bis mit dem tragischen Ende selbst erst die ganze Dimension des Tragischen erschlossen ist. Gerade als nichtenthebbare gewinnt die Fremdbestimmtheit hier ihre konstruktive Funktion für den Aufbau eines seinem Ende sich zwangshaft zubewegenden, vom Helden in aller Bewußtheit erfaßten Konflikts. Dagegen liegt die Episodenstruktur des Komischen begründet in der Einheit der Enthebung. Die Komödie bedarf, soll sie überhaupt im Bewegungsverlauf eines Handlungszusammenhangs sich entäußern können, eines Bewegungsprinzips, das nicht schon selbst im Wesen des Komischen liegen kann. Dieses Bewegungsprinzip ist bestimmt von zwei Erfordernissen. Es muß die Verknüpfung einer Folge von komischen Momenten, ihre Vervielfältigung, Variation und Kombination ermöglichen und so von komischem Moment zu komischem Moment führen, wobei die eigentlich komische Wirkung der Komödie sich summativ ergibt aus der Zahl der in ihr freigesetzten, in sich geschlossenen ›enthobenen‹ komischen Momenten, und es muß diese so verknüpfen, daß dieselbe Bewegung, die die Entfaltung der komischen Momente bedingt, zugleich zum Punkt ihrer umfassenden Enthebung durch die Wiedergewinnung der vernünftigen Welt führt. Bei Molière ist in seinen klassischen Stücken das Problem der Bewegung der Komödie, d. h. der komischen Fabel, so gelöst, daß d e r s t a t i s c h e n Komik des Typs und seiner Fremdbestimmtheit, die sich in immer neuen Konstellationen manifestiert, eine Gegenhandlung entgegengesetzt ist, die getragen ist von den vernünftigen, und das heißt hier den natürlichen Interessen der jungen Leute, denen sich der komische Typ mit seiner Fixiertheit entgegensetzt. Mit der Brechung der Macht des komischen Subjekts eröffnet sich in der Hochzeit des jungen Paares eine neue Ära der Vernunft, während die Welt der Komik in ihre Nichtigkeit versinkt. Die Zweisträngigkeit der Handlung, ihr Wunscherfüllungsende im Glück der jungen Leute mit dem schließlich das komische Subjekt einfach aus dem Blick verloren wird, ist bei Molière ein

37 Unter anderem Gesichtspunkt hat F. Schiller die höhere konstruktive Leistung der Komödie hervorgehoben. Vgl. Über naive und sentimentalische Dichtung, Reclam, Stuttgart 1972, S. 46: »In der Tragödie geschieht schon durch den Gegenstand sehr viel, in der Komödie geschieht durch den Gegenstand nichts und alles durch den Dichter.«

Kunstgriff, der verbirgt, wie hier die Komödie schon an die Grenzen komischer Enthebbarkeit stößt[38]. Die komische Enthebung fremdbestimmter Handlung reicht hier bis zur gesellschaftlichen Exklusion des komischen Subjekts. Im »Misanthrope« schließlich endet die Komödie in einer Rätselhaftigkeit, die den Komödiencharakter der Komödie selbst infrage zu stellen scheint, wenn offen bleibt, ob der Misanthrope selbst endgültig seine gesellschaftliche Exklusion suchen wird oder ob er, durch Einsicht gebessert, sich der Gesellschaft zuwenden oder weiter misanthropisch an ihr leiden wird. Unter allen Komödien Molières ist der »Misanthrope« die mit der schwächsten Bewegung der komischen Fabel. Diese dient hier einzig dazu, Situationen komischer Fremdbestimmtheit zu entfalten. Diese sind für sich selbst enthebbar, doch nicht mehr das Ganze ihres Zusammenhangs, insofern als hier keine Bewegung zum eindeutigen Ende einer wiedergewonnenen Welt der Vernunft mehr führt. So steht die Komik der Situationen hier im Widerspruch zum Prinzip ihrer Verknüpfung und macht damit das ihnen zugrunde liegende Gattungsprinzip der Komödie selbst problematisch.

Kein größerer Gegensatz zur Komik Molières ist denkbar als die versöhnliche, ja gemütvolle Komik Nestroys, wie sie in »Einen Jux will er sich machen« am gelungensten zur Darstellung kommt. Das Bewegungsprinzip von Nestorys Komödie ist das des Vaudeville. Für den Vaudeville ist charakteristisch die Tendenz, die Isolierung der komischen Momente aufzuheben, indem das Komische selbst zum Bewegungsprinzip gemacht wird[39]. Das Ideal des Vaudeville ist die totale Komödie. Dies bedingt eine Verlagerung vom komischen Subjekt zur Komik der Situation, die in atemloser Beschleunigung immer neue komische Situationen aus sich gebiert. Der Preis dieser Konstruktion ist eine außerordentliche Künstlichkeit. Der Zufall ist hier das alles organisierende und arrangierende Quasi-Subjekt, das immer neu komischen Gegensinn erzeugt und aus der einmal erstellten

[38] N. Frye geht so weit, in der Gegenseite der Komödie, dem verhinderten und schließlich gewonnenen Glück der jungen Generation das eigentliche Thema der Komödie als des »mythos of spring« zu sehen. Vgl. N. F., Anatomy of Criticism, New York [6]1968, S. 164: »The obstacles to the hero's desire, then, form the action of the comedy, and the overcoming of them the comic resolution.«

[39] Eine treffende Beschreibung der Darstellungsprinzipien des Vaudeville findet sich in Bergsons Le Rire, bes. S. 90 ff.

komischen Situation durch eine Verkettung von Zufällen immer neue komische Situationen hervortreibt, bis schließlich auf unerklärliche Weise die Macht des komischen Zufalls erlischt und die vernünftige Welt wieder ihr Recht bekommt. Die vernünftige Welt ist in dieser Extremform der Komödie als Gegeninstanz nicht selbst präsent. Im Vaudeville scheint alles sich in komische Fremdbestimmtheit aufzulösen. Die alles verbindende Instanz der Enthebung ist hier das märchenhafte Zufallsarrangement selbst, das immer schon auf die ästhetische Enthobenheit des Dargestellten, seine Distanz zur wirklichen Handlungswelt hinweist. Die so erzeugte Komik bleibt formal und trivial, wenn sie nicht an sekundäre Formen des Komischen gebunden und so erst inhaltlich erfüllt wird. Sprachkomik ist der eine große Bereich dieser sekundären Komik, die Komik der Gestualität und physiognomischen Erscheinung in der Aufführung die andere. Gerade beim Vaudeville hängt alles von der Aufführung und davon ab, wie es dem Schauspieler gelingt, die komischen Leerstellen mit seinem Spielen zu besetzen. Was schon für die klassische Komödie, sehr viel mehr als für die Tragödie gilt, daß nämlich erst die Aufführung und die durch sie hinzukommende Sinnlichkeit der Erscheinung die Komödie vollendet, gilt für den Vaudeville in gesteigertem Maße. Gerade weil im Vaudeville alles auf die Komik der Situation und die Zwangshaftigkeit der Abfolge der komischen Situationen angelegt ist, bleiben die Figuren der komischen Fremdbestimmtheit Leerformen, Schablonen, die erst von der Kunst des Schauspielers erfüllt werden müssen. Wie diese Trivialform der Komödie durch sekundäre komische Besetzung inhaltlich, nicht nur durch die hinzukommende komische Qualität der Aufführung erfüllt werden kann, wird in Nestroys »Jux« beispielhaft deutlich.[40]

Der Commis Weinberl, den sein Prinzipal soeben zu seinem Associé gemacht hat, beschließt im Übermut des Augenblicks, einmal aus seiner merkantilischen Welt auszubrechen und sich ›einen Jux‹ zu machen. »Grad jetzt auf der Grenze zwischen Knechtschaft und Herrschaft mach' ich mir einen Jux.« (1. Aufz. 13. Auftr., S. 461) So nutzt er die Gelegenheit, daß der Prinzipal, den Herzensangelegenheiten in die Stadt rufen, ihm für einen Tag das »Gewölb« anvertraut, schließt es und macht sich mit dem auch eben erst vom Lehrbuben zum Commis avancierten Christopherl auf zum Abenteuer in der

---

[40] Das Wiener Volkstheater, ed. G. Helbig, Leipzig 1960, S. 443-522.

Stadt. Damit aber beginnt eine verkehrte Welt der komischen Zufälle, die die beiden von komischer Zwangslage zu komischer Zwangslage führt. Die einmal Subjekte, Helden eines Abenteuers sein wollen, werden zu komischen Opfern einer Tücke der Situation, die sie durch unerhörte Verkettungen immer näher an die Katastrophe der Gegenüberstellung mit dem Prinzipal heranführt. Auf dem Höhepunkt der Verwicklungen, in aussichtslosester Lage, kann Christopherl schließlich »mit einer . . . ans Unerträgliche grenzenden Gelassenheit«[41] feststellen: »Wir sind also vorderhand verloren.« (3. Aufz., 12. Auftr., S. 509) Aber alle Verwicklung löst sich auf, und noch bevor die komischen Knoten sich endgültig lösen und damit die vernünftige Welt der Alltäglichkeit wiederhergestellt ist, kommt der von den Tücken komisch-gegensinniger Zufälle gebeutelte Weinberl zu der Einsicht: »Jetzt habe ich das Glück genossen, ein verfluchter Kerl zu sein, und die ganze Ausbeute von dem Glück ist, daß ich um keinen Preis mehr ein verfluchter Kerl sein möchte.« Das Bewegungsschema, das Absicht und Einsicht vermittelt, ist das der märchenhaften Dynamik des Vaudeville. Aus ihr ergibt sich eine ständig sich überbietende Komik der Situation. Aber die Kombinatorik komischer Momente, die Nestroy wie kein zweiter beherrscht[42], geht nicht in der Vaudeville-Struktur der komischen Bewegung auf. Deren märchenhafte Komik entbindet eine im Medium der Sprache sich manifestierende Komik der Person, die jede der komischen Figuren in ihrer unverwechselbaren Eigenheit hervortreten läßt. Zugleich aber ist es gerade diese Eigenheit, die zurückführt auf den Boden der alltäglichen Wirklichkeit, auf dem die komischen Personen allen komischen Umständen zum Trotz ihren festen Ort haben. Die komische Enthebung läßt die Personen selbst, anders als bei Molière, intakt, ja im Gegenteil, gerade in der Enthobenheit des komischen Moments wird ihre davon unbeeinträchtigte Tüchtigkeit und Lebenstauglichkeit offenbar. Die Begrenzung ihres Standpunkts erscheint als Fremdbestimmtheit nur auf den ersten Blick und nur im Rahmen der komi-

---

[41] 1. Aufz., 11. Auftr., S. 457. Die Wendung, die hier Weinberl in den Mund gelegt ist, trifft den Charakter der Äußerung Christopherls unübertrefflich.

[42] Ein besonders gelungenes Beispiel dieser Kombinatorik ist es, wenn das stereotype ›es schickt sich nicht‹ der Marie und das stereotype ›das is klassisch‹ des Knechts Melchior schließlich in einer Szene zusammengeführt werden (2. Aufz., 11. Auftr., S. 484).

schen Welt, deren Gegengewalten gerade entfesselt werden durch die Absicht, einmal die Begrenztheit des alltäglichen Lebens überschreiten zu wollen. Nicht das alltägliche Leben erscheint als komisch fremdbestimmt, sondern im Gegenteil die jenseits liegende Sphäre aufgehobener Begrenzung, in der der Zufall sein tolles Spiel treiben kann. Der merkantilische Standpunkt des Weinberl erscheint nur so lange im komischen Licht, wie er sich in Widerspruch zur abenteuerlichen Situation in der Permanenz der merkantilischen Metaphorik durchsetzt. Doch wird damit zugleich der Grund unerschütterlicher Nüchternheit gegenwärtig gehalten, die den Commis auch da nicht verläßt, wo er sich daran wagt, die Welt des romantischen Abenteuers aufzusuchen. Die Vaudeville-Struktur bei Nestroy ist nicht ortlos. Sie geht hervor aus dem Augenblick jenes Schwebezustands zwischen Knecht und Herr, der ein gesellschaftlich unwirklicher, ›enthobener‹ ist, in dem eine Fremdbestimmtheit (»der Diener ist Sklav des Herrn«) aufgehört und die andere (»der Herr [ist] Sklav des Geschäfts«) noch nicht begonnen hat. Aber komisch ist hier gerade diese Fremdbestimmtheit nicht, vielmehr wird es, durch die Veranstaltungen der gegensinnigen Situationskomik, der Versuch zu ihrer wenn auch bescheidenen momentanen Aufhebung, der schließlich in der Einsicht endet, daß die Fremdbestimmtheit in Wahrheit die Bestimmtheit ist, womit die Bewegung der Komödie zu ihrem Ende kommt.

In anderer Weise hat Marivaux das Problem der Verknüpfung der komischen Momente zur Einheit der Komödie gelöst. Weder gibt es in Marivaux' Komödie (am charakteristischsten hierfür sind »La seconde surprise de l'Amour« und »Le jeu de l'Amour et du Hasard«) eine das Geschehen weitertreibende Gegenhandlung auf der Ebene der jungen Leute wie bei Molière noch das Schema der märchenhaft komischen Situationsverkettung wie im Vaudeville. Was bei Molière in zwei Seiten auseinandergelegt ist, fällt hier in eine zusammen: Die Liebenden selbst stehen sich, durch eine Laune, einen einmal gefaßten Vorsatz oder eine von ihnen selbst arrangierte Verwicklung, komisch im Wege. Die bei Molière sich entgegenstehenden Seiten der Wunscherfüllung und der komischen Macht, die sich dieser widersetzt, fallen bei Marivaux im komischen Subjekt zusammen. Gegenstand der Marivauxschen Komödie ist nicht so sehr der »Amour naissant« als vielmehr der immer größer werdende Aufwand zu seiner Verdrängung, der eine immer mehr sich artikulierende Gegenkommunikation des Verdrängten entspricht, bis schließlich der Punkt der Annahme dessen, was schon längst Wirklichkeit ist, erreicht wird und damit die Komödie zu ihrem Ende kommt. Die Liebenden, die sich ihrer Liebe widersetzen, verraten sich um so mehr, je mehr sie sich vor sich selbst und vor dem Objekt ihrer Liebe zu verbergen suchen. Bei Marivaux zuerst gibt es im komischen Marivaudage, als dem sprachlichen Äquivalent der ›gemischten Empfindung‹ bei höchster Bewußtheit und Künstlichkeit des Sprechens, ein Moment des Einfachen und Unvermittelten, das sich unbeabsichtigt und gegensinnig in einem reduzierten Code ausspricht. Die subjektive Disposition des Augenblicks, in dem Kommunikation und unintendierte Gegenkommunikation sich komisch verbinden, ist die der Zerstreutheit. Von Marivaux über Lessing zu Kleist hat das Motiv der Zerstreutheit und des zerstreuten sich Versprechens sich mehr und mehr radikalisiert und schließlich bei Kleist die Grenzen des Komischen gesprengt. In den Augenblicken der Zerstreutheit steht das Ich mit sich selbst in einem Widerspruch, der erst im dramatischen Prozeß zu seiner Aufhebung kommt. Je mehr der Verliebte sich seinen Zustand selbst gestehen muß, desto größer der Aufwand der Verdrängung und desto spannungsvoller, aber auch desto rührender die Komik des Selbstwiderspruchs.

Die Verknüpfung der komischen Momente vollzieht sich bei Marivaux als ein bei aller Durchsichtigkeit und Einfachheit der Konstruktion der komischen Fabel komplizierter Zusammenhang von Verdrängung, unintendierter oder vielleicht auch nur scheinbar unintendierter Gegenkommunikation – natürliche Grazie und Raffinement sind hier oft schwer auseinanderzuhalten –, von Selbsttäuschung und komisch-eigensinnigem Mißverstehen des Anderen. Das Besondere von Marivaux' Komik ist die Ambiguität der zur Anschauung kommenden Fremdbestimmtheit: Sie ist einmal die ›Fremdbestimmtheit‹ des Liebenden durch seine Neigung, andererseits aber die Fremdbestimmtheit der Neigung durch die Konventionen der Sitte oder die auferlegte Verhaltensnorm eines Caprice. Während die komische Fabel ihren Ausgang nimmt vom Zustand eines Ich, das mit sich selbst komisch entzweit ist, hat sich am Ende des Stücks gerade die Instanz, die formal zunächst die Instanz der Fremdbestimmtheit ist, inhaltlich als die Instanz der tieferen Selbstbestimmtheit erwiesen, wohingegen die scheinbare Rationalität des Verhaltens sich schließlich als komische Fremdbestimmtheit erweist. Das Gefühl ist vernünftiger als die Vernunft, diese Grundauffassung der Geschmacksästhetik des 18. Jahrhunderts ist in den Komödien Marivaux' zu einer ihrer frühesten Gestaltungen gekommen. Der Ambiguität des Komischen auf der Ebene des im Mittelpunkt stehenden vornehmen Liebespaars entspricht die Ambiguität der Komik auf der Ebene der Diener. Wenn die Verliebtheit des Dieners durch ihre Direktheit einerseits als ›fremdbestimmt‹ im Sinne der Normen einer aristokratischen Kultur erscheint, so erscheint diese doch umgekehrt als ebenso fremdbestimmt in der Perspektive jener Norm der Natur, die von der Dienerschaft scheinbar repräsentiert wird. Diese Ambiguität ist unauflöslich, sie entspricht zwei verschiedenen Standorten, die zwei verschiedenen Identifikationsmustern des Publikums zugeordnet sind.

Die Komik der marivauxschen Komödie ist eine gebrochene. Mit ihr erschließt Marivaux als einer der ersten den Wirkungsbereich der gemischten Empfindung, dem die französische Dichtung im Verlauf des 18. Jahrhundert sich mehr und mehr zuwendet, so die Leerstellen ausfüllend, die die klassische Dichtung des 17. Jahrhunderts gesetzt hatte. Der Zuschauer von Marivaux' Komödie hat nicht mehr die Wahl zwischen Identifikation und Distanz. Vielmehr kommen beide Momente zu einer widersprüchlichen Einheit zusammen. Die rührende Komik Marivaux' läßt den Betrachter immer schon die Einheit von Instanz und Gegeninstanz im handelnden Subjekt erkennen. Seine formale Distanz zum komischen Helden bedeutet immer auch eine inhaltliche Identifikation. Der Zuschauer ist dem komischen Helden nicht entgegengesetzt, er ist ihm nur voraus. Im komischen Augenblick selbst ist schon ein Moment jener Vernünftigkeit enthalten, die die Komödie in der Versöhnung des komischen Subjekts mit sich selbst und mit der Erfüllung seines verborgenen Wunsches beschließt.

Mit der Komödie Marivaux' ist eine Grenze erreicht. Durch die komplexe Einheit von Identifikation und Distanz wird das Komische zur bloßen komischen Nuance abgemildert und so im Komischen selbst ein Moment freigesetzt, das eine neue Bewegung der Komödie ermöglicht.

Das Komische der Handlungswelt und das fiktionale Komische der Komödie haben dieselbe Struktur. In der komischen Enthobenheit selbst liegt schon die Möglichkeit der Kunstform der Komödie. Doch kommt die komische Tendenz da erst voll zur Entfaltung, wo sie von einem konstruktiven Prinzip ergriffen und in komischer Verdichtung, komischer Vervielfältigung und komischer Kombinatorik zur Darstellung gebracht wird. Indem die Komödie die komische Tendenz zu einem Maximum an Vielfalt und Komplexität zu bringen sucht, konstruiert sie eine komische Welt, die sich als Analogon zur Handlungswelt von dieser absetzt. Wieweit sich diese aber auch durch ihr Konstruktionsprinzip von den Erwartbarkeiten der alltäglichen Welt entfernt, so bleibt sie doch die Form des sensus communis par excellence. Denn die Komödie bedarf der Folie der vernünftigen Handlungswelt, um zu ihrer komischen Wirkung zu kommen. Sie geht aus der vernünftigen Handlungswelt hervor und führt wieder in sie zurück und hält in ihrem Verlauf die Distanz zu ihr immer präsent. Wenn die sekundäre Ästhetisierung der Komödie die primäre Ästhetisierung des Komischen in sich aufnimmt, so setzt sich umgekehrt die Wirklichkeitsbezogenheit der primären ästhetischen Enthebung des Komischen in der sekundären ästhetischen Enthobenheit der Komödie fort.

VII

Bereits die Komödie Marivaux' bewegt sich an den Grenzen des Komischen. Seitdem hat die Komödie sich unter neuen Voraussetzungen mehr und mehr der Grenzformen des Komischen, d. h. der Formen des Komischen mit problematisierter Enthebbarkeit bemächtigt. Das moderne absurde Theater, wie es sich etwa in Becketts »En attendant Godot« darstellt, hat zu einer äußersten Radikalisierung dieser Tendenz geführt. Becketts Stück ist so angelegt, daß der Betrachter im Ungewissen bleibt, ob angesichts des Dargestellten komische Enthebbarkeit auf der Folie einer vernünftigen Handlungswelt überhaupt noch möglich ist. Das absurde Theater ist der Ausdruck einer Krise der Komödie. War diese gebunden an die Voraussetzung eines gesellschaftlichen Konsens über die Vernünftigkeit der gegebenen Handlungswelt, so muß deren *Infragestellung* zu Formen der Komödie führen, wo mit der Problematisierung der Vernünftigkeit der Handlungswelt selbst die Enthebbarkeit des komischen Faktums in Frage steht. Das Absurde des absurden Theaters ist das unenthebbar gewordene Komische, das insofern sich seinen Zusammenhang mit dem Komischen der Komödie bewahrt hat, als es, anders als im Märchen, das das Absurde in ein erdichtetes Nirgendwo versetzt, auf die wirkliche Handlungswelt zurückbeziehbar sein und diese gerade in ihrer Unvernünftigkeit ansichtig werden lassen soll.

In anderer Weise hat insbesondere im Bereich der Narration das Komische mit problematischer Enthebbarkeit vielfältige Darstellungsweisen gefunden. So verschiedene Autoren wie Flaubert, Rilke und Kafka können dies belegen. Gerade im Bereich der Narration, wo das Komische als ›énoncé‹, nicht als ›énonciation‹ erscheint, liegen, aus der Natur des Mediums begründet, Problematisierungen besonders nahe. Diese entstehen besonders dann, wenn komische ›histoire‹ und unkomischer ›discours‹ zusammentreffen. Für den Leser kann sich daraus ein außerordentlich kompliziertes Identifikationsschema ergeben. In Flauberts »Madame Bovary« wird Charles Bovary immer wieder und besonders nachdrücklich gleich zu Beginn mit den Anzeichen komischer Fremdbestimmtheit ausgestattet. Er ist ein Opfer der Tücke des Objekts, die hier aber als »faute de la fatalité« nicht mehr das befreiende Lachen, sondern nur noch die beklemmende Unentschiedenheit zwischen Distanz und Identifikation zuläßt. Die »impassibilité« des Erzählers erweist sich gerade in solchen Situationen, wo der Leser das Signal der Enthebung erwartet, das ihn aus seiner Schwebe befreit. Aber indem der Erzähler sich vom Lachen der Anderen ausschließt, bleibt dem Leser ebenfalls die Identifikation mit den lachenden Anderen verwehrt. Er wird damit in eine Isolierung gebracht, die ihm weder in der Perspektive des Helden noch der den Helden umgebenden Anderen noch auch des Erzählers selbst den Genuß der Identifikation oder aber der lustvollen Distanzierung offenläßt.

Das Beklemmende, daß angesichts eines fremdbestimmten Handelns oder einer fremdbestimmten Erscheinung der Ausweg des Lachens und damit der endgültigen Distanzierung nicht möglich ist, bedingt auch die Wirkung eines Großteils der Geschichten von Kafka. Auch hier, etwa in der »Verwandlung«, ist es gerade das Fehlen der sinnlichen Präsenz, die Gegebenheit der Anschauung durch die Vermittlung des sprachlichen Diskurs, die die Möglichkeit der komischen Enthebung von vorneherein ausschließt. Geschichten wie die »Verwandlung« ließen sich als Grotesken bezeichnen, wollte man das Groteske definieren als komische Erscheinung angesichts deren komische Enthebung nicht möglich ist. Daß sie nicht möglich ist, liegt bei Kafka wesentlich in der Sprachlichkeit ihrer Vermittlung begründet.

Das komplexe Identifikationsschema angesichts nicht enthebbarer Komik wird besonders deutlich in einer Passage in Rilkes »Malte Laurids Brigge«. Es gibt im ersten Band dieses lyrischen Romans ›tableaux‹, die sich an Form und Poetik von Baudelaires »Tableaux parisiens« eng anlehnen. Unter ihnen ist eines, das die Schockerfahrung einer nicht enthebbaren komischen Erscheinung zum Gegenstand hat.[43] Der Erzähler, der als einsamer Flaneur die Straßen von Paris durchwandert, nähert sich einer lachenden Menge. Schließlich erkennt er das Objekt ihres Lachens: einen Mann, der besessen ist von einer im Körper wandernden unwillkürlichen Bewegung, die in die Bewegungen seiner Arme und Beine eingreift und sie grotesk verzerrt. Das Verwirrende dieser Beobachtung aber, das in den übrigen Betrachtern ein unwiderstehliches Lachen auslöst, befreit sich beim Erzähler nicht im Lachen. Gerade angesichts des allgemeinen Lachkonsens wird dessen gesellschaftliche Isoliertheit um so stärker zu Bewußtsein gebracht. Damit zugleich wird der Leser, dem seinerseits die Befreiung des Lachens verwehrt ist, in die Einsamkeit des Erzählers hineingezogen. In der Perspektive dessen, der den Kontakt zur Gesellschaft verloren hat, gewinnt das, was von ihr im Lachen abgewiesen wird, eine Faszination, die bis zur gebannten Identifikation reicht. Dem entspricht eine Beschreibung von quälender Genauigkeit. Wie das lyrische Ich in Baudelaires ›Tableaux‹, das vom Anblick des unerträglich Komischen der pantomimischen Erscheinung fasziniert ist[44], dringt der einsame Flaneur bei Rilke in das Geheimnis ein, das sich hinter der komisch enthebbaren fremdbestimmten Erscheinung auftut. Die gestuelle Komik der Erscheinung wird hier, indem sie in Sprache überführt wird, perspektivisch gebrochen und in einen Sprachgestus überführt, der, angesichts des komischen Faktums, Identifikation, nicht Distanz, in einer ebenso genauen wie lyrisch-pathetischen Weise zur Darstellung bringt.

Von der elementaren Komik des Scheiterns einer fremdbestimmten Handlung bis zu der durch die fiktionale Form der Komödie gebundenen Komik und darüber hinaus zu den Formen problematischer Enthebbarkeit des Komischen gibt es eine weite Distanz. Doch muß diese Distanz in den Blick kommen, wenn ›Weite und Vielfalt‹ des Komischen erfaßt werden sollen. Die Erscheinung des Komischen im Medium der poetischen Imagination ist durch systematische Beschreibung nicht einzuholen. Die Differenz zwischen ästhetischer Erfahrung und ästhetischem System ist unaufhebbar. Dafür ist das Ko-

---

43 R. M. Rilke, Die Aufzeichnungen des Malte Laurids Brigge, 5. Aufl., Leipzig 1914, Bd. 1, S. 94 ff.

44 Über den Zusammenhang von Komik, Pantomime und lyrischem tableau bei Baudelaire vgl. Vf., Baudelaires Tableaux parisiens und die Tradition des tableau de Paris in: Poetica 7 (1974).

mische und seine poetische Konkretisation ein besonders sinnfälliges Beispiel. Doch kann die systematische Einsicht in die komplexen Fundierungsbedingungen der ästhetischen Manifestation bis an jene Grenze führen, von wo aus die ästhetische Erfahrung als eine reflektierte sich allererst ihres unhintergehbaren Evidenzcharakters bewußt werden kann.

(1974)

DER GEBRAUCH DER NEGATION IN FIKTIONALEN TEXTEN*

I

Die Frage nach dem Gebrauch der Negation in fiktionalen Texten, die sich der Literaturwissenschaft noch kaum gestellt hat, setzt einige Vorüberlegungen zum Konzept der Fiktionalität von Texten voraus. Wenn die immer wieder unternommenen Bemühungen der Literaturwissenschaft, Dichtung und Nichtdichtung, Literatur und Nichtliteratur zu unterscheiden, endgültig als fehlgeschlagen bezeichnet werden müssen, da sie keine operablen Kriterien für eine solche Unterscheidung erbrachten, so ist die Fiktionalität von Texten eine unterscheidende Qualität, für die sich eindeutige Merkmale angeben lassen[1]. Freilich gibt es auf der linguistisch beobachtbaren Ebene der sprachlichen Manifestation kein Kriterium, das es erlaubte, fiktionale von nichtfiktionalen Texten zu unterscheiden. Die Ebene dieser Unterscheidbarkeit ist die Ebene der ›hinter‹ der Manifestationsebene liegenden Sprachhandlung. Die fiktionale Sprachhandlung unterliegt den Bedingungen einer eigenen fiktionalen Kommunikationssituation, die sich von der Kommunikationssituation pragmatischer Sprachhandlungen grundlegend unterscheidet. Daß indes die Verschiedenheit der Kommunikationssituation die Instanz der Unterscheidung ist, ist keinesfalls selbstverständlich. Eine erste Bedingung des fiktionalen Textes ist damit implizit schon festgelegt. Fiktionale Texte sind Texte, die im weitesten Sinne an das kommunikative Schema der Aussage gebunden sind. Nur in Texten, die formal dem Schema der Aussage unterliegen, ist Fiktion möglich. Daraus folgt, daß aussagenfreie Textkonstitution nicht in den Bereich der fiktionalen Texte fällt.

---

* Zuerst mit ergänzenden statements erschienen in: Positionen der Negativität, Poetik und Hermeneutik VI, München 1975.

1 Zum Begriff der Fiktionalität vgl. S. J. Schmidt, Ist ›Fiktionalität‹ eine linguistische oder texttheoretische Kategorie? in E. Gülich, W. Raible (eds.), Textsorten, Frankfurt 1972. Schmidt geht davon aus, daß literarische Texte (= fiktionale Texte) »von ihren Autoren nicht eindeutig auf bestimmte rezeptive kommunikative Handlungsspiele bzw. Kommunikationssituation hin entworfen sind, m. a. W. daß sie situationsabstrakt sind«. Demgegenüber scheint mir kommunikative Orientiertheit eine Bedingung von Fiktionalität zu sein, wobei Fiktionalität und Ästhetizität nicht notwendig konvergieren müssen.

Die Bindung der fiktionalen Texte an das Schema der Aussage besagt, daß diese verstehbar sein müssen in dem genauen Sinn, den Wittgenstein dem Begriff des Verstehens gibt als »wissen, was der Fall ist, wenn er (der Satz) wahr ist«[2]. Dies schließt den Fall der fiktionalen Texte nicht aus, die im Grenzbereich zwischen an ein Aussageschema gebundener Textkonstitution und Weisen der Textkonstitution mit dominanten nicht aussagegebundenen Textkonstitutionsprinzipien operieren. Die Grenze der Fiktion ist hier bezeichnet durch die Dominanz des Aussageschemas über die Möglichkeiten aussageindifferenter Strukturierungen. Dominieren diese, so entstehen poetische Setzungen, die sich selbst bezeichnen, ohne auf ein noetisches Korrelat zu verweisen (konkrete Dichtung). Diese Abgrenzung erlaubt es, die Differenz der Kommunikationssituation pragmatischer und fiktionaler Texte genauer zu erfassen. Dazu muß zunächst der Charakter der Aussage selbst, die vom Satz abgebildet wird, genauer bestimmt werden. Die auf Frege zurückgehende und besonders von B. Juhos ausgearbeitete Unterscheidung zwischen Aussage und positivem und negativem Aussagengebrauch[3] ist hier besonders wichtig. Die Aussage selbst ist ein über Konzepten als elementaren Schemata errichtetes Schema. Im Falle seines positiven Gebrauchs erfährt dieses Schema eine Besetzung, d. h. es tritt in eine Zuordnungsrelation. Die zwei Seiten dieser Relation, Schema und Besetzung, lassen sich mit der Terminologie Wittgensteins bezeichnen als Sachlage und Sach-

---

2 L. Wittgenstein, Tractatus logico-philosophicus, edition suhrkamp, Frankfurt 1963, 4.024.

3 Vgl. G. Frege, Die Verneinung. Eine logische Untersuchung in id., Logische Untersuchungen, ed. G. Patzig, Göttingen 1966, S. 55 f. Frege zeigt den Unterschied zwischen der Aussage und ihrer Setzung am Beispiel des Fragesatzes: »Es darf aber im Fragesatz weder die Wahrheit noch die Falschheit seines Sinnes behauptet werden. Darum ist der Sinn eines Fragesatzes nicht etwas, dessen Sein in seinem Wahrsein besteht. Das Wesen der Frage erfordert die Scheidung des Fassens des Sinnes vom Urteilen. (. . .) Der Sinn eines Gedankens besteht also nicht in seinem Wahrsein«. Dieser Ansatz ist von B. Juhos in seinem Aufsatz »Der ›positive‹ und der ›negative‹ Aussagengebrauch« in Studium Generale 9 (1956) weiterentwickelt worden. Besonders der Gedanke, daß Position und Negation nur zwei verschiedene Arten der Gegebenheit sind, deren Besonderheit durch das Sprachsystem erst bestimmt wird, in dem sie gebraucht werden, ist für den Versuch einer Beschreibung der Negation in fiktionalen Texten grundlegend.

verhalt[4]: »Im Satz wird gleichsam eine Sachlage probeweise zusammengestellt«. (›Tractatus‹, 4.031.)

Die Sachlage, die dem Sachverhalt zugeordnet ist, ist ein logisches Bild, sein Schema: »Das Bild stellt die Sachlage im logischen Raume, das Bestehen oder Nichtbestehen von Sachverhalten vor.« (›Tractatus‹, 2.11.)

Eine Aussage ist wahr, wenn sie die Sachlage eines Sachverhalts ist. Ein pragmatischer Text, als Exponierung einer Sequenz von Sachlagen, setzt ein zweifach gerichtetes Interesse voraus: ein ›vertikal‹ ge-

---

[4] Die Zuordnung der Begriffe Sachlage, Sachverhalt und Tatsache in Wittgensteins Tractatus ist nicht einfach und hat zu widersprechenden Interpretationen geführt. Vgl. bes. E. Stenius, Wittgenstein's Tractatus. A Critical Exposition of its Main Lines of Thought, Oxford 1960 und M. Black, A Companion to Wittgenstein's Tractatus, Cambridge 1964. Während Stenius Sachlage und Sachverhalt in Opposition sieht zu Tatsache und zwar als Möglichkeit vs. Wirklichkeit (S. 31), sieht er die Differenz zwischen Sachlage und Sachverhalt darin, daß der Sachverhalt elementar ist, die Sachlage nicht. Für Black sind Sachverhalt, Sachlage und Tatsache »usually to be taken as standing for simple or complex states of affairs (not possibilities)« (S. 45). Mein Verständnis der beiden Begriffe Sachlage und Sachverhalt unterscheidet sich von beiden Auslegungen sehr weitgehend, wie ich meine, gestützt durch explizite Formulierungen Wittgensteins. Tract. 4.2211 bestimmt die Zuordnung von Sachverhalt und Tatsache: »Auch wenn die Welt unendlich komplex ist, so daß jede Tatsache aus unendlich vielen Sachverhalten besteht und jeder Sachverhalt aus unendlich vielen Gegenständen zusammengesetzt ist, auch dann müßte es Gegenstände und Sachverhalte geben.« 4.061 weist darauf hin, daß der Satz einen von den Tatsachen unabhängigen Sinn hat: »Beachtet man nicht, daß der Satz einen von den Tatsachen unabhängigen Sinn hat, so kann man leicht glauben, daß wahr und falsch gleichberechtigte Beziehungen von Zeichen und Bezeichnetem sind.« 4.031 bestimmt den von den Tatsachen unabhängigen Sinn als Sachlage: »Man kann geradezu sagen: statt, dieser Satz hat diesen und diesen Sinn: dieser Satz stellt diese und diese Sachlage dar.« Die Begriffe Sachverhalt und Sachlage scheinen mir für eine an der Sprachhandlungstheorie orientierte Texttheorie außerordentlich fruchtbar werden zu können. Bei ihrer Übernahme in die Texttheorie besteht natürlich kein Grund, alle bei Wittgenstein inhaltlich mit diesen Begriffen verbundenen Theoreme zu übernehmen. Die im Tractatus enthaltene Sprachphilosophie läßt sich, wie mir scheint, durchaus von der mit ihr verbundenen Interpretation der ›Welt‹ lösen.

richtetes Interesse an der Adäquation der Sachlage an ihren Sachverhalt und ein ›horizontal‹ gerichtetes Interesse an der immanenten Konsistenz der entfalteten Sachlagen.

Die fiktionale Kommunikation ist zunächst dadurch bestimmt, daß einer Sachlage bzw. einer Sequenz von Sachlagen kein Sachverhalt zugeordnet ist. In der Terminologie von Juhos könnte man sagen, daß die Aussage in der Fiktion als diese selbst thematisiert ist, d. h. weder ihr positiver noch ihr negativer Aussagengebrauch. Es stellt sich unter dieser Voraussetzung dann die noch genauer zu erörternde Frage nach dem Gebrauch der Negation unter den Bedingungen der Fiktion als einer Aussage, die sich indifferent verhält hinsichtlich ihres positiven oder negativen Aussagengebrauchs. Der auf Juhos zurückgehende Gedanke bedarf freilich noch der Modifikation. Die Fiktion ist noch nicht allein dadurch bestimmt, daß in ihr eine Aussage als ein Schema nicht ›gebraucht‹ wird, d. h. mit Wittgenstein, daß eine Sachlage keinem Sachverhalt zugeordnet ist. Das Schema, die Sachlage, erscheint nicht als autonom, sondern in der Weise, *als ob* es einem Sachverhalt zugeordnet wäre. Im Gegensatz zu einem ›natürlichen‹ Gegenstand, der als Ort aller ihn konstituierenden Aspekte bezeichnet werden kann[5], ist der literarische Gegenstand dadurch bestimmt, daß seine Aspekthaftigkeit in ihm festgelegt ist. Ein Text bietet sich immer in seinem thematisierten Aspekt dar. Er geht über sich selbst hinaus, indem er eine Totalität impliziert, zu der er Aspekt ist. Im Falle von Texten, deren Sachlagen Sachverhalte abbilden, ist der Sachverhalt die vorauszusetzende Totalität. Im Falle der fiktionalen Texte ist die Totalität lediglich supponiert, sie ist impliziert als eine leere Klasse von Sachverhalten. D. h., dem Schema als Sachlage entspricht hier ein Schema als Sachverhalt. Der Sachverhalt selbst also hat hier schematischen, d. h. konzeptuellen Charakter.

---

5 Husserl hat in seinen Beschreibungen der Gegenstandserfassung die Aspekthaftigkeit des Gegenstandes klassisch formuliert. Vgl. z. B. die Deskription der Einstellung auf Gegenstandserfassung in Erfahrung und Urteil (ed. L. Landgrebe, Hamburg 1948). R. Ingarden hat die Husserlschen Beschreibungen zum Ausgangspunkt seiner Erörterung der ›schematisierten Ansichten‹ in literarischen Werken gemacht. (Das literarische Kunstwerk, 3. Aufl. Tübingen 1965, S. 281 ff.). Ingarden sieht davon ab, daß die schematisierten Ansichten im literarischen Werk immer auch thematisierte Ansichten sind, die der Freiheit ihrer Besetzung strenge Grenzen ziehen.

Der Sachverhalt des fiktionalen Texts ist ein Produkt der Sprache, nicht ihr Ausgangspunkt. Als solches ist er die Manifestation einer zugrundeliegenden achronischen Hierarchie von Oppositionsstrukturen. Das Interesse, das im fiktionalen Text von seiten des Lesers aufgebracht werden muß, ist ein dominant horizontales, ›textimmanentes‹ Interesse, das gesteuert ist durch die achronisch erfaßbare systematische Struktur, die der ›naiven‹ Rezeption undurchschaut bleibt, die sich aber in einem eigenen Verfahren, für das die Mythenanalyse von Lévi-Strauss die entscheidenden Anregungen gegeben hat, aufdecken läßt[6].

Die besonderen Bedingungen der Rezeption fiktionaler Texte sind beschreibbar im Rahmen des fiktionalen Kommunikationsmodells. Dessen Prämisse auf der Seite des Rezipienten ist von Coleridge als »willing suspension of disbelief[7]« am genauesten bezeichnet worden. Damit übernimmt der Leser eine eigene Rolle, die einer eigenen Rolle auf der Seite des ›Senders‹ institutionell entspricht. Wird als einfaches Kommunikationsmodell die Relation zwischen ›Sender‹ und ›Empfänger‹ mit Hinblick auf eine unter den Bedingungen eines Code gegebene Kommunikation vorausgesetzt, so konstituiert sich das fiktionale Kommunikationsmodell durch dessen Verdoppelung: der ›Sender‹ spielt die Rolle eines ›Senders‹ (der Autor eines Romans ›spielt‹ den Erzähler des Romans als eine romankonstitutive Rolle), der ›Empfänger‹ spielt die Rolle des ›Empfängers‹ (der konkrete Leser eines Romans ›spielt‹ die Rolle des Lesers, dessen Interessenstruktur in die Aspekthaftigkeit des literarischen Gegenstandes einkomponiert ist)[8]. Die Struktur der Verdoppelung erfaßt auch den Kommunikationsgegenstand. Um diesen selbst geht es unter den Bedingungen der Fiktionalität nur scheinbar. Thematisiert ist in Wirklichkeit eine

---

6 Die achronische Struktur narrativer Texte hat, in der Folge von Lévi-Strauss, bisher am explizitesten A. Greimas in seinem Aufsatz »Eléments d'une grammaire narrative« in A. G., Du Sens, Paris 1970, beschrieben. Vgl. hierzu Semiotik als Kulturwissenschaft.

7 S. Coleridge, Biographia Literaria, ed. Shawcross, Oxford 1962, II, 6.

8 Vgl. zur Rolle des implizierten Lesers W. Kayser, Wer erzählt den Roman, in Die Vortragsreise, Bern 1958; W. Booth, The Rhetoric of Fiction, Chicago 1961; T. Todorov, Les catégories du récit littéraire in Communications 8 (1966); W. Iser, Der implizierte Leser, München 1972. Das Problem des implizierten Lesers ist bei Iser bisher am differenziertesten entfaltet.

›Aufmerksamkeitsfigur‹, die durch die Pseudokommunikation vergegenständlicht wird. Das bedeutet: das Kommunikationsmodell der Fiktion bestimmt sich durch eine Potenzierung, die zugleich als Abstrahierung bezeichnet werden kann. Der Abstraktheit der Rollen von ›Sender‹ und ›Empfänger‹ entspricht die Abstraktheit des Kommunikationsgegenstandes. Aus der Rollenstruktur des fiktionalen Kommunikationsmodells ergibt sich eine besondere Form der Identifikation. Der Autor identifiziert sich mit seinem Erzähler, ebenso wie der Leser mit seiner Leserrolle, nicht unmittelbar, sondern nur in Hinblick auf den gegebenen Text und unter seinen Bedingungen. Der Leser, will er die Textintention des fiktionalen Texts erfüllen, identifiziert sich nicht mit dem dort Ausgesagten, er übernimmt eine Identifikationsrolle, die im Text selbst schon durch seine Perspektivik vorgezeichnet ist. Dabei kann es freilich immer geschehen, daß ein Leser nicht bereit ist, die ihm zugedachte Rolle zu spielen, oder nicht in der Lage ist, die ihm abverlangten Aufmerksamkeits- und Identifikationsleistungen zu erbringen.

Zwei defiziente Formen des fiktionalen Kommunikationsmodells, die bestimmt sind durch die Zweideutigkeit ihrer Aussagegestalt, der eine Inkongruenz von Sender und Empfänger entspricht, lassen sich in diesem Rahmen situieren. Es gibt die Möglichkeit, daß nur der ›Sender‹ eine ›Senderrolle‹ spielt, nicht aber der ›Empfänger‹ eine ›Empfängerrolle‹, sondern sich in pragmatischer Einstellung verhält. Dies ist der Fall der Lüge, wo mit der Undurchschautheit des Kommunikationsmodells gerechnet wird[9]. Die zweite Möglichkeit der Defizienz ergibt sich dann, wenn der ›Empfänger‹ eine ›Empfängerrolle‹ spielt, während in der Perspektive des Kommunikationssubjekts die Kommunikation unter pragmatischen Bedingungen stand. Dies ist der Fall ästhetischer Einstellung zu einem pragmatischen Text, die jederzeit möglich ist und der bestimmte pragmatische Formen besonders entsprechen. Als Beispiel hierfür könnten etwa die Briefe der Mme de Sévigné gelten, die klassische Literatur geworden sind. Damit sind nur die prinzipiellen Möglichkeiten erfaßt, zwischen denen eine Fülle komplizierter Übergangsformen situierbar wäre, die die Komplexität der Möglichkeiten im Übergangsfeld zwischen pragma-

---

9 Vgl. H. Weinrich, Linguistik der Lüge, 5. Aufl., Heidelberg 1974, S. 40: »Nicht duplex cogitatio sondern duplex oratio ist dann das Signum der Lüge«. Diese Verdoppelung ist zugleich eine Rollenverdoppelung, die nicht ausgewiesen wird.

tischen und fiktionalen Texten belegen könnten. Dieser Übergang ließe sich bestimmen als zunehmende pragmatische Distanz. Sie ist am besten zu illustrieren durch die Verschiedenartigkeit der Kommunikationen einer Tageszeitung, wo beim Übergang vom Lokalteil zu den ›Nachrichten aus aller Welt‹ der Leser in immer neuen Kommunikationsrollen thematisiert wird[10].

II

Der Sachverhalt ist eine Totalität, zu der die Sachlage sich als Reduktion auf einen textkonstitutiven, sprachlich materialisierten Aspekt verhält. Im Falle fiktionaler Texte ist die Bezogenheit der Sachlage auf einen Sachverhalt eine ›leere‹ Voraussetzung, die dennoch nicht eliminierbar ist. Auch im fiktionalen Text muß die Aspekthaftigkeit der Sachlage verstanden werden im Hinblick auf den vorauszusetzenden Horizont einer Totalität des Sachverhalts, auch hier steht also das Gesagte in Relation zum Nichtgesagten, das sein Komplement darstellt. Die gattungsspezifischen Formen pragmatischer wie nichtpragmatischer Texte lassen sich bestimmen als gattungskonstitutive Weisen des Innehaltens der thematischen Expansion und ihres Ungleichgewichts. Wenn die so erzeugten ›Unbestimmtheitsstellen‹[11] einen Appellwert[12] zu ihrer Ausführung durch den Rezipienten in sich tragen, so läßt deren eigentliche Funktion für die Artikulierung einer Textintention sich nur erfassen in der Bezugsetzung von Unbestimmtheit zu Bestimmtheit, aus der sich ein je textkonstitutives Ungleichgewicht ergibt. Das Ungleichgewicht des Textes, d. h. das Insgesamt der Relationen von Bestimmtheit und Unbestimmtheit ist seine Form. Die-

---

10 Die Pragmatik des Zeitungstexts ist am besten behandelt in W. Hagemann, Grundzüge der Publizistik, 2. Aufl., Münster 1966.

11 Der Begriff der ›Unbestimmtheitsstelle‹ stammt von R. Ingarden (a.a.O.). Ingarden betrachtet nicht die Relation der sprachlichen Unbestimmtheitsstellen zu den Bestimmtheitsstellen als Indikator für die Interessenstruktur des implizierten Lesers, sondern nur deren Besetzung durch die verschiedenen konkreten Rezeptionsakte.

12 Die auf Ingarden aufbauenden literaturästhetischen Überlegungen von W. Iser über die rezeptionsästhetische Funktion der Unbestimmtheit (Die Appellstruktur der Texte, Konstanz 1970) lassen die textkonstitutive Relation von Unbestimmtheit zu Bestimmtheit ebenfalls im Hintergrund.

se kann als Äquivalent zu einer vorausgesetzten Interessenstruktur verstanden werden. Somit hat jeder fiktionale wie jeder pragmatische Text einen Horizont des Nichtgesagten, der textkonstitutiv ist. Der Horizont des Nichtgesagten als Komplement des Gesagten umschreibt eine Totalität, in die das Exponierte als positive Seite sich einzeichnet. Dieser Horizont des Nichtgesagten ist die eine Dimension der Negativität, die den Text konstituiert. Ein zweiter, zumindest potentiell textkonstitutiver Horizont der Negativität tritt hinzu, der sich dem Horizont des Nichtgesagten als Horizont des ›gesagten Nicht‹ entgegenstellen läßt. Dieser zweite, durch explizite Sprachhandlungen der Negation aufgebaute Horizont soll vor dem Hintergrund des bisher Explizierten nun genauer erfaßt werden.

Für ihre Argumentation beschränkt die folgende Untersuchung sich strikt auf Negationen als explizite Sprachhandlungen. Sie läßt den Bereich der impliziten Negationen, wo eine sprachliche Position eine lebensweltliche Negation bezeichnet, ebenso außer acht wie den Bereich der lebensweltlichen ›Negativität‹, die im Text thematisiert wird. Negation und Fiktion stehen zueinander in einer besonderen Relation, von der die Frage nach der Negation in der Fiktion ihren Ausgang nehmen muß. Versteht man den fiktionalen Text, bzw. seine ›Aussage‹ als Komplement zur faktischen Welt, so kann die Negation im fiktionalen Text verstanden werden als Komplement zu diesem Komplement. Gemeinsam ist beiden, Fiktion und Negation, der Charakter eines bloßen Schemas, wobei Schema der Fiktion und Schema der Negation sich zunächst darin unterscheiden, daß in der Fiktion das Schema als Sachlage dem Schema eines Sachverhalts zugeordnet ist, in der Negation dagegen das Schema als Sachlage qua Negation ungesättigt bleibt, keinem Sachverhalt zugeordnet oder einem gegebenen Sachverhalt entzogen wird. Diese generelle Feststellung läßt sich noch differenzieren. Gewöhnlich ist die Negation nicht totale, sondern nur partielle Negation. Es bleiben auch in der Negation nichtnegierte Elemente, deren Fundierungsgeschichte sie einerseits mit dem bisherigen Text verbindet, andererseits den Punkt bezeichnet, wo die Bildung einer Sachlage einem Sachverhalt entzogen wird.

III

Die Bedingungen der Negation in fiktionalen Texten lassen sich am besten erfassen, indem zunächst die Struktur der Negation beschrieben und dann Schritt für Schritt von einfachen zu komplexen Situationsmodellen der Negation übergegangen wird.

Mit Hinblick auf den die Sachlage abbildenden Satz sind zwei Arten von Negationen möglich: Negation von Elementen eines Satzes und Negation des Satzes selbst. Im ersten Fall bezeichnet die Negation die thematisierte Nichteinsetzung eines Paradigmas in eine syntagmatische Leerstelle. Der Satz selbst wird dadurch nicht affiziert. Durch die Form ›nicht-sondern‹ wird die Relation von Heraussprengen eines Paradigmas und Einsetzen eines neuen Paradigmas kanonisch bezeichnet. Solange die zweite Seite, die Ersetzung, noch offensteht, ist der Satz ungesättigt. Die Negation des ganzen Satzes wird bewirkt durch die Negation des ›satzerzeugenden Funktors‹[13], d. h. des Verbs. Wird das Verb negiert, so wird damit die Satzfunktion selbst, als höchste hierarchische Ebene des Satzes negiert und damit alles, was in sie als Argument eintritt. Dieser Fall, in dem die Aussage selbst, nicht nur einzelne ihrer Konstituenten negiert wird, soll im folgenden ausschließlich betrachtet werden, denn nur von ihm läßt sich sagen, daß er zur Fiktion in einer besonderen Beziehung steht.

Jede Satznegation konstituiert sich als Synkretismus zweier Sprachhandlungen mit identischer Satzstruktur. Genauer: jede Satznegation impliziert zwei konträre Sprachhandlungen, von denen die eine die andere voraussetzt. Die Satznegation setzt eine Tiefenstruktur voraus, die beschreibbar ist als zweigliedriges Schema, dessen Glieder als Setzung eines Schemas und seine Zurücknahme in einem Folgeverhältnis zueinander stehen. Setzung eines Schemas im Hinblick auf einen Sachverhalt und Aufhebung der Zuordnung des Schemas auf einen Sachverhalt werden auf eine identische Manifestationsebene, die des Satzes, projiziert, d. h. ein logisches Nacheinander wird syntaktisch als ein ›Ineinander‹ manifestiert[14]. Spezifisch für diesen Syn-

---

[13] Der Begriff entstammt der Sprachtheorie von R. Freundlich (R. F., Sprachtheorie, Wien/New York 1970). Zum besonderen Fall der durch Kontrastakzent eingeschränkten Negation vgl. das statement Partielle und asymmetrische Negationen, in: Positionen der Negativität, München 1975.

[14] Diese Struktur ist besonders von H. Bergson eingehend beschrieben worden. Vgl. L'Evolution créatrice, 27. Aufl., Paris 1923, S. 311: »Ainsi, tandis que l'affirmation porte directement sur la chose, la dénégation ne vise la chose qu'indirectement à travers une affirmation inter-

kretismus ist die Möglichkeit des durch Negation erzeugten Suspens, wenn die Negationsaufforderung gegeben wird, bevor noch das Negierte sich als Schema konstituiert hat. Da in den indoeuropäischen Sprachen das Verb als Bezeichnung einer Funktion gewöhnlich zwischen deren Argumentstellen steht, und die Negation der ganzen Aussage als Negation des Verbs bewirkt wird, ist dies der Regelfall. Im Bewußtsein dessen, der die Negationsaufforderung realisiert, muß also zunächst Simultaneität in Sukzessivität aufgelöst und diese in eine erneute paradoxe Simultaneität überführt werden. Versteht man den eigentlichen Sinn der Fiktion auf der Seite des Rezipienten als freien, nicht pragmatisch gebundenen Vollzug von Aufmerksamkeitsleistungen, so wird man wegen der Komplexität der in der Negation geforderten Leistung, in Negationen von vornherein Verdichtungen erblicken, die eine erhöhte Aufmerksamkeitsleistung des Rezipienten zu ihrer Einlösung verlangen.

Bezogen auf welchen Sachverhalt auch immer, sind die Möglichkeiten der Negation, d. h. der thematisierten Nichtbeziehung eines Schemas auf einen Sachverhalt unendlich. Im Hinblick auf das, was der Fall ist, gibt es unendlich vieles, was nicht der Fall ist. Das bedeutet, daß eine Negation Sinn nur hat, wenn sie einer Ökonomie der Negation folgt. Genauer: Negationen sind sinnvoll nur, wenn das Negierte als möglich oder erwartbar vorausgesetzt werden kann. Allgemein kann man sagen: das Negierte muß wahrscheinlicher sein als seine Negation. Die Systematik der Negation als Beschreibung ihrer formalen Möglichkeiten bedarf zu ihrer Ergänzung einer Pragmatik der Negation, die die Bedingungen angibt, unter denen Negation überhaupt sinnvoll ist. Die Relevanz einer Pragmatik der Negation für die Negation selbst hat Konsequenzen auf der Seite der Rezeption. Eine Negation verstehen (und nicht nur sie vollziehen) kann nicht einfach bedeuten ›wissen, was nicht der Fall ist‹, sondern heißt wissen, in welcher Perspektive es sinnvoll ist zu sagen, daß etwas nicht der Fall sei.

Die Grundstrukturen einer Pragmatik der Negation lassen sich entwickeln an einem elementaren Modell einer Kommunikationssituation der Negation, dem des Dialogs, als eines Sprachspiels zwischen

---

posée. Une proposition affirmative traduit un jugement porté sur un objet; une proposition négative traduit un jugement porté sur un jugement.« Bergsons Begriff der affirmation bleibt indes zweideutig, da er gleichzeitig die reine Sachlage und die auf einen Sachverhalt bezogene Sachlage bezeichnet.

zwei Partnern, die wechselweise die Rolle von ›Sender‹ und ›Empfänger‹ übernehmen. Negation in diesem elementaren Modell ist sinnvoll dann, wenn das Negierte eine Erwartung, Absicht, Befürchtung, Hoffnung etc. des ›Empfängers‹ oder des ›Senders‹ artikuliert. Der einfachste Fall ist der, daß die Negation des ›Senders‹ eine Erwartung des ›Empfängers‹ artikuliert und negiert. Hier wird von seiten des ›Senders‹ mit einem gegebenen Interesse des ›Empfängers‹ gerechnet. Oder aber die Negation betrifft die Erwartung des ›Senders‹ selbst. In diesem Fall muß das Interesse an der Negation vom ›Empfänger‹ erst aufgebracht werden. Das hier vorausgesetzte Interesse des ›Empfängers‹ ist kein unmittelbares, sondern ein vermitteltes, das sich am genauesten als ›Solidarität‹ bezeichnen läßt. In der Terminologie des Kommunikationsmodells von Jakobson[15] bedeutet dies, daß die Negation nur scheinbar eine dominant referentielle, in Wirklichkeit jedoch immer eine dominant emotive oder eine dominant konative Funktion ist. Dabei tritt zur dominant emotiven eine sekundäre konative Funktion hinzu, die man als ›Appell zur Solidarität‹ bezeichnen kann. Das Umgekehrte, daß zu einer dominant konativen eine sekundäre emotive Funktion hinzutritt, ist spezifisch für eine besondere Klasse von Negationen, die man im weitesten Sinne als negative Befehle, d. h. als Verbote bezeichnen kann. Hier wird ein Empfänger von einem Sender aufgefordert, ein Schema als Programm einer Handlung ›zurückzunehmen‹, d. h. die Transformation einer Sachlage in einen Sachverhalt nicht zu verwirklichen, die konsekutive Relation von Sachlage und Sachverhalt außer Kraft zu setzen.

Das elementare Modell der Negation im Kommunikationsrahmen einer Ich-Du-Relation mit wechselnden Positionen (Dialog) läßt sich dadurch in ein komplexes Modell überführen, daß eine weitere Instanz eingeführt wird, die der ›dritten Person‹, die das Ich-Du-Modell zu einem Ich-Du-Er-Modell erweitert[16]. Damit ergeben sich neue

---

[15] Vgl. R. Jakobson, Linguistics and Poetics in: Style and Language, 2. Aufl., Cambridge, Mass., 1964.

[16] E. Benveniste bestreitet mit scharfsinnigen Argumenten die Existenz einer ›dritten Person‹ im Pronominalsystem. (Vgl. La nature des pronoms in: E. Benveniste, Problèmes de linguistique générale, Paris 1966, S. 251 ff.). Für ihn sind ›ich‹ und ›du‹ die pronominalen Instanzen der Person, ›er‹ ist die Instanz der ›Nichtperson‹, deren Bezeichnungen »ne servent qu'en qualité de substituts abréviatifs« (S. 256). Diese Opposition trägt jedoch der nur relativen Differenz zwischen

Möglichkeiten der Zurechnung einer Negation, d. h. ihrer Fundierung in einer Ökonomie der Negation. So ließen sich, wenn A zu B sagt: »C ist nicht gekommen«, drei Erwartungsmöglichkeiten konstruieren, von denen mindestens eine sich kontextuell oder situationell ausweisen muß. Entweder kann die Negation implizieren: Ich habe erwartet, befürchtet, gehofft, es für möglich gehalten etc., daß C kommt, aber er ist nicht gekommen oder: Du hast erwartet . . . etc., daß C kommt, aber er ist nicht gekommen, oder: C wollte kommen, aber er konnte nicht kommen. Ist die Quelle der Negation von C's Kommen C selbst, so bleibt freilich ein sekundäres Interesse von seiten A's und B' am Nichtkommen C's Voraussetzung dafür, daß dieses überhaupt

---

den beiden Seiten der Opposition nicht Rechnung. Es wäre besser, von ›ich‹ und ›du‹ als primären, ›er‹ als sekundärer Person zu sprechen. Die primären Personen sind im pragmatischen Sprechen texttranszendent, sofern sie die Quelle der Sprachhandlung im sprechenden Subjekt und den Ort ihrer Rezeption im angesprochenen Empfänger bezeichnen. Die sekundäre Person ist textimmanent. Fiktionale Texte unterscheiden sich von pragmatischen dann darin, daß in ihnen die Instanzen von ›ich‹ und ‹du› nur formal texttranszendent, in ihrer Besetzung als thematisierte Rollen aber textimmanent sind. Die Unterscheidung zwischen primärer und sekundärer Person erlaubt es, Fälle zu beschreiben, wo die Opposition von Person und Nichtperson nicht zureicht. So ist in der auf die dritte Person bezogenen Negation die Perspektive der dritten Person dominant über die Perspektive der ersten Person. Ganz besonders zeigt sich der Vorteil dieser Unterscheidung an den Paradigmen, an denen Benveniste den Unterschied von personne und nonpersonne exemplifiziert: »Je jure« und »il jure« (De la subjectivité dans le langage, op. cit., S. 265). »Alors que ›je jure‹ est un engagement, ‹il jure› n'est qu'une déscription«. Diese Unterscheidung ist formal richtig, aber sie ist unvollständig. Im zweiten Paradigma wird nicht einfach eine Beschreibung gegeben, sondern in der Beschreibung eine durch diese gegebene Sprachhandlung, die ihrerseits eine Quelle der Sprachhandlung voraussetzt. (Man kann den Satz »il jure« leicht transformieren in den Satz »il dit: ›je jure‹ «). Die Unvollständigkeit von Benvenistes Ansatz wird darin offenkundig, daß er den Paradigmen »je jure« und »il jure« nicht das Paradigma »je jurais« hinzufügt, bei dem gleichfalls die deskriptive Sprachhandlung über die Sprachhandlung des jurer dominant ist. Hier bezeichnet die Instanz »je« selbst einen Synkretismus von primärer und sekundärer Person. Das Ich ist hier sowohl als sprechendes texttranszendent wie als besprochenes textimmanent.

artikuliert wird. Erst hier wird also eine dominante referentielle Funktion der Negation möglich, sofern diese Gegenstand eines abgeleiteten Interesses ist.

Das Ich-Du-Er-Modell der Negation kann dadurch weiterhin ins Unabsehbare in seiner Komplexität gesteigert werden, daß die ›dritte Person‹ beliebig pluralisiert wird. Es ergeben sich dann vielfältigste Formen der perspektivischen Zuordnung (der »Standpunktreise«, wie Bühler sagt[17]), deren Linien aber immer im Fluchtpunkt der zugrundeliegenden Basisrelation des Ich-Du-Modells zusammenlaufen. Letzten Endes ist es immer das sprechende Ich, das entweder ein Interesse des angesprochenen Du voraussetzt oder an dieses appelliert. Immer ist die Kommunikation auf seiten des Du die Befriedigung eines schon vorhandenen oder erst aufzubringenden Interesses. Die Kommunikation mißlingt, wo dieses Interesse nicht aufgebracht werden kann. Es wäre von hier aus notwendig, die besondere Qualität des im Fall der ästhetischen (fiktionalen) Kommunikation aufzubringenden Interesses und seines institutionellen Rahmens (z. B. ›Gesellschaft der Gebildeten‹) zu entwickeln. Die institutionellen Bedingungen des ›interesselosen Interesses‹ der Fiktion und ihre gesellschaftliche Fundierung sind ein Problem, dessen sich die Literatursoziologie noch nicht angenommen hat. Hier läßt sich nur darauf hinweisen.

Die Darstellung der Quellen der Negation im Kommunikationsmodell impliziert ein Identifikationsmodell, auf das bisher nur andeutungsweise eingegangen wurde. Das Ich-Du-Er-Modell der Kommunikation setzt ein Identifikationsmodell voraus, das dadurch differenziert ist, daß mit Möglichkeiten der Distanzierung gerechnet wird. Legt man das Kommunikationsmodell von Ich-Du-Er (I, D, E) zugrunde, dann lassen sich hier prinzipielle Möglichkeiten der Identifizierung und Distanzierung beschreiben, die allerdings nicht schon auf der Ebene des Dialogs, sondern erst auf der Ebene des Texts und insbesondere des fiktionalen Texts voll ausgeschöpft werden, dann nämlich, wenn die Identifikationsbedingungen in den Text selbst

---

[17] K. Bühler, Sprachtheorie, 2. Aufl., Stuttgart 1965. Bühler interessiert sich im wesentlichen für die »Deixis am Phantasma«. Seine Feststellung, daß das rezipierende Subjekt sich zu versetzen vermag und daß im Text mit dieser Fähigkeit gerechnet wird, so daß besonders in narrativen Texten Relationen entstehen zwischen der primären Situation als der Sprechsituation und den sekundären Situationen im Text selbst, gilt auch für die Negation.

einbeschrieben sind. Das I-D-E-Modell erlaubt die folgenden Möglichkeiten:

(I, D, E)	Konsens; Gleichheit der Interessen
(I); (D); (E)	Dissens; Verschiedenheit der Interessen
(I); (D, E)	partieller Konsens = partieller Dissens
(D); (I, E)	
(E); (I, D)	

Demnach kann eine Negation entweder sowohl ein Interesse von I, D, E betreffen wie auch nur entweder ein Interesse von I oder D oder E, oder aber von D und E nicht aber I, I und E nicht aber D, I und D nicht aber E.

Das Paradigma des Dialogs kann als Paradigma des Texts nicht unvermittelt zugrunde gelegt werden. Zwischen Dialog und Text gibt es einen Übergang von weitreichender Konsequenz. Man könnte die Möglichkeit des Texts geradezu in der Aufhebung des Dialogmodells begründen. Im Text sind die im Dialog beweglichen Rollen von ›Sender‹ und ›Empfänger‹ festgelegt. Text ist nur möglich aufgrund einer institutionell garantierten und normierten Rollenstabilisierung. Das Kommunikationsmodell des Texts beruht auf einer je gattungsspezifischen, pragmatisch fundierten Institution, die die Sprachhandlung ›Text‹ ermöglicht. Je unwahrscheinlicher der Zustand der Rollenfixierung mit Hinblick auf das Dialogmodell ist, d. h. je länger von den beiden Kommunikationspartnern das Durchhalten ihrer Rolle erwartet wird, desto größer muß die institutionelle Sicherung sein, die dies garantiert. Das Gesagte im Kommunikationsmodell des Textes ist nicht mehr Funktion einer Rolle wie im Dialog, vielmehr ist die Rolle Funktion des Gesagten. Dabei muß zur Unterscheidung von pragmatischen und poetischen Texten (fiktionalen Texten) ein grundsätzlicher Unterschied gemacht werden zwischen ›eine Rolle übernehmen‹ und ›eine Rolle spielen‹. Der Text, genauer das Textschema in seinem institutionellen Rahmen, ist eine mit Hinblick auf die Zufälligkeit der Kommunikationspartner autonome Instanz. Dessen Möglichkeiten der Negation sind abhängig von den durch das Textschema bedingten Ebenen der jeweiligen Textkonstitution. Dies sei am Beispiel narrativer Texte verdeutlicht. Macht man hier den Unterschied zwischen Geschichte und Diskurs[18], so läßt sich zunächst sagen, daß die Ebene des Diskurs der Ort aller Negationen

[18] Vgl. zu dieser Unterscheidung Kap. Geschehen, Geschichte, Texte der Geschichte.

ist, unabhängig von ihren Negationsquellen, die auf den verschiedenen Ebenen der Textkonstitution situiert sein können. Die Ebene des Diskurs ist nicht nur eine eigene Instanz, sondern zugleich Projektionsebene für die dahinterliegenden textkonstitutiven Ebenen. Die Anschlußmöglichkeiten an einer gegebenen Stelle im Text sind bedingt durch die hierarchische Struktur der Entfaltung der Geschichte selbst und ihre Projektion auf die Ebene des Diskurs oder aber durch die Eigenbewegung des Diskurs.

Unter dieser Perspektive läßt die Satznegation sich beschreiben als ein Textfortführungsschema, das als dieses thematisiert, aber nicht ergriffen wird. Es stellt sich dabei immer die Aufgabe, die Negation mit Hinblick auf ihre Textkonstitutionsebene zu situieren. Das negierte Textfortführungsschema ist gewöhnlich höher situiert, die mit ihm bezeichnete Sachlage also abstrakter gefaßt als die Ebene der Position, gegen die sie sich absetzt. Der Grund dafür kann in dem besonderen Charakter der Negation als einer Ein-Satz-Sprachhandlung gesehen werden. Die Sachlage, die negiert wird, muß syntaktisch immer in einem Satz zusammengefaßt werden. Jede Negation muß sich auf eine vorausliegende Position in der Weise beziehen lassen, daß die Sachlage der Position sich mit der Sachlage der Negation zu einem Gesamtschema vereinigen läßt. Die Position selbst wird dadurch interpretiert, daß sie in Relation zur Sachlage der Negation tritt, wobei nun gleichzeitig ein Metaschema sich sowohl konstituiert als auch zurückgenommen wird, wodurch die Position der Sachlage für eine neue Verknüpfung in einem neuen Schema und damit für eine neue Interpretation frei wird.

Mit dem Text ist eine neue Form der Autonomie erreicht. Doch ist diese Autonomie rein formal, sie betrifft allein das Textschema und seine institutionelle Sicherung. Seine konkrete Besetzung ist bei pragmatischen Texten immer abhängig von den konkreten Zwecken, die sich in ihm objektivieren. Erst mit dem fiktionalen Text, der losgelöst ist von einem pragmatischen Kontext, ist die völlige Autonomie des Textes erreicht. Der fiktionale Text hat einen theoretischen Status, der unabhängig ist von konkreten Bedingungen und nur allgemeinen Bedingungen, die seiner Poetik entspringen, sich unterwirft.

IV

Nach der Erörterung des fiktionalen Schemas und seines Gebrauchs im fiktionalen Kommunikationsmodell, des Schemas der Negation und ihres Gebrauchs im Kommunikationsmodell der Negation, kann nunmehr die Frage nach der Leistung der Negation unter den Bedingungen der Fiktionalität gestellt werden. Als Paradigma wird dafür das Modell des fiktionalen narrativen Textes zugrundegelegt. Diese Beschränkung rechtfertigt sich nicht so sehr daraus, daß unter Fiktion gewöhnlich ohnehin die narrative Fiktion verstanden wird, als vielmehr aus der komplexen Struktur narrativer Texte, die alle Möglichkeiten der Textkonstitution in sich begreift. Ist die Narration das Textschema, das über die größte integrative Potenz verfügt, so läßt sich erwarten, daß der Gebrauch der Negation in fiktionalen Texten sich in diesem Textbereich am vollständigsten explizieren läßt.

Die folgenden Überlegungen verstehen sich als ein exploratorischer Versuch in Richtung auf eine erst noch zu konstituierende Poetik der Negation. Eine solche Poetik der Negation unterscheidet sich grundlegend von einer möglichen Poetik der Negativität, wie sie sich in Adornos Ästhetischer Theorie findet und wie sie sich bereits in Schillers Konzept der sentimentalischen Dichtung unter eigenen Voraussetzungen artikuliert[19]. Daß beide Problemstellungen in einem tieferen Zusammenhang stehen, liegt nahe, doch kann diese Relation hier nicht verfolgt werden, um den Gesichtspunkt der Negation nicht mit sehr weitführenden anderen Gesichtspunkten zu vermengen. Erst wenn eine Poetik der Negation aus ihren eigenen Prämissen entwickelt ist, läßt sich diese nach ihrer Relation zu einer Poetik der Negativität befragen.

Das Verhältnis von Position und Negation unterscheidet sich in pragmatischen und fiktionalen Texten grundsätzlich. Im pragmatischen Text bedeutet Position die Bindung einer Sachlage an einen Sachverhalt, Negation die Isolierung einer Sachlage gegen einen möglichen Sachverhalt, d. h. die Thematisierung des reinen Schemas. Diese Opposition ist in fiktionalen Texten relativiert, da ja der Sachverhalt, auf den die Sachlage verweist, selbst nur schematischen Charakter hat. Sofern beide Seiten, Setzung und Negation, hier den Charakter eines Schemas haben, treten sie in eine enge Relation, deren beide Seiten nur durch die Differenz in der Struktur des Schemas sich voneinander unterscheiden. Zu berücksichtigen bleibt freilich, daß Setzung und Negation wie im pragmatischen so gewöhnlich

[19] F. Schiller, Über naive und sentimentalische Dichtung. Schillers Konzept des Sentimentalischen impliziert das des Naiven als das Negierte einer Negation. Das Naive erscheint im Sentimentalischen als Thematisierung seines Verlusts.

auch im fiktionalen Text nur punktuell aneinandergrenzen und daß die Manifestation der Negation, aus der Struktur der Negation als Ein-Satz-Sprachhandlung bedingt, eine hierarchisch höhere, d. h. abstraktere Ebene besetzt. Doch ändert diese Modifikation nichts an der Feststellung einer vom pragmatischen Text prinzipiell verschiedenen Zuordnung von Negation und Position. Indem die Fiktion selbst als ein Schema erscheint, gibt es sowohl für die Position wie für die Negation keine unmittelbare Außenbestimmung mehr. Der fiktionale Text ist der Möglichkeit einer Zuordnung im Raum-Zeit-Kontinuum enthoben. Seine Teile und damit auch seine Negationen sind nur innenbestimmt als wechselseitige Interdependenz. Für die Negation bedeutet dies, daß sie im Hinblick auf eine mögliche ›Aussenbestimmtheit‹ absolut gebraucht wird, daß dieser absolute Gebrauch andererseits relativiert ist insofern, als die Negation der Position der Fiktion zugeordnet ist, die Menge aller Negationen sich auf der Achse der fiktionalen Narrativität verteilt. Diese Zweiseitigkeit bedarf noch genauerer Betrachtung. Festzuhalten bleibt zunächst, daß die Negation in fiktionalen Texten von konstruktiver Bedeutung ist und ihr damit nicht nur episodischer Wert im Textzusammenhang zukommt, sondern daß sie aus der Ökonomie des Ganzen hervorgeht und somit einen eigenen theoretischen Status hat. Unter dieser Bedingung lassen die Negationen des fiktionalen Texts sich als eine Einheit erfassen, zumindest soweit die Negationen textkonstitutiv, also in der Texthierarchie relativ hoch anzusetzen sind. Die Negationen des fiktionalen Texts konstituieren unter dem Aspekt ihrer konstruktiven Gesamtfunktion einen eigenen Negationshorizont. Die Fiktion umfaßt beides, Negation und Position. Sie konstituiert sich aus Position und Negation als ihrem Komplement. So kann die Fiktion als logische Summe von fiktionaler Position und fiktionaler Negation bezeichnet werden. Beide Seiten, die Position und ihr Komplement, unterscheiden sich in erster Linie durch die verschiedene Gegebenheit des in ihnen Gesetzten. Die Negation ist der Position zugeordnet, sie eröffnet Perspektiven, die die Eindimensionalität der narrativen fiktionalen Position überschreiten. Jede Fiktion läßt sich auf ihre Position reduzieren. Es bleibt so immer noch eine formale Einheit des Gegebenen, auch dann, wenn die systematische Einheit auf diese Weise aufgegeben wird. Mit der Einführung der Negation, d. h. mit der negativen Gegebenheit von Einheiten, die der Gesamtfiktion zugehören, wird die Eindimensionalität der fiktionalen Position überschritten, eröffnen sich perspektivisch bezogene fiktionale

Räume. Die Negation ist das Mittel, positionsjenseitige narrative Räume zu erschließen, den eindimensionalen narrativen Raum in einen mehrdimensionalen narrativen Raum zu überführen.

Anders als in pragmatischen Texten, wo die Negation von den pragmatischen Bedingungen unmittelbar motiviert wird und vom Rezipienten gleichsam unmittelbar verbraucht wird, stellt die Negation in fiktionalen Texten den Leser, der den theoretischen Anspruch der Fiktion einzulösen gewillt ist, vor die Aufgabe, die Ökonomie der Negation allererst zu entdecken. Die Negation in fiktionalen Texten stellt, da das Wissen dessen, was nicht der Fall ist, hier für sich genommen insofern noch bedeutungslos ist, als ja alles, was die Fiktion sagt, nicht der Fall ist, einen besonderen Anspruch der Auslegung. Sie muß sowohl in ihrer textkonstitutiven Funktion wie in ihrer perspektivischen Situierung erfaßt werden. Dazu ist es notwendig, die allgemeinen Bedingungen der Negation in fiktionalen Texten zu explizieren.

Jede Negation ist doppelt lesbar. Sie bedarf zunächst der Erfassung in der durch den Text selbst intendierten Perspektive. Eine Negation verstehen heißt zunächst, die Bedingungen der Konstitution des Negierten als eines Schemas verstehen und sowohl das Negierte wie die Negation der Perspektive zuzurechnen, aus der sie entspringt. Dies ist nur möglich durch die Erfassung der kontextuellen Determination, in der die Negation steht, und ihre Situierung auf einer der Textkonstitutionsebenen. Man könnte diese Lektüre der Negation die syntagmatische Lektüre nennen. In ihrer Situierung erfährt der Rezipient zugleich die Rolle der Identifikation, die er mit Hinblick auf die Quelle der Negation zu übernehmen hat. In der Zurechnung der Interessen, denen die Negation entspringt und aus denen sich ihre jeweilige Modalisierung ergibt, wird der Leser über die Leserrolle informiert, die er zu übernehmen hat. Diese Information ermöglicht es ihm, immer neu seine Rolle zu akkomodieren, etwas als ihn betreffend zu akzeptieren, als ob es seinen Interessen, d. h. den Interessen des implizierten Lesers entspräche. Der faktische Leser wird gewissermaßen immer erst nachträglich der Interessen sich bewußt, die er in der von ihm übernommenen Leserrolle aufzubringen hat und deren Einlösung seine Interessen immer schon vorwegnimmt. Wenn der fiktionale Text durch die von ihm selbst erzeugte Ungesättigtheit projektive Interessen auslöst, so erfolgt deren Interpretation, ihre Feinstrukturierung, immer erst in der Erfüllung dieser Interessen.

Mit dieser punktuellen, auf die einzelne Negation und ihre kontextuelle Situierung gerichteten Lektüre ist nur die eine Seite der konstruktiven Funktion der Negation erfaßt. Ihre eigentlich textkonstitutive Funktion erschließt sich indes erst in der Perspektive einer zweiten Lektüre, die man paradigmatische Lektüre nennen könnte, und die eine tiefere Schicht der Textkonstitution eröffnet. Erst mit dieser zweiten Lektüre wird der systematische Status der Negation erfaßt und damit der die Fiktion selbst erst konstituierende. Die paradigmatische Lektüre erfaßt das Einzelne nicht mehr in seiner je spezifischen Situierung, sondern in seinem durch den Text selbst vermittelten Zusammenhang. Was sich in der Perspektive der ersten Lektüre erschloß, wird jetzt erfaßt in Rekurrenzklassen, die den Horizont der Negation konstituieren und in denen sich dieser andererseits artikuliert. So wird zunächst durch die paradigmatische Lektüre die nur punktuelle Indikation über Leserrolle oder auch Leserrollen – die Möglichkeit der Pluralisierung ist nicht nur für die ›dritte Person‹ gegeben, sondern in fiktionalen Texten auch für die Rolle des ›Senders‹ und ›Empfängers‹ – verfestigt durch die Indikation durchgängig vorgegebener Einstellungsweisen.

Die Leserrolle ist bedingt durch die ihr zugeordnete Perspektivik und die damit verbundene Strategie der Identifikation. Diese ihrerseits aber ist in ihren Möglichkeiten bestimmt durch ein zugrundeliegendes System von textkonstitutiven Oppositionen. Die Sphäre der Fiktion als Vereinigung von fiktionaler Position und fiktionaler Negation ist über diesem System von Oppositionen errichtet. Deren Artikulation auf der Textoberfläche besitzt zwei Möglichkeiten: die konträre und die kontradiktorische Artikulation. Im Falle der kontradiktorischen Artikulation (Negation) wird die Opposition perspektivisch orientiert insofern, als eine ihrer Seiten sprachlich als positiv, die andere als negativ bezeichnet wird, wobei die Bezeichnung der negativen Seite sich in ihrer Abhängigkeit von der als positiv thematisierten darin bekundet, daß diese lexematisch reflexiv ist, zu ihrer Bezeichnung das Lexem der positiven Seite verwendet, im Gegensatz zur konträren Artikulation, wo von einem Lexem zu einem anderen übergegangen wird.

Es lassen sich nunmehr die Ebenen der narrativen fiktionalen Textkonstitution in ihren Negationsmöglichkeiten darstellen. Ist die primäre Ebene der pragmatisch bestimmten Geschichte die des Geschehens, so ist die primäre Ebene fiktionaler Texte die eines Systems von Oppositionen, aus denen eine narrative Struktur abgeleitet wird.

Die Struktur der Oppositionen dieser textkonstitutiven Schicht ergibt ein Gesamtpotential von auf die Textoberfläche projizierbaren Negationen. Innerhalb dieser läßt sich mit Hinblick auf die aus ihnen abgeleitete Geschichte unterscheiden zwischen geschichtsimmanenten und geschichtstranszendenten Negationen. Die Ebene der Geschichte ist die eigentliche Ebene narrativer Setzung und Nichtsetzung und damit der Verteilung und Perspektivierung der textkonstitutiven Oppositionen. In der Geschichte wird ein paradigmatisches System von Oppositionen syntagmatisch in eine Sequenz von narrativen Differenzen transformiert. Das bedingt zunächst die Möglichkeit einer Negation, die man reflexive Negation im Gegensatz zur transitiven, die Grenzen der fiktionalen Setzung überschreitenden Negation nennen könnte. Sprachlich artikuliert sich die rückwärts gewandte Spiegelung der Geschichte auf sich selbst als ›nicht mehr‹, die projektive, vorgreifende als ein ›noch nicht‹. Jede Phase eines narrativen Verlaufs zwischen Anfang und Ende ist ein ›nicht mehr‹ und ein ›noch nicht‹, das auf die Textoberfläche gebracht werden kann. Ist das Ganze, die Position der Geschichte, für sich ohne negative Dimension, so stehen seine Teile in einem zweiseitigen Horizont der Negierbarkeit. Die Leistung der Reflexion der Geschichte auf sich selbst ist nicht möglich auf der Ebene der Geschichte, sondern erst auf der Ebene des Diskurs, aus einer Perspektive, der alle Momente des Ganzen gleichzeitig verfügbar sind. Nur aus dieser Perspektive ist es möglich, einen gegebenen Moment der Geschichte durch Negation simultan mit einem vergangenen oder zukünftigen zu verknüpfen. Durch diese Negation mit ihrer Struktur der Präsentation von Sukzessivität als Simultaneität lassen sich zwei narrative Zustände gewissermaßen stereoskopisch ineinander spiegeln. Neben diesen beiden Möglichkeiten der diachronischen Reflexivität gibt es weiterhin die Möglichkeit der synchronischen Reflexivität. Im Schema der Negation können Differenzen, Oppositionen gleichzeitiger Sachverhalte perspektivisch orientiert thematisiert werden.

Alle Negationen werden manifestiert auf der Ebene des Diskurs. Erst auf dieser Ebene wird das Negationspotential der tiefer gelegenen Ebenen aktualisiert. Die Negationen, die der Diskurs manifestiert, lassen sich situieren mit Hinblick auf die Ebene ihrer Negationsquelle. Der Diskurs als Ort der Manifestation einer Geschichte und des in ihm sich artikulierenden System von Oppositionen manifestiert narrative Differenzen der Geschichte selbst. Doch bezeichnen die darin fundierten Negationen nicht nur Momente der Geschichte selbst, sondern ebenso subjektive Perspektiven der Negation in der Geschichte. Im Fall von negierter direkter Rede wird ein Moment der Geschichte als dieses selbst unverändert in den Diskurs übernommen. Hier sind Geschichte und Diskurs identisch, ihre Ebenen fallen zusammen. Im Fall negierter indirekter Rede wird eine Aussage als Abstraktionsklasse gleichbedeutender Aussagesätze in einem bezogenen Aussagesatz des Diskurs manifestiert. Im Fall des style indirect libre wird eine noch vorsprachliche mentale Bewegung eines Subjekts auf den Diskurs projiziert und dort sprachlich artikuliert. Manifestiert der Diskurs also einerseits in der Negation ›objektive‹ Verhältnisse der Geschichte zu sich selbst, andererseits ›subjektive‹ Perspektiven innerhalb der Geschichte, so gibt es weiterhin die Möglichkeit, daß in der Negation das Verhältnis des Diskurs zur Geschichte thematisiert ist oder schließlich das Verhältnis des Diskurs zu sich selbst. Dabei kann die Negation einmal in der Perspektive der Erzählerrolle, einmal in der Perspektive der Leserrolle ihre Fundierung haben. Diese Möglichkeiten der die Geschichte transzendierenden Negation haben einen eigenen fiktionalen Status. Sie entspringen nicht der Geschichte selbst, sondern einer subjektiven Perspektive auf sie. Aber diese zählt ihrerseits zum Gesamtbestand der Fiktion, geht also ebenso hervor aus dem zugrundeliegenden Inventar systematischer Oppositionen. Der Grundbestand der Oppositionen wird somit einerseits narrativ manifestiert, andererseits treten zu dieser narrativen Manifestation und den in ihr beschlossenen Negationsmöglichkeiten im Schema der Negation aus dem systematischen Oppositionsinventar abgeleitete Komplemente hinzu, die ihren Ort haben in der eigenen Dimension der Erzähler- oder Leserrolle. Die Erzeugung der Bedingungen der Fiktion, die daraus abgeleitete narrative Setzung und die Manifestation dieser Setzung in einer eigenen Erzählerperspektive sind drei aufeinander zugeordnete aber wohl voneinander unterschiedene Bereiche.

Eine besondere, auf die Ebene des Diskurs selbst bezogene Weise des Gebrauchs der Negation bedarf schließlich noch der Erwähnung. Sie geht aus der vom Diskurs geleisteten Semantisierung und Lexikalisierung der narrativen Schicht hervor. Indem sprachlich eine Relation von Verlaufsschema und dessen Besetzung als Explikation einer Sachlage aufgebaut wird, ergibt sich die Möglichkeit der partiellen Negation und damit die Notwendigkeit, das Verlaufsschema selbst, das eine bestimmte metonymisch gerichtete Erwartung für die Leserrolle hervorbrachte, zurückzunehmen. Es werden so die Elemente für die positive Konstitution einer neuen Sachlage frei. Solche Möglichkeiten des Umbaus, der Transformation von Sachlagen durch partielle Negation ergeben eigene Möglichkeiten der Textkonstitution, besonders im ironischen Erzählen oder auch in der Perspektive einer Erzählerrolle, die man als die des unsicheren, schlecht informierten oder vorschnellen Erzählers bezeichnen könnte. Es läßt sich so der Prozeß des Erzählens in Dominanz über das Erzählte thematisieren.

Das narrative Negationspotential ist damit in seinen wesentlichen Strukturen erfaßt[20]. Es läßt sich in diesem Bezugsrahmen mit Hinblick auf den konkreten Text jeweils die Frage stellen, welches Negationspotential aktualisiert ist und wie jeweils die aktualisierte Negation modalisiert ist. Erst die Modalisierung gibt Auskunft über die jeweilige Interpretation der Negation und ihre konkrete Bedingung. Negationen in fiktionalen Texten sind also in zweierlei Hinsicht zu bestimmen: erstens in ihrer systematischen Möglichkeit aus einem Negationspotential, zweitens in ihrer Modalisierung, die die systematische Differenz interpretiert.

Die Frage nach der Perspektive, in der sich als Position konstituiert, was die Negation negiert, bedarf der ergänzenden Frage nach den Quellen der Negation selbst. In jeder Negation gibt es eine subjektive und objektive Negationsquelle. Was in einer Perspektive als Negation erscheint, setzt das Wirken von Kräften voraus, die sich nur in ihrem Resultat, nicht als diese selbst manifestieren. So impliziert die Negation, wenn sie eine enttäuschte Erwartung artikuliert, das Rätsel einer Ursache. In solchem Gebrauch kann die Negation die Funktion einer Eröffnungsklausel übernehmen. Die ›objektiven‹ Bedingungen der Negation lassen sich aus dieser selbst entfalten, d. h. mit der Negation wird narrative Potentialität erzeugt. Ein fremder, undurchschauter Zusammenhang, der nur in seiner Wirkung offenkundig ist, läßt sich so narrativ Schritt für Schritt entfalten, in ein System von Schlußklauseln überführen. Mit der Negation, die das Durchbrechen der alltäglichen Erwartung artikuliert, beginnt der eigene Bereich der Fiktion, der eine fiktionsimmanente Welt aufbaut, die ihrerseits wieder Negationen so verwenden kann, daß hinter ihnen die Rätselhaftigkeit verborgener Kräfte sichtbar wird, die

---

20 Zum besonderen Fall der Negation von ›Wissen‹ als Bezeichnung einer Leerstelle (unbestimmte Negation) der Gegebenheit, vgl. S. 127 f.

die Narration erschließt. Die Negation ist in solchem Gebrauch eine Stelle, an der die Geschichte gleichsam Schwung holt, indem sie in ein narratives Vakuum eintritt, das seine Füllung verlangt.

V

Die Ansätze zu einer Poetik der Negation, die bisher entwickelt wurden, mußten, da sie sich auf sprachliche Fiktion allgemein bezogen, notwendig abstrakt bleiben. In ihrer ganzen Vielfalt zeigen die Möglichkeiten einer Poetik der Negation sich erst in der konkreten Beziehung auf die Poetik, die einem gegebenen Text zugrundeliegt. Erst diese Vermittlung der Poetik der Negation mit der Poetik des konkreten Texts eröffnet den Zugang zur Beschreibung der Weise, wie die ergriffenen Möglichkeiten der Negation sich in ihrer textkonstitutiven Funktion darstellen. Wenigstens an einigen Texten soll dieser Zusammenhang in einer ersten Annäherung sichtbar gemacht werden. Die ausgewählten Texte stehen nur insoweit in einem Zusammenhang, als in ihnen die Sphäre der Negation textkonstitutiv ist. Gefragt wird jedesmal, wie die (textkonstitutive) Negation die Position im Hinblick auf die zugrundeliegende Poetik interpretiert und wie die Perspektivik der Negation und ihre Modalisierung ihrerseits die Negation interpretieren.

Legt man für einen fiktionalen narrativen Text eine einfache systematische Grundopposition a vs b zugrunde, so läßt diese sich artikulieren als a vs a, als b vs b oder als Kombination beider Möglichkeiten. Im ersten Fall erscheint b in Bezogenheit auf a, im zweiten Fall a in Bezogenheit auf b, im dritten Fall erscheinen a und b in wechselseitiger Bezogenheit. Ein solches Schema liegt der narrativen Struktur von Diderots ›Les deux amis de Bourbonne‹[21] zugrunde. Als Grundopposition dieser ›wahren Geschichte‹ kann das Schema ›vertu naturelle‹ vs ›vertu culturelle‹ aufgefaßt werden. Diese systematische Opposition liegt der Konkretion in der Geschichte der Freundschaft der beiden Schmuggler Olivier und Félix zugrunde. Die Geschichte wird manifestiert in besonders kunstvoller Verknüpfung verschiedener ›Erzählerrollen‹, deren Abfolge der Abfolge der Geschichte parallel geht. Der erste Teil der Geschichte von der aufopferungsvollen

[21] Diderot, Œuvres romanesques, ed. H. Bénac, Paris 1959, S. 781 ff.

Treue der beiden Freunde wird gegeben als Brief eines Erzählers an seinen Bruder (›petit frère‹). Nach einem ›blanc‹ und einer Überleitung dieses Erzählers wird der Fortgang der Geschichte manifestiert in einer neuen Erzählerrolle als Brief des Aushilfspriesters Aubert, der beauftragt ist, Recherchen über das Schicksal des unglücklichen Félix anzustellen. Darauf folgt ein Brief des Priesters Papin, der weitere narrative Elemente hinzubringt und sich in seiner Einstellung dem vorausliegenden Brief Auberts entgegensetzt. Die Geschichte endet mit der kurzen Bemerkung eines weiteren Erzählers, dessen Rolle unbestimmt bleibt. Bemerkenswert ist an der Manifestation der Geschichte durch seine verschiedenen Erzähler die Verteilung und Perspektivierung der Negation. Während der erste und letzte Teil der Erzählung Negation jeweils rekurrent in einer bestimmten Perspektive positiver beziehungsweise negativer Einstellung verwenden, gibt der Mittelteil, der von bloß berichtender Neutralität sein will, nur wenige Negationen episodischer Art, die von keiner textkonstitutiven Relevanz sind. Die Stellen der Verdichtung der Negation verdienen es, einander entgegengestellt zu werden. Im ersten Brief heißt es eingangs:

> Ils avaient été élevés ensemble; ils étaient toujours séparés des autres: ils s'aimaient comme on existe, comme on vit, sans s'en douter; ils le sentaient à tout moment, et ils ne se l'étaient peut-être jamais dit. Olivier avait une fois sauvé la vie à Félix, qui se piquait d'être grand nageur, et qui avait failli de se noyer: ils ne s'en souvenaient ni l'un ni l'autre. Cent fois Félix avait tiré Olivier des aventures fâcheuses où son caractère impétueux l'avait engagé: et jamais celui-ci n'avait songé à s'en remercier: ils s'en retournaient ensemble à la maison, sans se parler, ou en parlant d'autre chose (S. 781).

Der letzte Brief, der Brief des Curé Papin, lautet an der Stelle der Verdichtung der Negation:

> Olivier est mort à la porte de sa maison, sans sacrements; quand je fus appelé de Félix, chez les deux veuves, je n'en pus jamais tirer autre chose que le nom d'Olivier; aucun signe de religion, aucun marque de repentir. Je n'ai pas mémoire que celui-ci se soit présenté une fois au tribunal de la pénitence. La femme Olivier est une arrogante qui m'a manqué en plus d'une occasion; sous prétexte qu'elle sait lire et écrire, elle se croit en état d'élever ses enfants; et on ne les voit ni aux écoles de la paroisse, ni à mes instructions (S. 789).

Beide Stellen stehen zueinander in einer textkonstitutiven Relation. Das, was zuerst das Negierte ist, erscheint in der zweiten Stelle als Negation, und was zuerst Negation war, als das Negierte. Im Spiegel der Negation erscheint einmal eine ›vertu‹ nach den Normen der gegenwärtigen Gesellschaft als ›vertu culturelle‹ und damit zugleich als das Negative, von dem sich die ›vertu naturelle‹ als eine spontane ›vertu‹ ohne Bewußtsein und Reflexion abhebt. Dagegen erscheint das zweite Mal in der Perspektive des negativ parteinehmenden Priesters im Spiegel der Negation die ›vertu naturelle‹ als bloße Defizienz einer ›vertu culturelle‹, die hier als ›vertu chrétienne‹ aufgefaßt wird. Daß es dabei in der Perspektive des dahinterstehenden Autors eine Dominanz der ›vertu naturelle‹ über die ›vertu culturelle‹ gibt, wird durch eine Reihe von Konnotationen, auf die hier nicht einzugehen ist, unzweideutig gemacht. Diese immanente Zuordnung von wertender Beziehung zwischen Position und Negation wird nun noch dadurch um die Dimension einer intertextuellen Negation erweitert, daß Diderots Geschichte sich ausdrücklich wendet gegen eine Geschichte seines Freundes Saint-Lambert (›Les deux amis. Conte iroquois‹): »Mon Olivier et mon Félix ne disent rien de ce que disent les deux iroquois et font toujours le contraire«[22]. Die Pointe dieser intertextuellen Relation liegt darin, daß der Anspruch Saint-Lamberts, in seiner Geschichte von der Freundschaft der Irokesen ein Beispiel von ›vertu naturelle‹ gegeben zu haben, am Gegenbeispiel der ›Deux amis de Bourbonne‹ als bloße Verkleidung von ›vertu culturelle‹, einer ›vertu‹ nach den Normen der gegenwärtigen Gesellschaft, aufgedeckt wird. Die textkonstitutive Relation von ›vertu naturelle‹ vs ›vertu culturelle‹ wird in Diderots Geschichte sichtbar allein in der Relation von Position und Negation und ihrer Umkehrung als Funktion wechselnder Erzählerperspektiven. Die Geschichte selbst wäre ohne diesen doppelten Horizont der Negation um ihren eigentlichen Sinn verkürzt.

Die textkonstitutiven Oppositionen einer Fiktion können sehr verschiedenartige Formen der Manifestation finden und als Negationsquellen auf ganz verschiedenen Ebenen wirksam werden. In Diderots Roman ›Jacques le Fataliste‹ gibt es eine konstitutive Opposition von sehr großer Allgemeinheit, die man als Realität vs Fiktion bezeichnen könnte. Konkret bedeutet dies, daß sichtbar gemachte und unsichtbar gemachte Fiktion einander entgegenstehen. In einer Anrede an den Leser heißt es auf einer der ersten Seiten:

---

[22] Vgl. Diderot, Contes, Edited with an Introduction by H. Dieckmann, London 1963, S. 65.

Vous allez croire que cette petite armee tombera sur Jacques et son maître, qu'il aura une action sanglante, des coups de bâton donnés, des coups de pistolet tirés; et il ne tiendrait qu'à moi que tout cela n'arrivât; mais adieu la vérité de l'histoire, adieu le récit des amours de Jacques. Nos deux voyageurs n'étaient point suivis: j'ignore ce qui se passa dans l'auberge après leur départ[23].

Die selbst zum Gegenstand der Fiktion gemachte Opposition zwischen Fiktion und Nicht-Fiktion ist hier situiert als Opposition zwischen den Erwartungen des implizierten Lesers als eines Lesers, der das Schema des Abenteuerromans beherrscht und den Ansprüchen einer ›wahren Geschichte‹, die sich den romanesken Erwartungen des Lesers entzieht. Dabei ist in dem »il ne tiendrait qu'à moi« nur scheinbar der mit der Fiktionalität spielende Autor thematisiert. Der Erzähler in der Rolle des frei über die Fiktion verfügenden Erzeugers der Fiktion ist nur als Möglichkeit sichtbar gemacht, um ihm sogleich den Erzähler in der Rolle des Historikers entgegenzusetzen, der sich den Gegebenheiten der Geschichte zu unterwerfen hat, auch wenn diese so ganz anders verlaufen sollte, als es die Erwartung des Lesers und die Ökonomie der Gattung fordert. Die Negation steht hier in einer Dialektik von Erwartbarkeit und Unerwartbarkeit. Diderot spielt in seinem Roman mit zwei Systemen: er evoziert das Schema des Romans, in dem das Unerwartete gattungskonstitutiv und damit erwartbar ist und bringt es in Relation zu dem ganz anderen semiologischen Status der alltäglichen Welt. Das alltäglich Erwartbare erscheint als das Unerwartete, während das Erwartet-Unerwartete im Spiegel der Negation als bloßes unergriffenes Schema aufgezeigt wird. Die textkonstitutive Negation ist hier aus der Geschichte und aus der Kompetenz des Erzählers gleichsam herausverlegt in die Perspektive des implizierten Lesers. Auch hier ist die Position als ›alltägliche Begebenheit‹ interpretiert durch die Negation, die erst die Richtung der Opposition angibt, in der die Fiktion ihren Sinn erhält.

In Diderots ›Jacques le Fataliste‹ ist zumindest beim ersten Anblick die Seite der Position die der ›vérité de l'histoire‹, die Seite der Negation die der ›unwahrscheinlichen Fiktion‹. Das Verhältnis zwischen Negation und Position im Hinblick auf die Welt unserer Erfahrung und die Welt der die alltägliche Erfahrung überschreitenden

---

23 Œuvres romanesques, S. 493.

Fiktion läßt sich jedoch auch umkehren. Dies ist in Kafkas Geschichten der Fall. Die Geschichte ›Der Aufbruch‹ beginnt:

> Ich befahl, mein Pferd aus dem Stall zu holen. Der Diener verstand mich nicht. Ich ging selbst in den Stall und sattelte mein Pferd und bestieg es. In der Ferne hörte ich eine Trompete blasen, ich fragte ihn, was das bedeute. Er wußte nichts und hatte nichts gehört[24].

Die Negation bezeichnet hier den Moment, an dem die Identität der Welt, die für Diener und Ich gegeben war, aufgehoben ist, das Ich in eine unvertraute Welt eintritt und die vertraute Welt nur noch im Schema der Negation sich darstellt als eine vergangene. Die Negation markiert hier wie bei Diderot die Differenz zweier Welten, aber nicht so, daß die eine der anderen statisch entgegengesetzt wäre, sondern derart, daß zwei Welten in die Relation eines Nacheinander in subjektiver Perspektive gebracht werden. Von der vertrauten wird in die unvertraute Welt übergegangen, die durch nichts qualifiziert wird als dadurch, daß sie eben unvertraut ist und die Erwartungen der alltäglichen Welt in ihr nicht gelten. Mit der Negation, die den Übergang vom Vertrauten ins Unvertraute bezeichnet, eröffnet sich eine Dimension des Rätselhaften und zwar durch den Synkretismus von Held und Erzähler so, daß aus der Sphäre des Rätselhaften selbst gesprochen wird. Das Rätselhafte wird so absolut gesetzt, es steht keiner narrativen Durchdringung und Auflösung mehr offen.

Die Möglichkeiten, die Diderots ›Jacques le Fataliste‹ und Kafkas Geschichte belegen, lassen sich verbinden. Was so entsteht, ist das Schema einer Geschichte von der Art, wie sie E. T. A. Hoffmanns ›Goldenem Topf‹ zugrundeliegt, wo im Schema der Negation einmal die alltägliche Welt in die phantastische, einmal die phantastische in die alltägliche hereinragt.

Ins Rätselhafte, doch in ganz anderer Weise als in Kafkas Geschichte, führt auch die in der Negation sich eröffnende Dimension in Brechts hintergründigem Kindergedicht vom ›Kind, das sich nicht waschen wollte‹[25].

> Es war einmal ein Kind,
> Das wollte sich nicht waschen,
> Und wenn es gewaschen wurde, geschwind
> Beschmierte es sich mit Aschen.

---

24 F. Kafka, Die Erzählungen, Frankfurt 1961, S. 329.
25 B. Brecht, Gedichte, Bd. IV, Frankfurt 1961, S. 29.

Der Kaiser kam zu Besuch
Hinauf die sieben Stiegen,
Die Mutter suchte nach einem Tuch
Das Schmutzkind sauber zu kriegen.

Ein Tuch war grad nicht da.
Der Kaiser ist gegangen
Bevor das Kind ihn sah:
Das Kind konnt's nicht verlangen.

Übersetzte man diese Geschichte ins Positive, so wäre es eine erbauliche Lesebuchanekdote. Durch die Negation wird das Schema der Lesebuchanekdote zugleich gesetzt und zurückgenommen. Der Starrsinn des Kindes, das sich nicht waschen will, verwandelt die erbauliche Sinnlosigkeit des Kaiserbesuchs in das unerbaulich Sinnlose seiner Vergeblichkeit. Was aber der Grund des kindlichen Starrsinns ist, bleibt ein unausgesprochenes Rätsel. Daß indes dieser Grund kein metaphysischer ist, sondern einem gesellschaftlichen Sachverhalt entspringt, nämlich jener Opposition gesellschaftlicher Klassen, deren Gegensatz im Schema der Lesebuchanekdote gleichsam wundertätig aufgehoben wird, darf als der eigentliche Zielpunkt von Brechts poetischer ›Antianekdote‹ verstanden werden.

Die bisherigen Paradigmen der Negation standen unter je verschiedenen Bedingungen in der Opposition von durchschnittlicher Erwartung und deren Durchbrechung. Die Möglichkeit, daß beides, Erwartung und ihre Enttäuschung, der Sphäre in sich selbst beschlossener Subjektivität entspringt, so daß in der Negation sich nicht mehr eine Opposition von ›Welten‹ manifestiert, liegt einer Stelle in Flauberts Roman ›L'Education sentimentale‹ zugrunde, die für die narrative Bewegung dieses Romans paradigmatisch ist. Frédéric wartet auf Madame Arnoux, die endlich eingewilligt hat, sich mit ihm zu verabreden. Die Verabredung mißlingt, Frédéric wartet vergebens. Die Aufmerksamkeitsrichtung, die die Rolle des Lesers in dieser narrativen Sequenz bestimmt, bezieht sich auf das Warten Frédérics, nicht mit diesem auf das Erwartete. Dies wird ermöglicht durch die Darstellungsweise des style indirect libre, die die Erwartungen des Helden isoliert, keine Solidarität der Erwartung aufkommen läßt, sondern eine Identifikationsschranke errichtet. Indem die Erwartung als ein implizites ›noch nicht‹ von ihrer Erfüllung getrennt bleibt, verwandelt sich in der leeren Dauer der Zeit das implizite ›noch nicht‹ zu einem expliziten ›vielleicht nicht‹, das schließlich zu einem endgültigen ›nicht‹ wird. Der Prozeß des Wartens ist der Prozeß des Übergangs von der Position der in der Erwartung gesetzten Sachlage, die ein Sachverhalt erfüllen soll, zur Negation, in der Sachverhalt und Sachlage als nicht beziehbar auseinandertreten. Das Kommen Madame Arnoux' wird thematisiert in drei aufeinander verweisenden Wendungen mit jeweils verschiedener temporaler Modifikation[26]. Die Phase der ersten Beunruhigung schließt ein »car elle allait venir, cela était certain« ab. Das ›futur dans le passé‹ als Form des style indirect libre zeigt hier schon die bloß subjektive, vom Erzähler und damit auch vom Leser nicht geteilte Gewißheit an. Abschluß einer zweiten, gesteigerten Phase der Unruhe ist ein »si elle allait ne pas venir«, das in der Form direkter Rede gegeben wird. In Form des Konditionals wird hier zuerst die Negation eingeführt. Nur hypothetisch werden erstmals Sachlage und Sachverhalt getrennt, und erst am Ende einer dritten Phase des Wartens steht, diesmal in der Endgültigkeit des konstatierenden ›plus-que-parfait‹ die Negation: »Madame Arnoux n'était pas venue«. Wobei diese Negation sowohl stehen kann für das subjektive Konstatieren des Helden wie für die objektive Feststellung des Erzählers. Mit diesem Synkretismus von style indirect libre und ›objektiver‹ Aussage ist zugleich der Raum bloßer Subjektivität verlassen.

Der Negation kommt hier eine Funktion zu, die Flauberts Position zum traditionellen Roman beschreibt. Die für den traditionellen Roman konstitutive Sinnhaftigkeit des Zusammenhangs der Ereignisse wird in die Sphäre der Subjektivität des Helden verlegt. Der in der Erwartung des Helden sich konstituierende sinnhafte Zusammenhang wird destruiert durch die Ereignisse der ›faktischen‹ Welt, die einen Zusammenhang nicht mehr ergeben, sondern allein dem undurchsichtigen Spiel des Zufalls unterworfen sind. Indem Erwartung und Geschehen nicht mehr zusammentreffen, und dieses Nichtzusammentreffen von keinem höheren Sinnprinzip mehr geleitet ist, wird die Sphäre des Sinns identisch mit der Sphäre der Negation als der unverwirklichten Erwartung. Im Spiegel der Negation erscheint der subjektive Sinn als Gegenfiktion zu einer Fiktion, die sich des Sinnzusammenhangs entschlägt. Für die Struktur des Romans bleibt somit nur noch die konstruktive, durch narrativen Sinn nicht mehr vermittelte Konfiguration möglich. Diese Konstruktivität erweist sich

26 Flaubert, L'Education sentimentale, ed. E. Maynial, Classiques Garnier, Paris 1958, S. 279 ff.

im Falle des hier ausgewählten Paradigmas darin, daß dem Thema ›Madame Arnoux wird erwartet und kommt nicht‹ an späterer Stelle spiegelbildlich das Thema ›Madame Arnoux wird nicht erwartet und kommt‹ zugeordnet wird. Aber die späte Erfüllung, die dieses Kommen bedeutet, kann nur noch für einen Augenblick die Illusion der Erfüllung sein. Ein Schock der Enttäuschung erfaßt Frédéric beim Anblick des weißen Haars der Geliebten, die leidenschaftlichen Worte, die er noch an sie richtet, sind in der Vergangenheitsform gesprochen, sie gelten der »femme qu'elle n'était plus«[27]. So bleibt auch diese Erfüllung Unerfülltheit, und erneut erscheint im Spiegel der Negation der Sinn als ein unverwirklichter, dessen Möglichkeit beschlossen liegt in einer unwiderrufbaren Vergangenheit. Dennoch ist diese letzte Begegnung darin vielleicht das Poetischste dieses Romans des Scheiterns, daß hier eine Erfüllung zugleich verwirkt und als verwirkte dennoch gegenwärtig und mächtig ist.

Eine besondere Form von Negation in subjektiver Perspektive wird dann möglich, wenn nicht eine Diskrepanz von Sachlage und Sachverhalt, sondern die Gegebenheit, beziehungsweise die Nichtgegebenheit eines vorauszusetzenden Sachverhalts im Hinblick auf ein bestimmtes Subjekt thematisiert wird. Wenn Negationen einerseits sekundär narrative Leerstellen erzeugen können, sofern sich mit einer Negation die Frage nach der Bedingung der Negation sogleich stellt, so können sie andererseits narrative Leerstellen auch primär bezeichnen, sofern diese einem Subjekt bewußt werden. Ein Paradigma dieser Möglichkeit ist Kleists Novelle ›Die Marquise von O . . .‹. Stellt man alle in dieser Novelle erscheinenden Satznegationen zusammen, so ergibt sich eine eigene dominante Rekurrenzklasse der Form: X wußte nicht, ob . . .; X wußte nicht, was . . . Ehe die Funktion dieser Form der Negation in Kleists Novelle beschrieben wird, soll die Form zunächst selbst betrachtet werden. Die Negation der Funktion, die das Verb ›wissen‹ bezeichnet, erlaubt als Argument Objektsätze (d. h. Sätze, die ein Objekt vertreten) von dreifacher Form: Objektsätze, die mit der Konjunktion ›daß‹, solche die mit der Konjunktion ›ob‹ und solche die mit Fragepartikeln wie ›was‹, ›wann‹, ›wer‹ etc. eingeleitet sind. Sätze der Art ›er weiß nicht, daß‹ besagen zweierlei: daß der mit ›daß‹ eingeleiteten Artikulation einer Sachlage ein Sachverhalt zuzuordnen ist, zum anderen, daß dieser

[27] l. c., S. 422.

Sachverhalt dem Subjekt des Hauptsatzes unbekannt ist. In diesem Fall sind die Perspektiven des über den Sachverhalt verfügenden ›sujet de l'énonciation‹ und des über den Sachverhalt nicht verfügenden ›sujet de l'énoncé‹ getrennt. Bei Sätzen der Art ›er weiß nicht, ob‹ wird die Sachlage als problematisch im Hinblick auf einen möglichen Sachverhalt aufgefaßt, sie wird in Suspens gehalten. Die Sachlage hat hier eine gewissermaßen neutrale Stellung: weder wird sie einem Sachverhalt zugesprochen noch einem Sachverhalt abgesprochen. Die Sachlage des mit ›ob‹ eingeleiteten, von der Negation eines Wissens abhängigen Objektsatzes bezeichnet ein reines Schema. Für dieses treffen genau Freges Ausführungen über die Gegebenheit des ›Gedanken‹ im Fragesatz zu. Im Gegensatz zur mit ›ob‹ eingeleiteten Satzfrage sind die mit ›wie‹, ›was‹ etc. eingeleiteten Objektsätze ihrer Struktur nach bezogene Wortfragen. In ihnen wird gleichzeitig ein Sachverhalt vermittels einer Sachlage gesetzt und eine Leerstelle im Ganzen des Sachverhalts markiert, die der Besetzung bedarf, damit die Sachlage vollständig wird.

Unter den Paradigmen des negierten Wissens fehlt in Kleists ›Marquise von O . . .‹ die mit ›daß‹ angeschlossene Form des Objektsatzes. Das gibt einen Hinweis auf die textkonstitutive Einstellung des Erzählers und mit ihr des Lesers. Der Erzähler verzichtet auf sein Vorwissen, das ›sujet de l'énonciation‹ ist keine eigene Instanz. Er erzählt so, daß der Leser sich das Nichtwissen der Heldin zueigen macht, wenngleich dieses Nichtwissen durch Konnotationen schon bald zu einem unausdrücklichen Wissen des Lesers wird, das sich abhebt gegen ein gleichsam konnotationsblindes Nichtwissen der Heldin. Dabei legt die Absolutheit dieses Nichtwissens zumindest den Gedanken nahe, es könne dieses Nichtwissen ein tieferes Wissen verdrängen wollen. Als das Nichtgewußte endlich zum Gewußten wird, entlädt sich gleichsam die Verdrängungsenergie in der heftigen Weigerung, ausgerechnet den Mann zu ehelichen, der am meisten der gewünschte war. Die Theorie der Negation von Freud, der ein aufmerksamer Erforscher romantischer Psychologie war, erlaubt es, die verborgene Dynamik dieses psychischen Geschehens zu verstehen[28].

---

[28] Vgl. S. Freud, Die Verneinung, in Gesammelte Werke, Bd. XIV, S. 12: »Ein verdrängter Vorstellungs- oder Gedankeninhalt kann also nur zum Bewußtsein durchdringen unter der Bedingung, daß er sich verneinen läßt. Die Verneinung ist eine Art, das Verdrängte zur Kennt-

Das Negationspotential des Nichtwissens, das die Dynamik dieser ›ungeheuren Begebenheit‹ bedingt, findet seinen Ausdruck bereits im ersten Satz, der die Geschichte medias in res führt:

> In M. ..., einer bedeutenden Stadt im oberen Italien, ließ die verwitwete Marquise von O ... (...) durch die Zeitungen bekannt machen: daß sie, ohne ihr Wissen, in andere Umstände gekommen sei (...).

Die Rekurrenz der Negation von ›wissen‹ steht in der Folge dieses ersten, das textkonstitutive Negationspotential bezeichnenden Satzes. Sie gewinnt im Hinblick darauf, durch ihre bloße Wiederholung, schon unabhängig von ihrer jeweiligen kontextuellen Stelle, eine zentrale Bedeutung. Dieses Nichtwissen ist von besonderer Art. Es bezeichnet die Entzogenheit eines fundierenden Moments der eigenen Lebensgeschichte und damit die Eröffnung eines Widerspruchs von Identität und Fremdheit im Subjekt selbst. Kleist gewinnt aus dieser Struktur die Möglichkeit einer Tragödie der Identität, die, wenngleich unter eigenen Prämissen, auf das Urbild der Tragödie der Identität verweist: Sophokles' ›Ödipus‹. Aber hier ist es nicht die Undurchschautheit der Prämissen des Handelns, die auf das handelnde Ich zurückschlagen und seine Identität erschüttern. Das Nichtwissen, in dem das Subjekt sich selbst zum Rätsel wird, bezeichnet bei Kleist die Entfremdung des Ich von seiner eigenen Körperlichkeit, die in eine dem Ich unverfügbare Geschichte verstrickt wird, aus der das Ich mit seiner Körperlichkeit und mit sich selbst entzweit hervorgeht. Es ist gleichsam genötigt, sich selbst in Suspens zu setzen. Der ganze Nachdruck von Kleists narrativem Vermögen ist darauf gerichtet, sichtbar zu machen, daß die Heldin dieser Struktur ihres Bewußtseins mächtig ist und an ihr leidet. Die Opposition von Nichtwissen und Wissen ist in Kleists Novelle narrativ gerichtet. Dem Nichtwissen am Beginn entspricht ein Wissen am Ende. Das Nichtwissen ist als ein narratives ein implizites ›Noch-nicht-Wissen‹. Indem das Nichtwissen als ein ›Noch-nicht-Wissen‹ schließlich zum Wissen wird, ist die narrative Spannung verbraucht, die narrative Funktion gesättigt. Die Geschichte des Nichtwissens der Geschichte und der Entdeckung der Geschichte, die in Kleists Novelle wie im ›Ödipus‹ des Sophokles zum Thema der Geschichte gemacht werden,

---

nis zu nehmen, eigentlich schon eine Aufhebung der Verdrängung, aber freilich keine Annahme des Verdrängten.«

gibt das Paradigma einer Negation, die als unbestimmte Negation im Gegensatz zur bestimmten Negation eine bloße Leerstelle statt eines Schemas bezeichnet und damit die Aufgabe erst setzt, den Sachverhalt hinzuzubringen, dessen Sachlage die narrative Leerstelle ausfüllt. Die Besetzung und Modalisierung dieser Struktur ist für Kleist die Möglichkeit, in der Perspektivierung auf ein Subjekt die Opposition Wissen-Nichtwissen als Opposition von Identität und Fremdheit tragisch auszulegen und zugleich in der Aufhebung dieser Differenz das Moment des Tragischen wieder zurückzunehmen.

Kleists Novelle kann die Reihe der Paradigmen zur Poetik der Negation beschließen. Was sich in diesen zeigte, war die Vielfältigkeit des Gebrauchs der Negation zur Erstellung fiktionaler Komplemente. Indem diese als sekundäre Fiktion von ›nicht gesetzten‹ Schemata einen Möglichkeitskontext aufbauen, auf den die primäre Fiktion sich kontrastiv bezieht, verdoppeln sie gleichsam die ästhetische Erfahrung der Fiktion, daß etwas in einem nicht sei und sei, und geben so dem auf Fiktion gerichteten Interesse eine Reflektiertheit, in der das ästhetische Vergnügen an der Fiktion sich erst erfüllt.

(1972)

---

[29] H. v. Kleist, Sämtliche Werke, München 1961, S. 648.

VERSUCH ZUR SEMIOTIK DER KONNOTATION

I

Die Erforschung komplexer semiotischer Systeme wird mehr und mehr zu einem Konvergenzpunkt vielseitiger kulturwissenschaftlicher Interessen. Für Sprach- und Literaturwissenschaft insbesondere impliziert diese Aufgabe die Möglichkeit einer Neuorientierung im Rahmen der übrigen Gesellschafts- und Kulturwissenschaften, deren Tragweite noch kaum absehbar erscheint. Die Diskussion, die seit R. Barthes' ›Eléments de Sémiologie‹[1] um den Status der sogenannten konnotativen Systeme geführt wird, steht in diesem Zusammenhang. Der Hintergrund des Konzepts ist bekannt. L. Hjelmslev hat in seinen ›Prolegomena to a Theory of Language‹[2] in denen er das System der Sprache in konsequenter Deduktion entwickelt, zwei Grenzfälle einer Sprache, oder vielmehr einer Semiotik, vorgesehen: eine aus Ausdrucksebene und Inhaltsebene bestehende Semiotik kann ihrerseits die Ausdrucksebene oder Inhaltsebene einer auf ihr aufbauenden Semiotik besetzen[3]. Eine Semiotik, deren Inhaltsebene eine Semiotik ist, wird von Hjelmslev als Metasemiotik bezeichnet, eine Semiotik, deren Ausdrucksebene eine Semiotik ist, als konnotative Semiotik. Es verdient einen nachdrücklichen Hinweis, daß beides, Metasemiotik und konnotative Semiotik, als Möglichkeiten komplexer Semiotiken rein formal aus Hjelmslevs System abgeleitet sind. Mit der Konkretisation der zunächst nur deduzierten systematischen Möglichkeiten in den natürlichen Sprachen hat Hjelmslev, insbesondere was die ›konnotative Semiotik‹ betrifft, erhebliche Schwierigkeiten. Seine Illustrationen sind in ihrer Vagheit und unreflektierten Übernahme von Auffassungen der literarischen Stilistik Ausdruck der Verlegenheit, was mit jener Leerstelle anzufangen sei, die das System hervorbringt. Wie kritisch man aber diese Illustrationen be-

---

1 Zuerst erschienen in Communications 4 (1964), dann als Taschenbuchausgabe zusammen mit Le degré zéro de l'écriture, Paris 1969. Nach dieser Ausgabe wird zitiert.

2 Prolegomena to a Theory of Language, transl. by F. Whitfield, The University of Wisconsin Press 1963.

3 S. 14: »It still remains, through a final broadening of our horizon, to indicate that there are also semiotics whose expression plane is a semiotic and semiotics whose content plane is a semiotic.«

trachten mag, feststeht, daß das Problem der Konnotationen mit Hjelmslevs Konzept der konnotativen Semiotik in eine neue Dimension gebracht wurde. Der Terminus Konnotation, in der scholastischen Sprachphilosophie und Sprachspekulation beheimatet, von J. St. Mill im 19. Jahrhundert wieder aufgenommen und von L. Bloomfield als Terminus in die Linguistik eingeführt,[4] wurde bis zu Hjelmslev ausschließlich erörtert mit Bezug auf Konnotation oder Konnotationen eines jeweils isolierten Begriffs. Erst Hjelmslev wendet den Blick von der singulären Relation zwischen Denotation und Konnotation auf die Relationen der Konnotationen untereinander, die er als eigenes, autonomes System, losgelöst vom System der Denotation betrachtet, dem hier nur noch die Funktion eines Trägersystems zukommt.

Als R. Barthes sich die Möglichkeiten des Hjelmslevschen Ansatzes für die konkrete Beschreibung komplexer semiotischer Systeme zunutze machte, kam dies einer Entdeckung gleich. Barthes' Gebrauch des Hjelmslevschen Modells stand zunächst unter einem spezifischen Interesse, das die Möglichkeiten der semiologischen Deskription einer ideologiekritischen Intention fruchtbar zu machen suchte. Die Möglichkeit, Ideologiekritik mit Hilfe der Semiologie formal zu sichern, wird in der Abhandlung ›Le mythe, aujourd'hui‹, der die ideologiekritischen Studien der ›Mythologies‹[5] beschließt, theoretisch expliziert. Systematik, Phänomenologie und Pragmatik der Konnotation werden hier ansatzweise entwickelt in der Absicht, die Ebene des konnotativen Systems als Ort historisch-gesellschaftlich lokalisierbarer Mythen aufzuweisen, deren Funktion es ist, »de fonder une intention historique en nature, une contingence en éternité« (S. 251). Der Mythos, der die sprachliche Manifestation als ihre Konnotation besetzt, bedeutet eine Deformation ihres Sinns; hinter dem expliziten Sinn des Gesprochenen eröffnet sich ein sekundärer, abstrakter, d. h. ideologischer Sinn, der selbst nur Prätention auf Sinn, in Wirklichkeit sein Gegenteil ist.

Dieser Ansatz einer Semiologie der Konnotation, wie ihn Barthes am Ende seiner ›Mythologies‹ entwickelt, ist ein erster, tastender, in vielem unsicherer Versuch, die Andeutungen Saussures und Hjelms-

---

[4] Zur Begriffsgeschichte von Konnotation vgl. Art. connotatio, Historisches Wörterbuch der Philosophie, ed. J. Ritter, Bd. I, Basel 1971; J. Molino, La connotation in: La Linguistique 7, (1971), S. 5 ff.

[5] Paris 1957.

levs zur Semiologie fruchtbar zu machen. Der Begriff des konnotativen Systems fehlt hier noch, er ist der Sache nach aber mit jenem ›système sémiologique second‹ (S. 221) gemeint, als das Barthes den ›Mythos‹ auffaßt, und hier noch vage und Hjelmslev mißverstehend als ›méta-langage‹ (S. 22) bezeichnet. Zur Systematik der Konnotation gibt Barthes in seinem ersten theoretischen Versuch nur einige sehr allgemeine Andeutungen. Das Schwergewicht liegt auf den häufig spekulativ zugespitzten Reflexionen über Phänomenologie und Pragmatik der Konnotation und zwar unter ausschließlicher Thematisierung einer ganz bestimmten Verwendung der Konnotation im semiologischen Bereich der ›Mythen des Alltags‹. Mit Barthes' eigener Begrifflichkeit könnte man bei diesem ersten Versuch einer Semiologie der Konnotation von einem bisweilen noch ›mythischen‹ Gebrauch des Apparats der Semiologie sprechen: er dient oft ebenso wie der wissenschaftlichen Beschreibung der Erzeugung der Konnotation ›Wissenschaftlichkeit‹, der Markierung eines ›objektiven‹ d. h. ›ideologiefreien‹ Standpunkts.

Die sieben Jahre später erschienenen ›Eléments de sémiologie‹ bezeichnen den vollzogenen Übergang von der Ideologiekritik zur Semiologie als einer Fortsetzung der strukturellen Linguistik. Dieser mittlerweise schon klassisch gewordene Text, der für die Rezeptionsgeschichte von Hjelmslevs ›Prolegomena‹ eine hervorragende Rolle spielt, stellt den Versuch dar, die Andeutungen Saussures und Hjelmslevs zur Semiologie unter enger Anlehnung an ihre linguistische Theorie erstmals zu einem zusammenhängenden Entwurf einer Theorie der Semiotik zu vereinen. In ihrem Rahmen postuliert Barthes die Notwendigkeit einer ›linguistique de la connotation‹ (S. 164), freilich ohne bei der Skizzierung ihrer Umrisse über Hjelmslev hinauszugehen und eine Systematik der Konnotation zu versuchen. Hier, wo der semiologische Standpunkt explizit bezogen wird, macht sich eine Ungenauigkeit oder Unsicherheit des Sprachgebrauchs von Konnotation bemerkbar, die Barthes von Hjelmslev unterscheidet, die aber implizit auf eine Mehrdeutigkeit in Hjelmslevs Begriff der konnotativen Semiotik aufmerksam macht. Für Hjelmslevs Terminus ›konnotative Semiotik‹ stehen bei Barthes unterschiedslos der Terminus ›la connatation‹ (»la connotation, étant elle-même un système«, S. 165), der Terminus »système connoté« (»on dira donc qu'un

[6] Vgl. hierzu die Bibliographie der Arbeiten von R. Barthes in dem Barthes gewidmeten Heft 47 von Tel Quel (1971).

système connoté est un système dont le plan d'expression est constitué lui-même par un système de signification«, S. 163) und schließlich auch der Terminus ›sémiotique connotative‹ (»dans la sémiotique connotative, les signifiants du second système sont contitués par les signes du premier«, S. 166).

Auch in Barthes' weiteren Arbeiten zur Semiologie der Konnotation,[6] die in außerordentlicher Beweglichkeit immer neu der Proteusnatur der Konnotation habhaft zu werden suchen, wird eine Systematik der Konnotation, die die immer neuen Perspektiven auf das Phänomen der Konnotation zusammenfassen würde, nicht versucht. Bemerkenswert ist, wie Barthes in diesen späteren Arbeiten erneut den Rahmen einer systematischen Semiologie sprengt und einer offeneren, methodisch freieren Form der Darstellung Raum gibt, die eher die metaphorische Annäherung, den metaphorischen Hinweis auf das Phänomen sucht, als dessen systematische Beschreibung. Am deutlichsten wird diese Tendenz in einer der letzten Arbeiten von Barthes, ›S/Z‹[7], die in mancher Hinsicht als genaue Umkehrung der Position von ›Mythologies‹ verstanden werden kann. In einer stark metaphorisierten Sprache erscheint hier die konnotative Dimension, in der in ›Mythologies‹ noch alles zu dem unendlich gleichförmigen Sinn einer abstrakten ›Natürlichkeit‹ zusammengefallen war, jetzt als Dimension einer unendlichen Vielfältigkeit von Sinn (Barthes spricht von »nébuleuses de signifiés«, S. 15). Die Offenheit des konnotativen Sinns, der hier verstanden wird als autonom zum Sinn der Denotation, wird zur Befreiung von der Begrenzung der Denotation, die nunmehr als der eigentliche Ort des ›Mythos der Natürlichkeit‹ erscheint.

Es ist unbestreitbar, daß die Arbeiten von Roland Barthes das gegenwärtige Interesse an der Möglichkeit einer Semiologie der Konnotation geweckt haben und damit einen Phänomenbereich in eine grundsätzlich neue Perspektive brachten, der bis dahin als Domäne der Stilistik gegolten hatte, und dort unter einseitig ästhetischen Prämissen mehr schlecht als recht abgehandelt worden war. Was dieses Interesse zu wecken vermochte, ist aber zugleich das, was die Barthes'sche Theorie der Konnotation bedroht: die Überschwenglichkeit der Positionen, die Barthes gegenüber dem Phänomen der Konnotation einnimmt. Das ›alle Konnotationen bedeuten dasselbe‹ und

---

[7] Paris 1970.

das ›alle Konnotationen bedeuten unendlich Vielfältiges‹ läßt eine Systematik der Konnotation letzten Endes gleichermaßen aussichtslos erscheinen. Es wird darauf ankommen, soll nicht die Kritik am Begriff der Konnotation, die in jüngster Zeit laut wird,[8] Recht behalten, zunächst die globalen Aussagen über ›die‹ Konnotation geduldig zu differenzieren und von den einfachen und gesicherten Gegebenheiten der Konnotation zu den komplexeren, problematischeren Phänomenen weiterzugehen. Dabei empfiehlt es sich, Systematik der Konnotation, Phänomenologie der Konnotation und Pragmatik der Konnotation als eigene Bereiche sorgfältig zu trennen.[9]

II

Die konnotative Totalität eines semiotischen Gegenstands ist unerschöpflich, sie bleibt jedem Beschreibungsversuch entzogen. Soll überhaupt eine Theorie der Konnotation versucht werden, so ist dies nur möglich in einem durch Ausklammerungen gesicherten Bereich. Unsere folgenden Überlegungen beziehen sich deshalb nicht auf den Gegenstandsbereich der semiotischen Objekte schlechthin, sondern auf einen bestimmten Gegenstandsbereich semiotischer Objekte, den der Texte. Dabei bleibt freilich zu berücksichtigen, daß auf der referentiellen Ebene des Textes die ganze Vielfalt semiotischer Dimensionen unausklammerbar ist. Von den im Bereich der Texte überhaupt möglichen Konnotationen sollen weiterhin zwei Klassen von Konnotationen ausgeklammert werden. Die erste Klasse ist die Klasse der konnotativen Besetzungen der Ebene der Ausdruckssubstanz, die Physiognomie des Sprechens im individuellen Sprechakt, deren

---

8 Vgl. bes. Marie-Noëlle Gary-Prieur, La notion de connotation(s) in: Littérature 4 (1971) und J. Molino, La connotation, ebd. Molinos Versuch, im Anschluß an A. Martinet (Connotations, Poésie et Culture in: To honor R. Jakobson, t. II, The Hague 1967) linguistische und außerlinguistische Konnotationen zu scheiden, ist wenig überzeugend. Er belegt, wie sehr die Bemühung der Linguistik, ihr eigenes Feld zu sichern, schon fragwürdig geworden ist.

9 Einen ersten wichtigen Schritt in Richtung auf eine Differenzierung des globalen Problembereichs Konnotation bedeutet der Aufsatz Pour une sociologie du sens commun von A. J. Greimas. Vgl. Kap. Semiotik als Kulturwissenschaft, S. 186-219.

Systematisierung jede Ökonomie der Systematisierung sprengen müßte. Der Ausklammerung der mit dem Sprachakt verbundenen, aber nicht durch diesen hervorgebrachten Konnotationen der Individualität des Sprechers entspricht die Ausklammerung einer zweiten Klasse von Konnotationen, die durch die subjektive ›Einstellung‹ eines Rezipienten frei erzeugt werden. Man könnte diese bezeichnen als die Konnotationen der hermeneutischen Distanz. Je größer die hermeneutische Distanz zwischen dem Produzenten und Rezipienten eines semiotischen Objekts, umso größer die Zahl der nicht vorhersehbaren Konnotationsmöglichkeiten. Das bedeutet, daß dieser Bereich der Konnotationen prinzipiell nicht abgrenzbar und damit letzten Endes systematisch auch nicht erfaßbar ist. Der Spielraum dieser Konnotationen konstituiert als historischer Wechsel der Konnotationen eines kulturellen Gegenstands seine ›Wirkungsgeschichte‹. Das Herausnehmen eines semiotischen Gegenstands aus seinem System und sein Hineinstellen in ein neues System erbringt unendliche Variationsmöglichkeiten der Konnotationen als Veränderung der konstitutiven Relation von semiotischem Gegenstand und seinem Benutzer. Man kann diese Produktivität an Konnotationen durch die hermeneutische Distanz vergleichen mit der Produktivität an Sinn, die ein Wort gewinnt, wenn es als Substituent in einer metaphorischen Relation verwendet wird und so in Funktion tritt zu dem Substitut, das es bezeichnet. Wie das Wort im Status der Metapher unendlich viele Bedeutungen annehmen kann, je nach der konstitutiven Relation, die den Substituenten an sein Substitut bindet, so kann jeder semiotische Gegenstand unendlich viele Konnotationen annehmen, je nach dem historisch differierenden semiotischen System, in das er versetzt wird.

Um nur ein außerhalb des Textbereichs liegendes Beispiel zu geben, so konnotiert die gotische Madonna in der Umgebung eines modernen Hauses einen Ort im ästhetischen ›System‹, der sich vom Ort des semiotischen Objekts in seinem ursprünglichen institutionellen Rahmen, dem der mittelalterlichen christlichen Kirche, grundsätzlich unterscheidet, während dieselbe Madonna im ästhetischen System des 18. Jahrhunderts einen ganz anderen Ort eingenommen haben mag als Beispiel eines barbarischen Geschmacks. Es ergibt sich also die Notwendigkeit der Beschränkung auf jene Konnotationen, die gesichert sind durch den institutionell-kulturellen Rahmen, in dem der Gegenstand seinen Ort hat. Auf Texte bezogen: nur jene Konnotationen lassen sich systematisch beschreiben, die Bestandteil sind des durch den Text selbst kontrollierten Sinns. Dies impliziert die idealtypische Annahme einer minimalen hermeneutischen Distanz. Der Rezipient wird so vorausgesetzt als idealer Rezipient, d. h. als jener, der im semiotischen Objekt selbst impliziert ist. Konkret bedeutet dies die Voraussetzung, daß Produzent und Rezipient eines semiotischen Objekts einander komplementär zugeordnet sind im Rahmen ein und derselben kulturellen Institution. Nur die Voraussetzung eines gemeinsamen Verfügens über ein System semiotischer Systeme macht die Konnotation als Weise der intersubjektiven Kommunikation möglich.

Auf der Grundlage dieser Abgrenzung sollen im folgenden Ansätze zu einer Systematik der Konnotation entwickelt werden. Es ist dazu notwendig, zunächst die Ebenen der Konnotation und ihren je verschiedenen Status zu differenzieren. Die Hjelmslevsche Definition der konnotativen Semiotik (»a semiotic whose expression plane is provided by the content plane and expression plane of a denotative semiotic«) legt einen strukturellen Parallelismus nahe zwischen denotativer und konnotativer Semiotik, ohne daß dieser Parallelismus näher spezifiziert würde. Auch Roland Barthes hat dieses Schema übernommen. Doch zeigen sich bei näherer Betrachtung des scheinbar so einfachen Schemas eine Reihe von Schwierigkeiten. Der Begriff der konnotativen Semiotik selbst, der die Einheit der semiotischen konnotativen Ebenen zusammenfaßt, ist mehrdeutig. Indirekt wird dies deutlich durch die Rezeption von Barthes, der dasselbe sekundäre System einmal global bezeichnet als Konnotation, einmal als konnotiertes System und einmal als konnotative Semiotik. Um dieser Ambiguität zu entgehen, ist es sinnvoll, jede der einzelnen konnotativen Ebenen zu bezeichnen. Dabei ergibt sich, daß das Hjelmslevsche Schema nicht zureicht. Im Hinblick auf die Einheit der Konnotation läßt sich das primäre System der Denotation bezeichnen als konnotierendes System. Dabei ist zu beachten, daß das konnotierende System sowohl durch die Gesamtheit der Ebenen des denotativen Systems konstituiert sein kann, wie auch durch eine ihrer Ebenen allein. Dies gilt z. B. für das Anagramm, dessen konnotierendes System allein auf der Ebene der Ausdrucksform des denotativen Systems liegt. Das konnotierende System ist aber nicht schon die Ausdrucksseite des Konnotationssystems. Es ist vielmehr nur der Ort der konnotativen Elemente, die, als ›Konnotatoren‹ (der Begriff des Konnotators, den Hjelmslev eingeführt hat, hat bei ihm keine eigene systematische Stelle) aus den übrigen Elementen des denotativen Systems herausgehoben sind und eine eigene Einheit bilden[10]. Es bietet sich an, für diese Einheit versuchsweise den Terminus konnotatives System einzuführen. Die Einheit schließlich, die von den konnotativen Elementen bezeichnet wird, ist bestimmbar als konnotiertes System.

Der systematische Status der drei Ebenen von konnotierendem System, konnotativem System und konnotiertem System bedarf weiterer Überlegung. Dazu ist es notwendig, zunächst zwischen zwei grundsätzlich verschiedenen Möglichkeiten von Systemen zu unterscheiden. Es gibt Systeme, die aus einer Paradigmatik und einer ihr zugeordneten Syntagmatik bestehen, d. h. Prozeßsysteme und Systeme, die nur aus einer Paradigmatik bestehen, d. h. klassifikatorische Systeme. Die ersteren könnte man als konkrete Systeme, die letzteren als abstrakte Systeme bezeichnen. Diese Unterscheidung erlaubt eine Differenzierung der Ebenen der Konnotation hinsichtlich ihres systematischen Status. Das konnotierende System ist ein Prozeßsystem, genauer eine Hierarchie von Prozeßsystemen. Das konnotierte System ist ein klassifikatorisches System, das aber als klassifikatorisches System nicht denotiert, also auch nicht artikuliert, sondern nur konnotiert ist, d. h. das konnotierte System präsentiert sich als ›regulative Idee‹ (im Sinne Kants[11]) eines klassifikatorischen Systems. Eine Ausnahme von dieser allgemeinen Bestimmung scheint das Verssystem zu machen, das als ein minimales Prozeßsystem durch das Prozeßsystem der Sprache konnotiert wird. Doch ist dies kein Beispiel von Konnotation im eigentlichen Sinn, da die Ebenen von Konnotation und Denotation nicht hierarchisch geordnet sind. Die Ebene der Ausdruckssubstanz der Sprache als Ebene der reinen Klangkörper, auf der sich die hierarchisch höherliegenden Ebenen der Sprache manifestieren, ist *zugleich* Ort der Manifestation eines zweiten Systems, des Versmaßes, das die Klangkörper nach seinen eigenen Regeln ordnet. Erst sekundär ist das Versmaß zugleich Ort

---

[10] Die konnotativen Einheiten bilden ein eigenes Problem, insofern als sie mit den lexikalischen Einheiten nicht zusammenfallen brauchen. Was als konnotative Einheit sich festlegen läßt, bestimmt sich hinsichtlich des Kontexts dieser Einheit und ihres Niveaus im Sprachprozeß. Vgl. Barthes, Eléments de Sémiologie, S. 165, wo sehr global auf das Problem hingewiesen wird.

[11] Vgl. Kritik der reinen Vernunft, bes. das Kapitel: Von dem regulativen Gebrauch der Ideen der reinen Vernunft.

semantischer Konnotationen. Dabei ergibt sich eine doppelte Relation: das Versmaß ›interpretiert‹ die Denotation, die Denotation ›interpretiert‹ das Versmaß.

Nach dem konnotierenden und dem konnotierten System läßt sich nun auch die konnotative Ebene genauer bestimmen. Die Relationen zwischen konnotativen Elementen einer Konnotationsachse konstituieren weder ein Prozeßsystem noch ein klassifikatorisches System. Für die Relation der konnotativen Elemente zum konnotierten System gilt, daß das Ganze des konnotierten Systems mehr ist als die Summe der konnotierenden Elemente. Die Differenz zwischen beiden zu realisieren, ist dem Rezipienten aufgegeben, der das System zur Gegebenheit zu bringen hat, das die Konnotatoren bezeichnen. Damit aber ergibt sich, daß die Bezeichnung konnotatives System nicht aufrechtzuerhalten ist. Die konnotative Ebene konstituiert sich aus konnotativen Elementen, die zueinander nicht im Verhältnis eines Systems stehen, sondern allein dem Gesetz der Rekurrenz folgen. Die konnotativen Elemente gehören zugleich zwei verschiedenen Systemen an, ohne selbst zueinander in einer systematischen Relation zu stehen. Erst diese Zweiseitigkeit erlaubt es, von einem System zu einem zweiten ›sekundären‹ System überzugehen.

Für die weitere Erörterung des Verhältnisses der konnotativen Elemente zu ihren Systemen sollen die folgenden Sätze als grundlegende Voraussetzung gelten:

1. Jede Manifestation eines semiotischen Systems konnotiert das System, dessen Manifestation es ist.
2. Jede Manifestation eines semiotischen Systems konnotiert zugleich negativ alle komplementären Manifestationsmöglichkeiten des Systems.
3. Die Konnotation des Systems konnotiert zugleich die Institution, in der es Geltung hat.

Da alle Elemente des primären Systems dieses selbst konnotieren, so ergibt sich daraus, daß die Klasse der Konnotatoren, die ein sekundäres System konnotieren, zugleich Konnotatoren des primären wie des sekundären Systems sind. Nach der ›Richtung‹, in der die Konnotationen konnotieren, lassen diese sich einteilen in die Klasse der horizontalen Konnotationen und die Klasse der vertikalen Konnotationen. Diese beiden Klassen sind nun in ihrer Besonderheit zu beschreiben.

Für eine horizontale Konnotationsachse[12] gilt, daß auf ihr konnotierendes System und konnotiertes System zusammenfallen. Die Elemente des konnotierenden Systems denotieren zugleich einen Prozeß des Systems und konnotieren das System selbst. Das bedeutet, daß ein Prozeßsystem in eins aktualisiert wird als Prozeßsystem und konnotiert wird als klassifikatorisches System. Für jede konkrete sprachliche Manifestation sind zunächst zwei hierarchisch geordnete horizontale Konnotationsachsen konstitutiv: die Ebene des Prozeßsystems der Sprache und die Ebene des Prozeßsystems der Sprachhandlung. Die dritte, referentierelle Ebene kann erneut besetzt sein durch ein Prozeßsystem. Dies ist der Fall, wenn die referentielle Ebene besetzt ist durch Handlungen oder Ereignisse. Es gibt dann auch auf dieser Ebene eine Achse der horizontalen Konnotation. So konnotiert das ›es war einmal‹, mit dem das Märchen beginnt, auf der Ebene der Sprachhandlung seine gattungsspezifische Einstellung, die zugleich auf der referentiellen wie auf der Ebene der Sprachhandlung erfüllt wird. Doch kann die Ebene der Referenz auch besetzt sein durch Manifestationen eines klassifikatorischen Systems. In diesem Fall ist die oberste Achse der horizontalen Konnotation die der Sprachhandlung, die die Bedingungen erstellt, unter denen das klassifikatorische System der Ebene der Referenz manifestiert wird. Es ließe sich von hier aus eine Gattungstypologie entwerfen. So läßt sich beispielsweise ein systematischer Text definieren als Text, der ausschließlich über horizontale Konnotationen verfügt und wo die Sprachhandlung sich darstellt als Methode, die ein klassifikatorisches System saturiert. Die Einlösung der Konnotationen auf den drei Textkonstitutionsebenen setzt auf der Seite des Rezipienten voraus: erstens ein Wissen des pertinenten Sprachsystems, zweitens ein Wissen des pertinenten Sprachhandlungssystems, drittens ein Wissen von der je thematisierten ›Welt‹. Nur aufgrund dieses Wissens des Rezipienten, mit dem der Text rechnet, sind seine Konnotationen einlösbar. Die Identität des Wissens auf seiten des Produzenten und Rezipienten ist eine idealtypische Voraussetzung, die zwar in concreto niemals optimal eingelöst werden kann, deren optimale Einlösung aber die Bedingung ihrer Systematisierung ist. Es

[12] Zu diesem noch wenig systematisch erforschten Bereich der Konnotationen vgl. A. J. Greimas, Conditions d'une sémiotique du monde naturel in: Du Sens, bes. S. 63 ff.; E. Verón, L'analogique et le contigu in: Communications 15 (1970).

ergibt sich unter dieser Voraussetzung für die Achsen der horizontalen Konnotation ein nach den jeweiligen Konnotationsachsen verschiedenes Spiel von Konnotation und Denotation. Die horizontale Konnotation erzeugt eine Systemwahrscheinlichkeit, die durch die Denotation eingelöst wird, die ihrerseits konnotativ die Systemwahrscheinlichkeit modifiziert, bis die Manifestationssequenz erschöpft ist und als ganze Manifestationssequenz global das ihr zugrundeliegende System konnotiert. Da indes auf der Ebene der Sprachhandlung und der referentiellen Ebene mit einer hohen Ambiguität der konnotativen Elemente zu rechnen ist, ergeben sich hier Möglichkeiten des Spiels mit der Ambiguität konnotativer Elemente von großer Vielfalt. Als ein besonders illustratives Beispiel hierfür kann die literarische Gattung des Kriminalromans gelten, wo ein Spiel mit der Ambiguität der konnotativen Elemente auf der horizontalen Ebene die Möglichkeit gibt, einen einmal erzeugten ›Verdachtbetrag‹ zu manipulieren. Im Verhältnis zur Denotation haben die konnotativen Elemente auf der horizontalen Achse eine ›phatische‹ Funktion[13]: sie erzeugen einen Spielraum der Erwartbarkeit[14], innerhalb dessen sich das denotative Segment situieren läßt. Die Konnotationen der horizontalen Achse sind ›unmarkierte‹ Konnotationen. Vom kompetenten Benutzer werden sie erfahren als die Vertrautheit eines gemeinsamen semiotischen Raums, in dem sich Produzent und Rezipient im Medium des Textes begegnen. Andererseits bedeutet dies, daß für den nicht kompetenten Rezipienten gerade die nicht markierten horizontalen Konnotationen der Identität des semiotischen Raums um-

---

13 Der Begriff der »phatic communion« wurde eingeführt von B. Malinowski. Vgl. B. M., The Problem of Meaning in Primitive Languages, in: C. K. Ogden and I. A. Richards, The Meaning of Meaning, London 1923, S. 315. Die phatische Funktion der Aufrechterhaltung des gesellschaftlichen Kontakts kann in einem engeren Sinn auch eine Funktion zur Aufrechterhaltung des sprachlich-kommunikativen Kontaktes sein.

14 H. R. Jauss hat hierfür den phänomenologischen Begriff des Erwartungshorizonts in die Literaturwissenschaft eingeführt. Vgl. H. R. J., Literaturgeschichte als Provokation der Literaturwissenschaft, 2. Aufl., Konstanz 1969, S. 64 ff. Die Frage nach dem semiologischen Status der textkonstitutiven Erwartungen, d. h. nach ihrer Bedingtheit durch Institutionen, Normen, Habitus bedarf in Richtung der von Jauss postulierten Rezeptionsgeschichte noch weiterer empirischer Forschung und theoretisch-systematischer Fundierung.

schlagen in markierte Konnotationen der semiotischen Differenz. Gerade jene Konnotatoren, die die ›Unauffälligkeit‹, die ›Selbstverständlichkeit‹ des Sprechens sichern, werden durch einen Wechsel der Umgebung des Sprechens zu Konnotationen der Auffälligkeit. Man denke an die Wirkung des mundartlichen Sprechens in einem Kreis, wo dieses Sprechen nicht selbstverständlich ist.

Für die vertikale Konnotation ist die Differenz zwischen Ebene der Denotation und Ebene der Konnotation konstitutiv. Produziert die horizontale Konnotation eine Systemwahrscheinlichkeit, die von der Denotation eingelöst wird, so ist für die vertikale Konnotation als markierter Konnotation in Opposition zur unmarkierten horizontalen Konnotation konstitutiv die Unwahrscheinlichkeit des konnotativen Elements mit Bezug auf das denotative primäre System. Die vertikale Konnotation ist somit auf die Achse der horizontalen Konnotation bezogen, insofern, als diese die Systemwahrscheinlichkeit schafft, die die vertikale Konnotation durchbricht. Somit gilt für die vertikale Konnotation: die vertikale konnotative Potenz eines Elements nimmt mit abnehmender Wahrscheinlichkeit seines Vorkommens im denotativen System zu. Dieser Satz hat zur Voraussetzung, daß bei einer Menge gegebener Möglichkeiten, die in einem System als gleichwertig anzusetzen sind, jede Wahl notwendigerweise Zusatzmotivationen impliziert, die vom Wählenden zu übernehmen sind. Die Zusatzmotivationen der Wahl müssen umso markierter sein, je unwahrscheinlicher die Wahl selbst ist, d. h. je mehr sie sich von einem vorauszusetzenden Zustand der ›Normalität‹ entfernen.[15] Dabei sind zwei Arten von Unwahrscheinlichkeit unterscheidbar: erstens textimmanente Unwahrscheinlichkeit, zweitens texttranszendente Unwahrscheinlichkeit. Auch für die vertikalen Konnotationen ist mit einer hohen Ambiguität zu rechnen. Die Möglichkeit der Desambiguierung ergibt sich hier nicht primär durch Einlösung der Konnotation durch die Denotation (wenngleich auch dies möglich ist), sondern durch Rekurrenz, d. h. durch Bildung von Konnotationsachsen vertikaler Konnotation. Als Kriterium für die literarische Qualität eines Textes ließe sich von hier aus die Entdeckung neuer vertikaler Konnotationsachsen bezeichnen. Durch Rekurrenz vertikaler Konnotationen entsteht eine sekundäre horizontale Achse der Konnotation, die zu den primären horizontalen Konnotationsachsen

[15] Dabei bleibt zu berücksichtigen, daß es eine Form der Systemunwahrscheinlichkeit gibt, die nicht konnotativ motiviert ist und die durch den denotativen Verlauf selbst abgebaut wird.

nicht parallel verläuft. Die Manifestation dieser sekundären horizontalen Achse vertikaler Konnotationen kann beschrieben werden als Projektion einer paradigmatischen Klasse auf eine syntagmatische Ebene.

Für die Achse der vertikalen Konnotationen läßt sich eine Antinomie aufstellen, die man als Antinomie der Wahrscheinlichkeit bezeichnen könnte. Erstens: je häufiger dasselbe System-Unwahrscheinliche wiederkehrt, desto unwahrscheinlicher wird es. Zweitens: je häufiger dasselbe System-Unwahrscheinliche wiederkehrt, desto wahrscheinlicher wird es. Das Anwachsen der Unwahrscheinlichkeit wird von einem Anwachsen der Wahrscheinlichkeit begleitet. Anders gesagt: die objektive Unwahrscheinlichkeit produziert eine subjektive Wahrscheinlichkeit.

Wenigstens ein Paradigma vertikaler Konnotation soll hier kurz angeführt werden, das der Metapher. Die Metapher präsentiert bereits eine besonders komplexe vertikale Relation von Konnotation und Denotation. Auf den ersten Blick erweist sie sich als ein Element der syntagmatischen Kette von hoher Unwahrscheinlichkeit und damit von besonderer konnotativer Potenz. Doch ist damit die Funktionsweise der Metapher noch nicht zureichend beschrieben. Das metaphorische Element ist hinsichtlich des denotativen Prozeßsystems nicht einfach von hoher Unwahrscheinlichkeit, es sprengt vielmehr das denotative Prozeßsystem auf der Ebene der Sprachhandlung, indem es die Achse der horizontalen Konnotationen des Prozeßsystems unterbricht. Das metaphorische Element ist ein pseudodenotatives Element, das, obwohl es auf der denotativen Achse situiert ist, dort nicht seinen Ort hat. Die metaphorische Einheit konnotiert und zwar in zweierlei Richtung, ohne zu denotieren, oder, was das gleiche bedeutet, sie denotiert den Ort einer komplexen Relation von Konnotationen. Die Metapher denotiert eine denotative Leerstelle, sie konnotiert eine Denotation, die diese Leerstelle zu besetzen vermag, und sie konnotiert zweitens eine Konnotation dieser Denotation, insofern als ihre partielle semische Homologie zur voraussetzenden Denotation eine Perspektive angibt, in der die Denotation erscheint. Denotation und Konnotation der Denotation fallen in der Metapher zu einem konnotativ-denotativen Synkretismus zusammen.

Die Komplexität der Relation von Denotation und Konnotation, für die die Metapher ein Beispiel ist, läßt sich beliebig steigern. So kann, um diese Möglichkeit hier nur anzudeuten, die Metapher ihrerseits komplexer Natur sein. In Balzacs ›Illusions perdues‹ findet sich der Satz: »Lucien mordit à la pomme du luxe aristocratique et de la gloire«. Daß hier für die Metapher »mordre à la pomme« das Denotat »être séduit par le luxe« einzusetzen ist, läßt sich aus der Metapher selbst nicht ableiten. Die Metapher zerfällt hier in eine Relation von Tiefenmetapher und Oberflächenmetapher, wobei nur die Oberflächenmetapher manifestiert ist. Um zur Tiefenmetapher überzugehen, die erst die Relation zum Denotat herstellt, bedarf es eines Vorwissens, der Teilhabe am mythischen Universum christlich-jüdischer Kultur. »Mordre à la pomme« konnotiert metonymisch den Mythos vom Sündenfall Adams. Wir haben hier den besonderen Fall der Zitatkonnotation, bei der ein Fragment eines denotativen Prozeßsystems metonymisch ein denotatives Prozeßsystem konnotiert, in dem das Fragment eine schon festliegende und als bekannt vorauszusetzende kontextuelle Stelle hat. Die Relation von Prozeßsystem zu klassifikatorischem System ist hier durch Rekursivität aufgehoben. Erst auf der zweiten Ebene, der des konnotierten Prozeßsystems, kommt die ›kanonische‹ Relation zwischen Prozeßsystem und klassifikatorischem System zur Geltung. Für den Mythos vom Sündenfall Adams bedeutet dies: der Mythos selbst konnotiert das Konzept ›Verführung‹ als Übergang zwischen zwei konträren Möglichkeiten eines religiös fundierten moralischen Systems. Die Konnotation auf dieser letzten, abstraktesten Konnotationsebene ist identisch mit der ersten Ebene der vorauszusetzenden Denotation, die durch diesen Prozeß der konnotativen Transformation in eine bestimmte Perspektive gebracht wird.

Die Metapher gibt ein besonders sinnfälliges Beispiel für die funktionale Bezogenheit der vertikalen Konnotationen auf die Achse der Denotation. Aus ganz verschiedenem Interesse haben Hjelmslev und R. Barthes die Autonomie des ›konnotativen Systems‹ gegenüber dem ›denotativen System‹ vorausgesetzt. Für Hjelmslev ist das konnotative System zunächst nichts weiter als die rein formale kombinatorische Erweiterung seines Sprachmodells. Hjelmslev interessiert nur die Möglichkeit des konnotativen Systems als einer eigenen semiotischen Dimension, die Frage nach seiner funktionalen Rückbeziehung auf das denotative System stellt sich ihm dabei nicht. Dagegen steht Barthes' Insistieren auf der Autonomie des konnotativen Systems, wie man es besonders in ›S/Z‹ findet[16], im Zusammenhang einer spe-

[16] Vgl. S. 15: »Fonctionellement, la connotation, engendrant par principe le double sens, altère la pureté de la communication: c'est un

zifischen Texttheorie der ›pluralité de sens‹, wie sie besonders die Barthes nahestehende Gruppe Tel Quel vertritt und ideologisch begründet. Was sich indes bei der Metapher unabweisbar zeigt, die funktionale Bezogenheit der Konnotation auf die Denotation, gilt auch für alle übrigen Arten vertikaler Konnotation und vertikaler Konnotationsachsen. Die vertikalen Konnotationen sind als Klassifikationssysteme auf die Ebene der Denotation bezogen, indem sie diese spezifizieren. Es sind Bezugsrahmen, deren Geltung für die Achse der Denotation durch die konnotativen Elemente indiziert wird. Die Konnotationen sind in den Denotationen fundiert, die Denotationen werden durch die Konnotationen spezifiziert. Das Verhältnis der vertikalen Konnotation zur Achse der Denotation als eines sekundären Bezugsrahmens, der auf die Denotation eine Perspektive eröffnet, läßt sich in Zusammenhang bringen mit Freges Unterscheidung von Sinn und Bedeutung. Ein Wort hat Bedeutung als referentielle Funktion und es hat Sinn, indem es die ›Gegebenheit‹ der referentiellen Funktion in der Perspektive eines spezifischen Bezugsrahmens konnotiert. Es lassen sich somit zweierlei Beziehungen zwischen Denotation und Konnotation feststellen: auf der Ebene der horizontalen Konnotationen bezieht sich die Denotation auf eine vorgängige Konnotation, auf der Ebene der vertikalen Konnotationen bezieht sich die Konnotation auf die Denotation. Dabei können denotative Sequenzen auf den verschiedenen Ebenen des Sprachprozesses nicht nur konnotativ modifiziert, sondern auch konnotativ unterstrichen werden. Zu diesen Beziehungen zwischen Konnotation und Denotation treten zwei weitere Möglichkeiten hinzu: Konnotationen können als Denotationen explizit gemacht, d. h. katalysiert werden. Denotationen können als Konnotationen wiederholt und in ›entlasteter‹ Form als weitergeltend wiederholt werden. Das bedeutet, vertikal konnotierte klassifikatorische Systeme können als Konzepte auf die Ebene der Denotation projiziert werden, Segmente auf der Ebene der Denotation, d. h. der Prozeßsysteme, können in den Status von klassifikatorischen Systemen überführt werden. Schließlich können auch horizontale und vertikale Konnotationsachsen in verschiedenster Weise zueinander in Relation treten und so Metakonnotationen erzeugen.

›bruit‹, volontaire, soigneusement élaboré, introduit dans le dialogue fictif de l'auteur et du lecteur, bref une contrecommunication.«

Für die Möglichkeit der Bildung einer metakonnotativen Ebene gibt die Struktur der Ironie im ›Don Quijote‹ ein klassisches Beispiel. Den Roman bestimmen zwei Konnotationsachsen, die man als konnotative Achse der Realität und konnotative Achse der Idealität bezeichnen kann. Beide Konnotationsachsen sind als Oppositionen aufeinander bezogen. Die ›Achse der Realität‹ konstituiert sich als Achse der nicht markierten horizontalen Konnotationen, die ›Achse der Idealität‹ als sekundäre Achse der markierten vertikalen Konnotationen. Beide Konnotationsachsen sind sowohl besetzt auf der referentiellen Ebene wie auf der Ebene der Sprachhandlung. Eine besondere Position kommt dabei der direkten Rede zu, bei der referentielle Ebene und Ebene der Sprachhandlung zusammenfallen. Bestimmend für die referentielle Ebene ist die Inkongruenz von Situation und Handlung. Im Hinblick auf die Situation ist die Handlung von markierter Unwahrscheinlichkeit. Was die Situation auf der horizontalen Achse konnotiert, ist die Wahrscheinlichkeit der durchschnittlichen, alltäglichen ›Welt‹, als Inbegriff jener Handlungs- oder Ereignissequenzen, die den Aufwand der Narration nicht verlohnen. Die auf dieser Achse der unmarkierten horizontalen Konnotationen des Alltäglichen situierte Handlung fällt aus dem Rahmen des Erwartbaren und steht so unter dem Anspruch der vertikalen konnotativen Saturierung. Während nun in der Außenperspektive die Handlung sich als sinnvolle Handlung gewissermaßen gar nicht konstitutiert, sondern leeren Aufwand ohne Handlungserfüllung bezeichnet, wird die Handlung sinnvoll erst aus der Innenperspektive des Handelnden, aus der die Handlung ›Idealität‹ konnotiert, und zwar unter den besonderen Bedingungen eines klassifikatorischen Systems, das man als ›Welt der Ritterromane‹ bezeichnen kann, in deren Perspektive die Situation einen eigenen, der Semiotik der Alltagswelt entrückten semiotischen Status annimmt. Wie die Handlungen, so konnotieren auch die Sprachhandlungen Don Quijotes das klassifikatorische System ›Idealität‹. Die Ebene der umfassenden Sprachhandlung ist der Ort, wo die Differenz von Innenperspektive und Außenperspektive und damit die Zweiseitigkeit ein und derselben Sequenz von Manifestationsakten als Handlung und Nichthandlung manifest wird, insofern als die Ebene der Sprachhandlung eines narrativen Textes der Ort ist der Interaktion von ›histoire‹ und ›discours‹. Die Sprachhandlung, in der die Geschichte Don Quijotes manifestiert wird, ist Funktion einer eigens thematisierten Rolle, der des ›Historikers‹, wobei diese Rolle sich als eine komplexe bestimmt durch die Verbindung der Rolle des Chronisten und der des Kommentators und sich zugleich in Kontrast setzt zu dem Gegenstand, der als alltäglicher des Aufwands der historischen Narration gar nicht bedürftig ist. Als Chronist berichtet der Historiker, was sich mit Don Quijote begeben hat, als Kommentator legt er diese Begebenheiten im Horizont eines ›alltäglichen‹ und ›allgemeinen‹ Weltverständnisses aus. Dabei ergibt sich hier in der Sprachverwendung ein thematischer Gegensatz zwischen dem unmarkierten Sprechen des Historikers, das seinerseits eine horizontale Konnotationsebene neutraler Einstellung und Zuverlässigkeit konstituiert und den markierten Sprachhandlungen Don Quijotes, deren ›Unwahrscheinlichkeit‹ ein vertikal gerichtetes Pathos der Idealität konnotiert.

Im Hinblick auf diese beiden Konnotationsebenen, Konnotationsebene der Normalität und Konnotationsebene der unwahrscheinlichen Idealität, bestimmt die Ironie sich als ein Drittes, eine Ebene der Metakonnotation, die aus der Relation der beiden Konnotationsebenen hervorgeht. Dieses Dritte, die Ironie, bestimmt sich aus der besonderen Weise, in der die Konnotationsebene der Normalität der Konnotationsebene der Idealität zugeordnet ist und zwar als hierarchische Relation, d. h. als Dominanz der horizontalen Ebene der ›Normalität‹ über die vertikale Ebene der Idealität. Im Hinblick auf die Sprachhandlung des fiktiven Erzählers als Historiker und die Sprachhandlungen des fiktiven Helden, die der Historiker reproduziert, ist die Ironie eine Metasprachhandlung, die hervorgeht aus der Differenz von umfaßter und umfassender Sprachhandlung, d. h. aus der Negation der umfaßten Sprachhandlungen durch die umfassende Sprachhandlung. Rezeptionsbedingung dieser Ironie ist, daß der Leser und der Historiker demselben semiotischen Raum zugehören. Ein interessantes Phänomen der Wirkungsgeschichte des Romans läßt sich von hier aus beschreiben. Es gibt eine romantische Neuinterpretation des Don Quijote, die ihren Grund hat in einem neuen Gebrauch dieses Textes, der eine neue Identifikationsstruktur erzeugt: der romantische Don Quijote ist ein Don Quijote, in dem gegen die Textintention sich die Identifikation des Lesers mit dem semiotischen System des Helden, Don Quijotes, durchsetzt. Diese wirkungsgeschichtlich bedingte Veränderung der Identifikationsstruktur hat die Aufhebung der textkonstitutiven Ironie zur Folge.

Die Frage nach dem Ort der Konnotation im Sprachprozeß, die bisher schon beim Versuch der systematischen Darstellung der Konnotationen erörtert wurde, bedarf der weiteren Spezifizierung. Für eine

›Topologie‹ der Konnotationen erweist sich das Schema Hjelmslevs, auch in seiner Modifikation durch Greimas, als nur bedingt hilfreich. Die Ebenen von ›content form‹ und ›content substance‹ sind zu allgemein gefaßt, als daß sie der Komplexität des Phänomens Konnotation gerecht werden könnten. Die hier vorgebrachten Überlegungen gingen daher von einem Modell aus, das differenziert zwischen den Ebenen der Sprache, der Sprachhandlung und der referentiellen Ebene. Gerade die Erörterung des Paradigmas ›Don Quijote‹ erwies dabei die zentrale Stellung der Ebene der Sprachhandlung, die die Ebene der Sprache wie die Ebene der Referenz dominiert. Deren Möglichkeiten konnotativer Besetzung lassen sich weiter explizieren. Dabei bietet es sich an, auf das funktionale Schema der Kommunikation zurückzugehen, wie es Jakobson im Anschluß an Ogden/Richards[17] einerseits, Bühler[18] andererseits exponiert hat. Jakobson geht mit Bühler aus von einem triadischen Kommunikationsmodell, das sich konstituiert aus den drei fundamentalen Funktionen: emotive Funktion, referentielle Funktion und konative Funktion[19]. Eine Nachricht dient gleichermaßen und mehr oder weniger dominant der Bezeichnung der Einstellung des Sprechers auf sich selbst, der Einstellung der Sprachhandlung auf ihren Gegenstand und der Einstellung auf den implizit vorausgesetzten Empfänger. Jakobson bezieht sich bei seinem Kommunikationsmodell im wesentlichen auf die Funktion der denotativen, d. h. der auf der Textoberfläche manifestierten Elemente. Die Frage nach dem Verhältnis denotativer und konnotativer Funktionen im Kommunikationsmodell wird bei Jakobson nicht ausdrücklich gestellt. Macht man diesen Unterschied, so ergibt sich damit die Möglichkeit, Weisen der Situierung von Kon-

---

17 Ogden and Richards, The Meaning of Meaning, vgl. bes. das Kapitel Symbol Situations und die darin vorgeschlagene Systematisierung der textkonstitutiven »attitudes« (S. 225 ff.).

18 K. Bühler, Sprachtheorie, 2. Aufl., Stuttgart 1965, bes. das Kapitel: Das Organonmodell der Sprache (S. 24 ff.), wo die drei Sinndimensionen von Ausdruck, Darstellung und Appell unterschieden werden.

19 Die Begrifflichkeit von Jakobsons Modell ist nicht unproblematisch, sie erfaßt keinesfalls alle für die jeweiligen Perspektiven konstitutiven Momente. So wird durch die Bezeichnung ›emotive Funktion‹ nur das unvermittelt subjektive Ausdrucksbedürfnis eines Sprechers gedeckt, nicht aber die Zeichen seiner institutionellen Situierung. Der noch unspezifische Begriff der »attitude« von Ogden und Richards erscheint hier glücklicher.

notationen mit Bezug auf die Ebene der Sprachhandlung zu differenzieren, und zwar als Konnotationen der emotiven Funktion, Konnotationen der referentiellen Funktion und Konnotationen der konativen Funktion. Die Konnotationen der emotiven und konativen Funktion lassen sich dabei der Klasse der vertikalen Konnotationen, die Konnotationen der referentiellen Funktion der Klasse der horizontalen Funktionen zuweisen. Diese Differenzierung macht es zugleich möglich, klar den Unterschied herauszuheben zwischen Konnotationen der referentiellen Funktion als den Konnotationen der Einstellung der Sprachhandlung auf ihren Gegenstand und Konnotationen der Referenz als den Konnotationen dieses Gegenstands selbst.

Unter den Konnotationen der Ebene der Referenz gibt es eine eigene Klasse von Konnotationen, denen unter dem pragmatischen Gesichtspunkt der Textintentionalität besondere Bedeutung zukommt. Ist die Ebene der Referenz besetzt durch die Manifestationen eines Prozeßsystems, was im wesentlichen zutrifft für die Klasse der narrativen Texte, so ergibt sich die Möglichkeit der metonymischen Konnotation von Konzepten, unter die die Manifestationen des Prozeßsystems fallen. D. h., ein Prozeßsystem kann ein klassifikatorisches abstraktes System konnotieren. Inwieweit der jeweilige Übergang pertinent ist, hängt ab von der Textintentionalität. Allgemein läßt sich sagen, daß fiktionale narrative Texte, die nicht konkretes vergangenes Geschehen abbilden, sondern das Schema möglicher Abbildung frei besetzen, die Tendenz zu solchem Übergang implizieren. Man könnte dies die allegorische Tendenz fiktionaler Texte nennen, von denen Aristoteles nicht zufällig sagt, daß sie philosophischer seien als die Geschichte. Die referentielle Ebene fiktionaler Texte ist zugleich denotative Ebene und pseudodenotative Ebene in dem Maße, wie ein klassifikatorisches System als ›Ideologie‹ durch die Ebene der Referenz konnotiert wird und wie das klassifikatorische System in der Perspektive der Textintentionalität die Dominanz gewinnt.

III

Zum Gesichertsten von Barthes' Theorie der Konnotation gehören seine Einsichten in die ‹Phänomenologie› der Konnotation[20]. Diese

20 Vgl. hierzu besonders die theoretischen Reflexionen in Mythologies und die Bemerkungen in Eléments de sémiologie.

heben unter immer neuen Aspekten hervor, was man den affirmativen Charakter der Konnotation nennen könnte. Die Konnotation als eine formal ungesicherte Information setzt einen erhöhten Grad der Gemeinsamkeit zwischen Sender und Empfänger voraus. Der Empfänger selbst bringt die Information hinzu, für die die Konnotation lediglich auslösende Funktion hat. Indem der Empfänger die Information selbst hinzubringt, hat diese für ihn notwendig den Charakter der Evidenz. Die konnotative Information erscheint als selbstverständlich, als natürlich. Hier liegt der ideologiekritische Ansatzpunkt für Barthes' semiologische Mythologie als Ideologiekritik. Unter Fortführung einer These von B. Brecht, daß das aristotelische Theater die Welt als unveränderliche, d. h. als natürliche zeige, bestimmt Barthes das Programm der ›Mythologie des bürgerlichen Zeitalters‹ als »fonder une intention historique en nature« (S. 251). Aus der Phänomenologie der Konnotation wird so ideologiekritisch eine ganz bestimmte Pragmatik der Konnotation abgeleitet und als diese dekuvriert. Indem der sensus litteralis metonymisch ein Konzept bezeichnet, als dessen Manifestation er erscheint, wird das Einmalige, Kontingente, in seiner besonderen Erscheinung Bedingte, in eine konzeptuelle Allgemeinheit und ›Ewigkeit‹ überführt. Barthes' Paradigma dafür ist der vor der Trikolore salutierende Schwarze auf dem Umschlagbild von Paris Match[21]. Man kann sich aber fragen, ob diese Beschreibung schon ausreicht. Gerade Barthes' Paradigma der salutierenden Schwarzen legt eine andere Interpretation nahe: das Bild konnotiert mehr als ein Konzept, nicht nur das der ›impérialité française‹ (S. 226), sondern zugleich das Konzept ›Glück‹ oder ›Zufriedenheit‹. Das eigentlich Wirksame der mythischen Botschaft bestünde dann gerade in einer vom Rezipienten nicht kontrollierten Hierarchisierung der gleichzeitig konnotierten Konzepte, so daß unter den Zusatzbedingungen, die die Situierung eines Bildes auf dem Umschlag einer Illustrierten erbringt, der akzidentielle Synkretismus zweier Konzepte als notwendige Relation zu einer Metakonnotation zusammentritt[22]. Die Bewirkung solcher nicht kontrollierter Meta-

---

21 Mythologies, S. 223 ff.

22 Dies ist ein besonderer Fall dessen, was seit Freuds Traumdeutung als ›Überdetermination‹ bezeichnet wird. Vgl. Über den Traum, Gesammelte Werke II, III, London 1942, S. 666: »Jedes der Elemente des Trauminhaltes ist durch das Material der Traumgedanken überdeterminiert, führt seine Abstammung nicht auf ein einzelnes Element der

konnotationen ließe sich unter diesem Gesichtspunkt und in Fortführung der Barthes'schen Gedanken als das eigentlich ›Mythische‹ dieser konnotativen Pragmatik begreifen. Was Barthes avisiert, ist das pragmatische Phänomen der sich verbergenden und dadurch nur umso wirksamer werdenden Tendenz. Diese wird umso eindrücklicher, je mehr ein und dasselbe Konzept durch rekurrente Konnotationen manifestiert und so in seinem Bestätigungscharakter immer weiter verdichtet wird. Doch ist das Prinzip der Rekurrenz, das für die Manifestation der Konnotationen konstitutiv ist, in seinen Möglichkeiten damit noch nicht erschöpft. Barthes rechnet nicht mit der konträren Möglichkeit, daß thematisiert sein kann die Ausschöpfung aller Aspekte eines Konzepts durch seine Differenzierung. Ist die eine Möglichkeit bestimmt durch die Dominanz des Konzepts über seine konnotativen Manifestationen, so die zweite durch die Dominanz dieser Manifestationen über das Konzept. Das Konzept in seiner Abstraktheit, dies ist die umgekehrte Blickrichtung zu der, die Barthes ausschließlich einnimmt, läßt sich verlebendigen, zum Gegenstand reflektierender Erfahrung machen, indem es gebrochen wird in die Differenziale seiner Manifestation. In der Übernahme dieser Aufgabe, der unabsehbaren Differenzierung scheinbar selbstverständlich vorgegebener Konzepte und damit in der Ermöglichung ihrer Reflexion ließe sich die positive Funktion einer nicht Ideologie bestätigenden, sondern Ideologie sprengenden fiktionalen Literatur begreifen.

(1972)

Traumgedanken, sondern auf eine ganze Reihe von solchen zurück, die einander in den Traumgedanken keineswegs nahestehen müssen, sondern den verschiedensten Bezirken des Gedankengewebes angehören können.« Ein und dieselbe Einheit steht hier also in mehr als einer hierarchischen Relation zu übergeordneten Einheiten. Diese Möglichkeit, so relevant sie unter pragmatischer Perspektive ist, ist für eine Systematik der Konnotation allerdings von keiner grundsätzlichen Bedeutung.

ASPEKTE DER METAPHER

I

Die Metapher ist ein Sprachakt einer Sprachhandlung, der allgemein beschreibbar ist als geregelte Form semantischer Anomalie[1]. Die elementare Bestimmung dieser in ihrer konkreten Erscheinung oft schwer durchschaubaren und komplexen Sprachfigur oder vielmehr Gedankenfigur, enthält einen Widerspruch, an dem eine systematische Darstellung ansetzen kann, indem sie seine beiden Momente expliziert. Semantische Anomalie entsteht, wo ein Lexem gegen die akzeptierten Normen seines Gebrauchs verwendet wird. Der Gebrauch eines Lexems bestimmt sich aus dem Gebrauch anderer Lexeme, die einander so zugeordnet sind, daß sie einen Kontext erzeugen, in dessen Leerstelle das fragliche Lexem eintritt und sie spezifisch erfüllt. Nur wo ein referentieller Kontext als Konfiguration einer ›Sachlage‹[2] entfaltet ist, läßt sich über das Hineinpassen oder Aus-dem-Rahmen-fallen einer Einheit dieses Kontexts befinden. Semantische Anomalie ist also Funktion eines Kontexts, der dadurch gesichert ist, daß er eine Erwartung erfüllt, die durch die pragmatischen Bedingungen einer Textart vorgegeben ist.[3] Je eindeutiger ein Kontext sich zur erwartbaren Einheit einer Sachlage zusammenschließt, desto markierter kann der Ort der semantischen Anomalie sein, die diese Einheit sprengt.

---

[1] Zum Begriff der semantischen Anomalie vgl. T. Todorov, Les anomalies sémantiques in: Langages 1 (1966); zum Zusammenhang von semantischer Anomalie und Metapher vgl. H. Hörmann, Semantische Anomalie, Metapher und Witz in: Folia linguistica V (1971).

[2] Der Begriff der »Sachlage« ist aus Wittgensteins Tractatus logico-philosophicus entnommen. Über die literaturwissenschaftliche Verwendbarkeit der wittgensteinschen Begriffe »Sachlage« und »Sachverhalt« vgl. Der Gebrauch der Negation in fiktionalen Texten.

[3] Zur Bindung der Metapher an ihren Kontext vgl. H. Weinrich, Semantik der Metapher in: Folia linguistica 1 (1967), bes. S. 270 ff. Weinrichs Ausgangspunkt ist die Determinationserwartung des Metaphernworts und dessen Konterdetermination durch den Kontext. Der umgekehrte Weg scheint mir vorzuziehen: auszugehen von der durch den Kontext als Determinationserfüllung erzeugten Determinationserwartung, in die die metaphorische Stelle eintritt. Die Erwartbarkeit ist für die Leerstelle im Kontext sehr viel dichter als die Kontexterwartbarkeit des isolierten Worts.

Der konzeptuellen Einheit der Sachlage entspricht als semantisches Äquivalent die ›Isotopie‹[4] des ›Diskurs‹. Die Stelle der Metapher bezeichnet zunächst eine Unterbrechung dieser Isotopie und markiert damit eine Stelle des Suspens. Auf niedrigerer sprachlicher Ebene gibt es dazu eine einfache Entsprechung in der graphematischen Anomalie des Druckfehlers, von der die Besonderheit der semantischen Anomalie der Metapher sich abheben läßt. Wie für die semantische Anomalie der primäre Kontext die Sachlage ist, die der Satz abbildet, so ist für die graphematische Anomalie der primäre Kontext das Lexem. In ihrem Kontext bezeichnen die jeweiligen Anomalien zunächst Leerstellen für Besetzbarkeiten. Die Anomalie kann auf ein x reduziert werden, das sich versuchsweise ersetzen läßt, bis die Lücke im Kontext sich schließt. Bedingung dafür ist ihre kontextbezogene Isolierbarkeit, die Unterscheidbarkeit zwischen zwei prinzipiell verschiedenen Weisen des Gebrauchs sprachlicher Elemente.

Von der graphematischen Anomalie des Druckfehlers unterscheidet die semantische Anomalie der Metapher sich in wesentlicher Hinsicht. Beim Druckfehler ist die Besetzung der graphematischen Leerstelle arbiträr. Durch versuchsweise Neubesetzung muß eine Kontextverträglichkeit gefunden werden, die von allen hierarchisch übergeordneten kontextuellen Ebenen bestätigt wird. Die graphematische Anomalie erlaubt eine Unterscheidung zwischen Oberflächen- und Tiefengraphem, die beide einander im Verhältnis von Substituent und Substitut zugeordnet sind. Diese Unterscheidung ist übertragbar auf die semantische Anomalie der Metapher, wenngleich nur unter besonderen Vorsichtsmaßregeln. Naheliegen würde es, das Verhältnis von Oberflächengraphem zu Tiefengraphem bei der graphematischen Anomalie in Relation zu sehen zu einem Verhältnis von Oberflächenlexem zu Tiefenlexem bei der semantischen Anomalie der Metapher. Es wäre so die Metapher als ein linguistisches Phänomen beschreibbar. Tatsächlich aber ist sie dies nicht. Linguistisch beschreibbar ist die Metapher als semantische Anomalie, soll sie jedoch als geregelte semantische Anomalie beschrieben werden, so reicht der linguistische Beschreibungsrahmen nicht aus.[5] Die Momente, die die

4 Der Begriff ist aus A. J. Greimas' Sémantique structurale (Paris 1966) übernommen.

5 Die Auffassung von der linguistischen Beschreibbarkeit der Metapher vertritt neuerdings mit Nachdruck D. Bickerton, Prolegomena to a Linguistic Theory of Metaphor in: Foundations of Language 5 (1969): »So far then, non linguistic approaches have done little more than

Aufhebung der Anomalie bewirken, liegen nicht auf derselben Ebene wie die Anomalie selbst. Es muß erst das Lexem in das Konzept überführt sein, das es abbildet, ehe der Prozeß der Decodierung der Metapher oder genauer ihrer Konstitution beginnen kann. Das Verhältnis von Substitut und Substituent in der Metapher ist nicht ein Verhältnis von Oberflächenlexem zu Tiefenlexem, sondern von Oberflächenkonzept zu Tiefenkonzept. In deren Verhältnis unterscheidet die Metapher sich von der graphematischen Anomalie grundsätzlich: War dort das Verhältnis beider Momente zueinander arbiträr, so steht hier der Übergang von Substitut zu Substituent (Perspektive der Metaphernproduktion) und von Substituent zu Substitut (Perspektive der Metaphernrezeption) unter einer zweifachen Bedingung, die die semantische Anomalie aufhebt:

1) kategorialer Inkompatibilität,[6]

---

obscure the issues and it can be argued that they have failed precisely because they are non-linguistic« (S. 36). Dagegen behauptet H. Hörmann mit überzeugenden Argumenten den translinguistischen Status der Metapher. Vgl. op. cit., S. 318: »Die Entscheidung, wo zwei Bedeutungsmatritzen miteinander vereinbar sind oder nicht, wird also tatsächlich NICHT nach einem diesen Matritzen (oder, vager gesagt, ›der Sprache‹) inhärenten und deshalb ein für alle Mal festliegenden Kriterium automatisch gefällt, sondern sie wird von einem Sprecher/Hörer getroffen, der in einer bestimmten Situation steht und von ihr schon etwas weiß oder erwartet, was nicht in dem betreffenden Satz enthalten ist. Zu diesem bereits vorhandenen Wissen gehört natürlich all die Erfahrung, die man im Leben und bei der Verwendung der Sprache bereits gemacht hat, vor allem in Form des Wahrscheinlichkeitsprofils, das wir auf die uns begegnende Welt projizieren und in dem sich auch unsere Motive, unsere Aufmerksamkeit, unsere Intentionen auswirken.« Zum translinguistischen Status der Metapher vgl. auch W. Köller, Semiotik und Metapher, Stuttgart 1975 und vor allem die soeben erschienene grundlegende Hermeneutik der Metapher von P. Ricœur: La métaphore vive, Paris 1975.

[6] Die Metapherntheorie von J. Pelc (The Analysis of the Concept of Metaphor in J. P., Studies in Functional Logical Semiotics of Natural Language, The Hague 1971) die auf einer systematischen Erfassung der Relationen des »metaphorischen Dreiecks« E (metaphorischer Ausdruck), E_1 (»proper sense« des metaphorischen Ausdrucks) und E_2 (nicht metaphorischer Ausdruck, der durch den metaphorischen Ausdruck ersetzt wird) aufgebaut ist, formuliert die Bedingung kategorialer Inkompatibilität zu schwach, wenn von E_1 und E_2 nur erwartet wird, daß sie »mutually exclusive or overlapping« (S. 153) seien.

2) exklusiver Gemeinsamkeit einer Teilmenge von Eigenschaften oder exklusive Isomorphie zweier Relationen oder beides.[7]

Die erste Bedingung macht erst die Metapher als solche kenntlich und setzt damit den Prozeß der Dekodierung in Gang. Bei nicht ausreichender kategorialer Distanz fehlt gleichsam der Stimulus zur metaphorischen Dekodierung oder genauer zur Konstitution einer metaphorischen Oberflächen-Tiefenrelation. Es gibt eine Schwelle, jenseits derer erst der metaphorische Mechanismus sich in Gang setzt. Veranschaulichen läßt sich dies an dem klassischen Paradigma rhetorischer Metaphernlehre (es gibt eine Klassik, die unmetaphysischste und vielleicht unausrottbarste, der puren und schlichten paradigmatischen Brauchbarkeit): »Achill war ein Löwe im Kampf«. Man kann diesen Satz umformen, indem man die kategoriale Distanz bis diesseits der metaphorischen Schwelle vermindert. Dann entsteht z. B.: »Der Tiger war ein Löwe im Kampf«. Mangels kategorialer Distanz kommt eine metaphorische Relation hier nicht zustande.[8]

Die Dialektik von Nähe und Ferne, die jede metaphorische Relation bedingt, erreicht den Punkt ihrer größten Spannung da, wo größte kategoriale Distanz und größte exklusive Gemeinsamkeit kategorialer Merkmale zusammenkommen, dann nämlich, wenn Substitut und Substituent zueinander im Verhältnis einer zweigliedrigen semantischen Opposition stehen. Die metaphorische Korrelierung der beiden Glieder einer semantischen Opposition markiert einen Grenzwert für die geordnete Aufhebung semantischer Anomalie, der für

---

7 Daß die Gemeinsamkeit eine exklusive Gemeinsamkeit sein muß, wird bei den gängigen Metapherndefinitionen gewöhnlich nicht beachtet. So wird neuerdings in der Rhétorique génerale von J. Dubois, F. Edeline, J. M. Klinkenberg et al. (Paris 1970) etwa der Übergang von »jeune fille« zu »bouleau« allein durch das Merkmal »flexible« erklärt (S. 109). Wenn dies aber die einzige Übergangsregel wäre, müßte für »jeune fille« etwa auch »couteau«, »arc« etc. stehen können, die das Merkmal »flexible« enthalten. Die Definzienz der Regel wird an solchen nicht einlösbaren Metaphern unmittelbar anschaulich.

8 H. Weinrich bestimmt gegen die rhetorische Tradition die kühne Metapher als eine Metapher mit »extrem kleiner Bildspanne« (Die Semantik der kühnen Metapher in: Dt. Vjschr. f. Lit.wiss. 37 (1963)). Daß gerade hier aber die metaphorische Spannung sehr leicht zusammenbricht, zeigt Weinrichs Beispiel »das Dreieck des Vierecks« (Semantik der Metapher, S. 280). Statt einer »kühnen Metapher« ergibt der Ausdruck eine nicht aufhebbare semantische Anomalie.

die konstruktive Bedingung der Metaphernkonstitution von exemplarischer Anschaulichkeit ist. Besonders die Dichtung des Barock liebt solche Metaphern, in denen das konstruktive Verfahren bloßgelegt ist. Ein Beispiel dafür ist Gongoras metaphorisches Paradox »una Libyia de ondas«[9], mit dem die Unermeßlichkeit des Meeres zu Bewußtsein gebracht werden soll. Der metaphorische Ausdruck ist aufgebaut über zwei metonymischen Manifestationen. Lybien vertritt metonymisch ein Konzept, das sich reduzieren läßt auf das Schema: + Land — Wasser. Dieses Konzept dient als ›Oberflächenkonzept‹ zur Bezeichnung eines partiell manifestierten ›Tiefenkonzepts‹, dessen Schema: + Wasser — Land dem des Oberflächenkonzepts in spiegelbildlicher Verkehrung zugeordnet ist. Die eine Seite der zweigliedrigen Opposition Wasser-Land bezeichnet metaphorisch die ihr entgegengesetzte Seite, die ausschließliche Abwesenheit von Wasser benennt metaphorisch seine ausschließliche Anwesenheit!

Beiden oppositiven Konzepten ist gemeinsam das Merkmal einer in ihren Grenzen unabsehbaren Ausdehnung. Dieses Merkmal gehört freilich nicht schon zum semantischen Inhalt des Lexems ›Libyia‹, das ja eine genau abgrenzbare geographische Einheit bezeichnet. Vielmehr muß das Konzept, das durch dieses Lexem abgebildet wird, bezogen werden auf den Standpunkt eines erfahrenden Subjekts, dem die umgrenzte Einheit sich als unübersehbare Erstreckung darstellt. Dieser Umstand macht auf eine im weiteren noch zu verfolgende Besonderheit der Metapher aufmerksam: Das durch das substituierende Lexem erzeugte Konzept bedarf seiner Situierung in einem Erfahrungskontext, ehe es zu dem substituierten Konzept in Relation gesetzt werden kann. Die Metapher appelliert an eine gemeinsame Erfahrung zwischen Sender und Empfänger, die der Empfänger einlösen muß, einer Erfahrung, die zwar sprachlich und konzeptuell vermittelt ist, aber in dieser Vermittlung nicht aufgeht.

Gongoras Metapher bezeichnet einen Grenzfall metaphorischer Prägnanz. Die Prägnanz der Metapher ist von drei Faktoren abhängig: von der Größe der semantischen Distanz, von der Zahl gemeinsamer Merkmale zwischen Substitut und Substituent und vom Grad der Exklusivität der Merkmale, wobei diese entweder eine bloße Merkmalsumme bilden oder zu einer Merkmalstruktur zusammentreten können. Die Prägnanz der Metapher ist verbunden mit ihrer

---

[9] Gongora, Soledad primera, Obras en Verso, ed. D. Alonso, Madrid 1963, S. 123.

Eindeutigkeit. Eine Metapher ist umso eindeutiger, je weniger Elemente der Durchschnitt enthält zwischen der Menge aller Paradigmen, die die kontextuelle Leerstelle besetzen können, und der Menge aller Paradigmen, die das Substitut des metaphorischen Substituenten sein können.

Das Verhältnis von Nähe und Ferne der metaphorischen Relation kann einerseits gestört sein dadurch, daß mangels kategorialer Distanz der Stimulus zur metaphorischen Dekodierung fehlt, andererseits dadurch, daß die kategoriale Distanz bei Minimalisierung der die metaphorische Relation fundierenden kategorialen Kongruenz sich absolut setzt. Die semantische Anomalie setzt hier beim Empfänger einen metaphorischen Dekodierungsprozeß in Gang, der nicht mehr zu einem Abschluß zu gelangen vermag, sondern sich erschöpft im Durchspielen unübersehbarer Relationsmöglichkeiten. Insbesondere die moderne Lyrik sucht ihre Artikulationsmöglichkeiten an der Grenze des Metaphorischen. Sie operiert im Bereich einer Ambiguität zwischen Ungesichertheit und Unauflösbarkeit der metaphorischen Relation und unmetaphorischer sprachlicher Setzung poetischer Sachlagen, die durch keine Äquivalente mehr sich auf die vertraute Welt zurückbeziehen lassen. Der Begriff der »absoluten Metapher«, mit dem Hugo Friedrich diesen Sachverhalt zu erfassen sucht,[10] ist ein Verlegenheitsbegriff, der einen immanenten Widerspruch enthält: denn entweder ist eine Setzung absolut, dann ist sie keine Metapher, oder sie ist eine Metapher, dann ist sie nicht absolut. Die Verlegenheit, die sich in diesem Begriff anzeigt, ist eine Verlegenheit der Poetik: Können freie poetische Setzungen akzeptiert werden und wenn, unter welcher Bedingung? Hier zumindest so etwas wie eine Grenzmöglichkeit des Metaphorischen im Spiel zu lassen, erlaubt eine wenn auch prekäre Rückversicherung an eine darstellungsgebundene Poetik.

Die bisherigen Überlegungen erlauben es, nun auch den Bereich der Metapher genauer abzugrenzen gegen den Bereich der Katachrese, mit der sie häufig unterschiedslos zusammengebracht wird. Dabei kann auch die linguistische Basis der Metapher noch weiter bestimmt werden. Wörter im Text sind definierbar als Bündel von Bedingungen für die Sortierung von Einzelnem und/oder Bündel von Zuordnungsbedingungen. Der Text selbst läßt sich verstehen als eine Men-

---

10 H. Friedrich, Die Struktur der modernen Lyrik, rde, Hamburg 1956, S. 56.

ge von Setzungen von Einzelnem und als logisches Produkt von Sortierungsbedingungen für dieses Einzelne. Eine sprachliche Setzung besagt: Es gibt ein x für das gilt: x erfüllt die Bedingungen a, b, c, d, etc. Ist das besprochene x abwesend, so erlaubt das Lexem, das es bezeichnet, die Bündel von Sortierungsbedingungen zu überführen in ein sprachlich gesteuertes Schema, das die Bedingungen erfüllt. Auf Grund eines Vorwissens von der Welt lassen sich die Sortierungsbedingungen zu einem Schema synthetisieren, das als Konzept bezeichnet werden kann und das als solches einen translinguistischen Status hat.[11] Die Metapher als semantische Anomalie bezeichnet zunächst eine lexematische Leerstelle, die bestimmt ist durch eine kontextuell gegebene Menge von Zusatzbedingungen: Die metaphorische Stelle x muß die kontextuellen Zusatzbedingungen α, β, γ erfüllen. Dies ist nur möglich, wenn sie selbst die komplementären Bedingungen a. b, c . . . erfüllt. Diese Stelle ist nun aber besetzt durch ein Lexem, das Sortierungsbestimmungen von der Art enthält, daß das aus ihnen ableitbare Konzept die kontextuellen Zusatzbedingungen partiell erfüllt und partiell verletzt. Die unauflösliche Einheit der Sortierungsbedingungen wird somit aufgespalten in erfüllte und unerfüllte. Die besondere semantische Relation zwischen einem kontextuell determinierten x und seiner Subsumption unter ein Bündel von Sortierungsbedingungen, die es nur partiell erfüllt, hat Folgen für die Konzeptbildung. Auf der konzeptuellen Ebene wird die semantische Inkompatibilität behoben durch eine Verdoppelung von Konzepten derart, daß, ausgehend von dem Konzept, das aus den Sortierungsbedingungen hervorgeht, unter die das x fällt, ein zweites Konzept gewonnen wird, das die Zusatzbedingungen des Kontexts erfüllt und zugleich sich partiell deckt mit den Sortierungsbedingungen des manifestierten Lexems. Die metaphorische Verdoppelung und partielle Ineinsetzung, die sprachlich manifestiert sein kann oder erst ihrer Erstellung bedarf, ist die Antwort auf der Ebene der Konzepte zur Lösung einer semantischen Irregularität, so daß einerseits die Bündel von Sortierungsbedingungen des Lexems in ein Konzept überführt werden, andererseits die kontextuellen Zusatzbedingungen einen Spielraum für die Konstitution eines zweiten Konzepts eröffnen

---

[11] Vgl. H. Konrad, Etude sur la métaphore, 2. Aufl., Paris 1958, S. 56: »Avoir le concept d'un objet, c'est connaître le schéma auquel se rallient tous les attributs de cet objet.«

und damit erst die konzeptuelle Relation in Gang gesetzt wird. Nur wenn die Sortierungsregeln verbindlich festgelegt sind und diese Festlegung verletzt wird, wird die metaphorische Verdoppelung möglich. So ist das Beispiel Bühlers für die Befähigung des Kindes zur Metapher, »Der Schmetterling strickt Strümpfe«[12], nicht eine Metapher, wie Bühler meint, sondern nur Dokument einer Sprache, die noch plastisch ist, noch keine verbindliche Festlegung von Bündeln von Bedingungen für die Sortierung kennt. Der Punkt des Übergangs zur Katachrese ist von hier aus genau zu beschreiben. Die Metapher ist Metapher nur so lange, wie der Verstoß gegen die sprachliche Norm wahrgenommen wird, so lange also, wie konventionelle Norm und Konvention durchbrechender Sprachgebrauch im Akt der Dekodierung zugleich gegenwärtig sind und ad hoc vermittelt werden müssen. Der Funktionswert im neuen Kontext ist an einen präsenten Bildwert gebunden. In der Katachrese hat der Funktionswert sich vom Bildwert gelöst. Das Lexem ist nun Äquivalent eines veränderten Bündels von Bedingungen der Sortierung, das zuvor als dieses noch nicht sprachlich normiert war. Die Katachrese besetzt eine lexematische Leerstelle in einem semantischen Feld. Ihr Bildwert ist nicht mehr aktuell gegeben sondern bezeichnet nur noch die Brücke, über die ein Lexem sich von einem semantischen Feld in ein anderes semantisches Feld bewegt hat.

II

Von Aristoteles gibt es eine kanonisch gewordene Definition der Metapher, die in der Metapherntheorie beträchtliche Verwirrung angerichtet hat. »Analogie nenne ich es, wo das Zweite sich zum Ersten verhält wie das Dritte zum Vierten. Dann wird anstelle des Zweiten das Vierte gesagt oder anstelle des Vierten das Zweite. Und gelegentlich wird auch beigefügt, auf was es sich bezieht und wofür es gesetzt ist. So verhält sich etwa der Becher zu Dionysos wie der Schild zu Ares. Dann wird man den Becher »Schild des Dionysos« nennen und den Schild »Becher des Ares«.[13] Diese Definition der Metapher im engeren Sinne als einer Form der Analogie, die erst

12 K. Bühler, Sprachtheorie, 2. Aufl., Stuttgart 1965, S. 345.
13 Aristoteles, Poetik, übers. v. O. Gigon, Reclam, Stuttgart 1961.

neuerdings von Ch. Brooke-Rose[14] und A. Henry[15] zur Grundlage ihrer Metapherntheorie gemacht wurde, erfaßt nur scheinbar den Gesamtbereich aller metaphorischen Relationen. Aristoteles selbst scheint die begrenzte Geltung seiner Definition nicht erkannt zu haben. Dafür spricht, daß er das metaphorische Quiproquo zwischen Becher des Dionysos und Schild des Ares allein in der jeweils habituellen emblemhaften Zuordnung des distinktiven Objekts begründet sein läßt. Tatsächlich aber liegt die Möglichkeit des metaphorischen Austauschs keinesfalls in dieser Zuordnung allein. Sie beruht vielmehr zuallererst auf einem Moment, das Aristoteles gänzlich außer acht läßt, der Kongruenz nämlich der zwei Gestaltqualitäten von Rundung des Bechers und Rundung des Schilds.

Eine systematische Beschreibung der Metapher kommt mit der einen aristotelischen Kategorie der Analogie nicht aus. Nach der Qualität der Relationen zwischen Substitut und Substituent lassen sich drei klar voneinander abgegrenzte Klassen von Metaphern bestimmen. Im einfachsten Fall ist es eine Gemeinsamkeit von Eigenschaften, die die metaphorische Relation herstellt. Eine zweite Klasse ist die von Aristoteles als ›Analogie‹ bezeichnete. Die einfache Relation zwischen Substitut und Substituent bei gemeinsamer Eigenschaft wird hier zur komplexen Relation zwischen Relationen. Die Relation zwischen Substitut und Substituent basiert dabei auf mehrgliedrigen Relationen im Bereich von Substitut und Substituent selbst. Relationen dieser Art können einerseits der Erfahrung verfügbare Relationen der natürlichen Welt sein, andererseits aber auch kulturell und institutionell normierte Relationen und insbesondere Handlungen. Eine dritte Klasse von metaphorischen Relationen bestimmt einen Metapherntyp, der sich in einem sehr weiten Sinne als Konnotationsmetapher bezeichnen ließe.[16] Substitut und Substituent verfügen hier nicht über vergleichbare Eigenschaften, noch stehen sie zueinander in Beziehung durch die Isomorphie einer Relation, vielmehr wird in

---

14 Chr. Brooke-Rose, A Grammar of Metaphor, London 1965. Der Systemzwang der Analogie-Definition wird schlagend deutlich bei der Auflösung des metaphorischen Ausdrucks »the moon is a sickle« in »the moon is to the sky as a sickle is to a field.« (S. 208).

15 A. Henry, Métonymie et métaphore, Paris 1971, bes. S. 65 ff.

16 H. Konrad führt zur Kennzeichnung dieser Klasse den systematisch wenig überzeugenden Unterschied zwischen linguistischer und ästhetischer Metapher ein. Vgl. op. cit., S. 74 und S. 129.

ihnen eine habituell festgelegte oder aus subjektiver Perspektive hervorgehende, mit dem Konzept des Substituenten verknüpfte Konnotation auf ein Substitut übertragen. Dieses Verfahren setzt eine besonders hohe kontextuelle Sicherung der metaphorischen Textstelle voraus. Die von H. Meier im Anhang seiner umfassenden Darstellung[17] aufgeführten Belege zur Metapher zeigen, wie dieses Verfahren insbesondere von der Sensationspresse ausgenutzt wird, die das Prestige eines Ereignisses, eines Ereignisfeldes oder einer Person zur Erzeugung von zusätzlichem Interesse ausnutzt, und so ein Interessenpotential einer angesprochenen Leserschaft manipuliert.[18]

Insbesondere im Bereich der lyrischen Dichtung wird dagegen die Möglichkeit der Gewinnung subjektiv perspektivierter Konnotationen ausgeschöpft. Wenn in Baudelaires Gedicht ›Spleen‹ unter den Objektivationen des Spleens die Uhr als »pendule enrhumée«[19] erscheint, so mag das »enrhumée« nicht ohne fundamentum in re sein, wichtiger aber ist hier, daß eine durch die subjektive Befindlichkeit des Spleen erzeugte Atmosphäre sich im Gegenständlichen verdichtet. Jeder Gegenstand, der in den Bannkreis des Spleen eintritt, erhält die Eigenschaft, den Spleen selbst in einem seiner Aspekte subjektiv-konnotativ zu bezeichnen. Die Sphäre des Subjekts erweitert sich so auf die Sphäre der Objekte. Diese Aufhebung der Grenzen zwischen Subjekt und Objekt wird metaphorisch signalisiert, indem der Bereich der Objekte einbezogen wird in ein System metaphorischer Artikulationen, deren Substituenten die Objekte konnotativ spezifizieren als Elemente der subjektiven Welt des Spleen.

Die einfachen Paradigmen der Metapher, wie sie sich theoretisch konstruieren lassen und wie sie die Freude des Rhetorikers sind, kommen im Text kaum einmal vor. Metaphern können im Text zwei konträren Tendenzen unterworfen sein: sie unterliegen entweder einer Tendenz der Abschwächung und Habitualisierung, die in kontinuierlichen Übergängen bis zur Katachrese reicht. Die metaphori-

---

17 H. Meier, Die Metapher. Versuch einer zusammenfassenden Betrachtung ihrer linguistischen Merkmale, Winterthur 1963, S. 232 ff.

18 Das Funktionieren dieser Art konnotativer Metapher beruht in besonderem Maße auf dem, was Max Black in einer glücklichen Formulierung als »system of associated commonplaces« bezeichnet. Vgl. M. B., Models and Metaphors, New York 1962, S. 40 f.

19 Ch. Baudelaire, Les Fleurs du Mal, Œuvres, ed. Y. Le Dantec, Paris 1954, S. 145. Nach dieser Ausgabe wird auch im folgenden zitiert.

sche Relation besitzt hier keinen Eigenwert mehr sondern regelt nur den Übergang zu dem intendierten Substitut, deshalb könnte man in diesem Fall von Gleitmetaphern reden. Oder aber die Metapher unterliegt der entgegengesetzten Tendenz zur metaphorischen Komplexität, d. h. zu solchen Metaphern, die mehrfache metaphorische Relationen konstituieren. Die Möglichkeit der Konstitution mehrfacher metaphorischer Relationen innerhalb ein und derselben Substitut-Substituenten-Relation kann im Text als Plurifunktionalität der metaphorischen Stelle ergriffen werden.[20] I. A. Richards spricht von der im einzelnen immer undurchschaubaren Wirkung der Metapher.[21] Was Richards als Undurchschaubarkeit der Metapher bezeichnet, ist in Wirklichkeit eine metaphorische Komplexität, deren Möglichkeiten sich zumindest prinzipiell beschreiben lassen. Sie entstehen durch Kombination von Möglichkeiten innerhalb der drei fundamentalen Klassen von metaphorischen Relationen oder durch Kombination von Möglichkeiten der drei Klassen untereinander. Die einfachste Form metaphorischer Überdeterminierung besteht darin, daß Substitut und Substituent sich durch mehr als eine Relation zwischen gemeinsamen Eigenschaften bestimmen. Man kann in diesem Fall von metaphorischer Polysemie sprechen. Indem Substitut und Substituent durch mehrfache metaphorische Relation aneinander gebunden werden, entsteht eine globale Metapher, die gleichsam aus mehreren Metaphern zusammengesetzt ist.[22] Lassen sich hier eine Menge einzelner Eigenschaften isolieren, die die metaphorische Gesamtrelation orga-

---

[20] F. Nietzsches Bemerkung über die französischen Moralisten ist ein Beispiel dafür: »La Rochefoucauld und jene anderen französischen Meister der Seelenprüfung (...) gleichen scharf zielenden Schützen, welche immer und immer wieder ins Schwarze treffen, — aber ins Schwarze der menschlichen Natur.« (Werke, ed. K. Schlechta, Bd. 1, S. 476) Die aus dem Vergleich hervorgehende Metapher enthält implizit eine ganze Theorie der moralistischen Reflexion als eines diskontinuierlichen, immer neu ansetzenden Reflexionsakts.

[21] I. A. Richards, The Command of Metaphor in: I. A. R., The Philosophy of Rhetoric, New York 1965, S. 117: »A metaphor may work admirably without our being able with any confidence to say how it works or what is the ground of the shift.«

[22] Hierauf hat wohl zuerst Richards hingewiesen. Vgl. op. cit., S. 119: »A word may be simultaneously both literal and metaphoric, just as it may simultaneously support many different metaphors, may serve to focus into one meaning many different meanings.«

nisieren, so ist dies nicht möglich bei der metaphorischen Relation von Gestaltqualitäten, die als feste Konfigurationen von Qualitäten sich bestimmen. Die Komplexität der metaphorischen Relation zwischen Relationen (›Analogie-Metapher‹) kann dadurch noch eine Steigerung erfahren, daß nicht nur eine Relation auf der Ebene des Substituenten zu einer Relation auf der Ebene des Substituts in Verbindung gesetzt wird, sondern daß darüber hinaus die Elemente der Relation auf der Ebene des Substituenten sich zu den Elementen der Relation auf der Ebene des Substituts metaphorisch verhalten vermittels einer je gemeinsamen Eigenschaft. Das bereits erörterte Beispiel aus der aristotelischen Poetik enthält zusätzlich zu der metaphorischen Analogie und diese unterstützend eine metaphorische Relation der Gestaltqualität zwischen einem Element der substituierenden und einem Element der substituierten Relation. Ein Beispiel für eine zweistellige Relation, bei der beide Elemente ihrerseits eine metaphorische Relation eingehen, enthält der Anfang von Valérys Gedicht ›Le Cimetière marin‹: »Ce toit tranquille où marchent les colombes«. Der Ausdruck dient der metaphorischen Bezeichnung des ruhenden Meeres und der auf ihm sich bewegenden Segelboote. »Toit tranquille« steht hier in direkter metaphorischer Relation zu Meer, »colombe« zu den weißen Segeln der Boote. Die Auflösung dieser Metapher, die zunächst als Metapher noch undurchschaut bleiben muß, da der Ausdruck eine Pseudoisotopie mit seinem Kontext eingeht, erfolgt erst mit der letzten Zeile des Gedichts: »Ce toit tranquille où picoraient des focs«.

Metaphern des dritten Typs schließlich, also ›Konnotationsmetaphern‹, lassen sich sowohl kombinieren mit Metaphern des ersten wie des zweiten Typs. Die metaphorische Relation der Qualität insbesondere ist fast immer mit einer mehr oder weniger markierten und kontextuell unterstrichenen konnotativen metaphorischen Relation verknüpft.

III

Die Metapher ist Metapher immer nur als Element eines Satzes. Der Satz ist der primäre Kontext, im Hinblick auf den die Metapher sich konstituiert. Bestimmt man den Satz als semantisch-syntaktische Artikulation einer Sachlage, so ist das metaphorische Element einerseits Teil der artikulierten Einheit, insofern als es Teil der syntaktischen Einheit ist, doch ist es andererseits nicht Element der an die syntaktische Einheit gebundenen semantischen Einheit.[23] Das metaphorische Element steht also in einer Relation, die nicht den Relationen zugehört, die die Artikulation der Sachlage organisieren. Die Relation zwischen metaphorischem Substitut und Substituenten ist eine paradigmatische Relation in einer syntagmatischen Kette. Genauer ist diese paradigmatische Relation bestimmt als paradigmatische Inversion. Sprachlich manifestiert ist das Element, das den Kontext sprengt, während das ihm zugeordnete paradigmatische Element, das die Bedingungen des semantischen Kontexts erfüllt, nur impliziert ist. So treten im Satz mit einer metaphorischen Stelle zwei Artikulationsweisen von grundsätzlicher Verschiedenheit zusammen. Im Satz selbst vollzieht sich sukzessiv die Artikulation einer Sachlage. Ist die Artikuliertheit auf der Ebene der Sachlage eine Artikuliertheit zwischen Konzepten, so beruht die metaphorische Relation auf der Artikuliertheit ihrer Konzepte selbst. Diese haben teil an einer lebensweltlichen Artikuliertheit, die mit der sprachlichen Artikuliertheit sich nicht zu decken braucht. Generell gilt dabei, daß die Artikuliertheit des konzeptuellen Substituenten mit Hinblick auf einen thematisierten Aspekt größer ist als die Artikuliertheit des konzeptuellen Substituts.[24] Das Konzept des Substituts wird

---

23 Vgl. zur syntaktischen und morphologischen Determination der Metapher die bedeutende mittelalterliche Metapherntheorie Geoffroi de Vinsaufs, die bereits die wesentlichen Probleme erkennt. Bes. Poetria Nova in: E. Faral, Les Arts poétiques du XIIe et du XIIIe siècle, 2. Aufl., Paris 1962, S. 225 f. Auf Geoffroi hat besonders H. Konrad, op. cit., S. 17 ff aufmerksam gemacht. Die erste systematische Untersuchung der syntaktischen und morphologischen Bedingungen der Metapher stammt von Chr. Brooke-Rose: A Grammar of Metapher, London 1965.

24 In seiner grundlegenden Arbeit Münze und Wort (in: Romanica, Festschrift für Gerhard Rohlfs, Halle 1958) hat sich H. Weinrich mit der Frage der Artikuliertheit des Substituenten unter einem besonderen Aspekt beschäftigt. Er zeigt am Beispiel der Münzenmetapher, daß Metaphern gewöhnlich nicht isoliert stehen, sondern zusammen mit anderen Metaphern jeweils einem »Bildfeld« zugehören. Das »Bildfeld« versteht Weinrich als einen »sprachlichen Sinnbezirk«: In der aktualen und scheinbar punktuellen Metapher vollzieht sich in Wirklichkeit die Koppelung zweier sprachlicher Sinnbezirke.« (S. 515) Bildfelder sind »unverwechselbare, geistige und materiale Gebilde der

also dadurch in spezifischer und im Konzept selbst noch nicht liegender Weise artikuliert, daß es an der Artikuliertheit des Konzepts des Substituenten teilhat. Der Rezipient selbst hat die Momente dieser Artikuliertheit aus dem Haushalt seiner Erfahrung aufzubringen und nach den Regeln der metaphorischen Transposition zu ordnen, während ihm die umgreifende Relation zwischen den Konzepten, die die Elemente der im Satz abgebildeten Sachlage konstituieren, aktuell gegeben ist. Die Metapher hat somit teil an zwei Artikulationssystemen: einem sprachlichen und einem außersprachlichen, konventionellen, das aber seinerseits sprachlich gesteuert sein kann. Das sprachlich erzeugte Konzept auf der Substituentenebene ist nicht schon das Bezeichnete, sondern seinerseits Zeichen eines anderen Bezeichneten, das erst auf der Diskursebene zu situieren ist. Die dabei in Korrelation tretenden Weisen der Artikulation sind bedingt durch zwei semiotische Systeme: das digitale Zeichensystem der Sprache, das die lexikalische Leerstelle konstituiert, und das analoge Zeichensystem der metaphorischen Relation, das die lexematische Leerstelle interpretiert.[25] Die Metapher ist eine analogische Relation über digitalen Relationen.

Die Möglichkeiten der Metapher sind durch die Artikulationsstruktur des Satzes spezifisch determiniert. Der Versuch eines Aufbaus der prinzipiellen metaphorischen Möglichkeiten kann ansetzen bei einer elementaren Satzfunktion mit zwei Argumentstellen. Im elementaren Subjekt-Prädikat-Objekt-Satz können sowohl das Subjekt, wie das Objekt – die Argumentstellen der Satzfunktion – als auch der Satzfunktor – das Prädikat – metaphorische Stellen sein.

Sprache (langue)« (p. 517). Ihre Struktur reicht andererseits über die einzelnen Sprachen hinaus. »Es gibt eine Harmonie der Bildfelder zwischen den einzelnen Sprachen. Das Abendland ist eine Bildfeldgemeinschaft.« (S. 519) Gerade das von Weinrich gewählte Beispiel legt aber die Vermutung nahe, daß die »Bildfelder« in Wirklichkeit die Sprache überschreitende ›Sachfelder‹ sind, die ihren Ort haben in sprachübergreifenden gesellschaftlichen Institutionen als Bezugsrahmen von Handlungssystemen. Es ist der sprachüberschreitende, aber durch Sprache stabilisierte Zusammenhang einer Kultur mit ihren Normen, Setzungen und Erfahrungsschemata, der die artikulierten Sachfelder erstellt, deren die metaphorische Kommunikation zwischen Sprecher und Hörer bedarf.

25 Über die Begriffe ›analoge‹ und ›digitale‹ Kommunikation vgl. E. Verón, L'analogique et le contigu in: Communications 15 (1970).

Es ergibt sich daraus für den Satz eine genau erfaßbare Menge von Möglichkeiten der semantischen Isotopie. Metaphorisch besetzt werden könnte entweder die Stelle des Subjekts oder die des Prädikats oder die des Objekts oder die Stellen von Subjekt und Prädikat oder von Subjekt und Objekt oder von Prädikat und Objekt. Wenigstens eine der Stellen des elementaren Satzes muß einfach lexematisch besetzt sein. Diese Regel ist aufhebbar nur unter besonderen kontextuellen Bedingungen, auf die noch einzugehen ist. Entsprechend den Möglichkeiten der metaphorischen Besetzung ergeben sich die Möglichkeiten der Isotopie im Satz. Diese ist entweder eine Isotopie auf der Ebene des Substituts oder auf der Ebene des Substituenten. Liegt die Isotopie auf der Ebene des Substituts, so geht die metaphorische Stelle als Durchbrechung der Isotopie aus dem Satz selbst hervor. Bei mehr als einer metaphorischen Stelle im elementaren Satz verlangt die Isotopieregel den Übergang von der Satzisotopie auf der Ebene des Substituts zu einer Isotopie auf der Ebene des Substituenten. Es bedarf in diesem Fall eines satzumgreifenden Kontexts, vor dessen Hintergrund erst die sekundäre Isotopie auf der Ebene des Substituenten sich darstellt als Durchbrechung der primären Isotopie auf der Ebene des Substituts. Die Aufhebung der metaphorischen Isotopie bei mehr als einer metaphorischen Stelle im elementaren Satz verstößt gegen die prinzipielle Zweiseitigkeit, die nicht nur das Verhältnis des Substituenten zu seinem Substitut, sondern das der Ebene des Substituenten und der Ebene des Substituts im Satz konstituiert. Die Metaphern blockieren dann wechselseitig ihre Einlösbarkeit, wie dies ein klassisches Beispiel aus der Schulrhetorik, »le char de l'état navigue sur un volcan« drastisch zeigt.

Die Zahl möglicher metaphorischer Stellen im Satz erweitert sich unabsehbar, wenn vom elementaren Satz, der nur aus Elementen besteht, die unmittelbar satzkonstitutiv sind, übergegangen wird zu erweiterten Sätzen mit Elementen, die entweder den Satz selbst oder die konstitutiven Elemente des Satzes spezifizieren. Die möglichen Metaphernstellen, die diese Erweiterung des Satzes erzeugt, lassen sich nicht mehr systematisieren. Doch gibt es grundsätzliche Möglichkeiten der Metaphernbildung in spezifizierender Relation, die sich beschreiben lassen. Eine erste Klasse ist bestimmbar als Klasse der Appositionsmetaphern. Ein Beispiel gibt Baudelaires Vers »Rubens, fleuve d'oubli, jardin de la paresse« (›Les Fleurs du Mal‹, VI). Substitut und Substituent werden hier gleichermaßen auf der Textoberfläche manifestiert. Im einfachsten Fall wird das Substitut von seinem Substituenten unmittelbar folgend noch einmal bezeichnet. Bei nicht metaphorischer Apposition wird das Bezugskonzept dadurch spezifiziert, daß es einer bestimmten Klasse zugeordnet wird. Die metaphorische Apposition ist formal eine ›leere‹ Apposition, insofern als der Substituent hier das Substitut tautologisch noch einmal bezeichnet. Es bedarf der Ineinssetzung von Substitut und Substituent, d. h. der Transformation einer syntagmatischen in eine paradigmatische Relation, soll der metaphorische Prozeß in Gang gesetzt werden, der seinerseits erst die Spezifikation des Substituts leistet. Spezifizierendes und spezifiziertes Element sind bei der metaphorischen Apposition austauschbar. Geht der Substituent dem Substitut voraus, so ist formal der Substituent das spezifizierte, das Substitut das spezifizierende Element. Die metaphorische Dekodierung setzt hier zugleich eine Reversion von spezifizierendem und spezifiziertem Element voraus.

Eine zweite Klasse von Metaphern in spezifizierender Relation ist die außerordentlich vielgestaltige Klasse der sogenannten Genetivmetaphern.[26] Die spezifizierende Relation kann hier zunächst einmal eine Relation der Identifikation von Inkompatiblem sein. Ein Beispiel: »La muraille immense du brouillard« (Baudelaire, ›Les Fleurs du Mal‹, LXXXIX). Die Spezifikation ist hier erneut eine ›leere‹ Spezifikation insofern, als die Spezifikationsanweisung nicht einlösbar ist. Erst der dadurch ausgelöste Prozeß der metaphorischen Dekodierung erzeugt die paradigmatische Relation zwischen spezifizierendem und spezifiziertem Element, wobei das Element, das syntaktisch als das spezifizierende ausgewiesen ist, in der metaphorischen Relation als das spezifizierte erscheint und umgekehrt. Das Verhältnis von spezifizierendem zu spezifiziertem Element auf der Textoberfläche verhält sich umgekehrt zu dem Verhältnis von spezifizierendem und spezifiziertem Element in der metaphorischen Relation. Daß die spezifizierende Relation auf der Textoberfläche als eine leere Spezifikation zwischen tautologischen Elementen verstanden werden muß, ist daran erkennbar, daß sinngemäß diese Form der Genetivmetapher in einen Satz mit der Kopula ›ist‹ transformierbar ist. So läßt sich das Syntagma »la muraille du brouillard« transformieren in »le brouillard est une muraille« (nicht aber in: »la

---

26 Zum besonderen Problem des metaphorischen Kompositums, das in eine Genetivmetapher transformiert werden kann, vgl. Bühler, op. cit., S. 321 ff.

muraille est un brouillard«, da hier nicht eine Metapher konstituiert sondern aufgelöst würde).

Bei einer zweiten Form der Genetivmetapher ist die Relation zwischen spezifizierendem und spezifiziertem Element nicht die einer Gleichsetzung von konzeptuell Unvereinbarem auf der Basis einer gemeinsamen Qualität, sondern eine Relation zwischen Relationen. Dabei entsteht ein Chiasmus zwischen partiell manifestierter Relation auf der Ebene des Substituenten und partiell manifestierter Relation auf der Ebene des Substituts, der erst in eine Relation zwischen isomorphen Relationen überführt werden muß. Ein Beispiel hierfür ist die Genetivmetapher in dem Ausdruck »(Les clochers,) ces mâts de la cité« (›Fleurs du Mal‹, LXXXVI). Der zweigliedrige Ausdruck »mâts de la cité«, isoliert betrachtet, setzt einen viergliedrigen Ausdruck voraus: wie der Mast sich zum Schiff verhält (nämlich als ein Teil), so verhält der Kirchturm sich zur Stadt. Dem explizierten Element der Substituentenrelation entspricht ein impliziertes Element der Substitutrelation und umgekehrt. Das explizierte Element »mâts« setzt auf der Ebene des Substituenten implizit das Element »bateau« voraus als das Ganze, dessen Teil es ist, das explizierte Element auf der Ebene des Substituts »cité« setzt implizit »clochers« voraus, als das Teil, zu dem »cité« das Ganze ist. Dabei ergibt sich eine sekundäre metaphorische Relation zwischen dem implizierten Element der Substituentenrelation und dem explizierten Element der Substitutrelation: Die »cité« erscheint in metaphorischer Perspektive als Schiff, wobei diese metaphorische Relation weiterhin dadurch stabilisiert ist, daß der mit »cité« gemeinten Stadt, nämlich Paris, das emblematische Zeichen des Schiffs zugeordnet ist. Das Beispiel zeigt zugleich, daß diese Form der Genetivmetapher in appositiver Funktion erscheinen kann.

Die Möglichkeit solcher in der Genetivmetapher manifestierter Relationen zwischen Relationen ist an eine besonders hohe Stabilität dieser Relationen gebunden. Am eindeutigsten ist die Zuordnung bei Relationen zwischen Teil und Ganzem (die sich jeweils in eine ›hat‹-Relation auflösen lassen), doch gibt es daneben andere Weisen der normierten Zuordnung, insbesondere bei Handlungsrelationen, die sich ebenfalls in Form von Genetivmetaphern manifestieren lassen.

Eine weitere Klasse von Metaphern in spezifizierender Relation ist die Klasse der attributiven Adjektivmetaphern (oder Adverbmetaphern beim Verb). Ist das Substitut in Attribut und Substrat auseinandergelegt, so ergeben sich für die Metaphorisierung drei Möglichkeiten: 1. das Attribut ist metaphorisch, das Substrat unmetaphorisch manifestiert, 2. das Attribut ist unmetaphorisch, das Substrat metaphorisch manifestiert, 3. Attribut und Substrat sind beide metaphorisch manifestiert.

Im einfachsten Fall wird die Eigenschaft eines Substrats isoliert und exemplarisch inkorporiert. Die Spezifikation verläuft hier in zweifacher Richtung. Das attributive Element spezifiziert das Substrat und wird durch Substitution seinerseits metaphorisch spezifiziert. Die attributiv herausgesetzte Qualität wird durch das metaphorische Verfahren zu einer Qualität der Qualität. Doch gibt es neben der Möglichkeit, daß ein attributiver Substituent ein attributives Substitut spezifiziert, das seinerseits sein Substrat spezifiziert, auch die andere Möglichkeit, daß ein attributiver Substituent einen mit diesem habituell eindeutig verknüpften Substrat-Substituenten spezifiziert, der seinerseits ein substituiertes Substrat spezifiziert. Diese komplexe Relation findet sich z. B. bei Jean Paul in dem Ausdruck »ein vom Schicksal dreischneidig und glänzend geschliffener Geist«.[27] »Dreischneidig und glänzend geschliffen« spezifiziert hier nicht metaphorisch ein Attribut, das seinerseits das Substrat »Geist« spezifizieren würde, vielmehr spezifiziert es das zu interpolierende Substrat ›Schwert‹, das seinerseits erst in eine metaphorische Relation zum Substrat »Geist« tritt und dieses metaphorisch spezifiziert.

Bezieht die spezifizierende Adjektivmetapher sich auf ein Substrat, das seinerseits metaphorisiert ist, so besteht entweder die

---

[27] Der Ausdruck ist ein Beispiel für »lexikalische Solidarität«. Vgl. E. Coseriu, Lexikalische Solidaritäten in: Poetica 1 (1967). Mit Hinblick auf das Phänomen der lexikalischen Solidarität verlangt Coseriu, daß »die innersprachlichen Metaphern, die durch den lexikalischen Widerspruch entstehen (...) von den Metaphern, die durch unsere Kenntnis der außersprachlichen Wirklichkeit bedingt sind, sorgfältig unterschieden werden« müssen (S. 303). Dagegen läßt sich einwenden, daß diese Unterscheidung deshalb nicht streng durchzuhalten ist, weil auch lexikalische Solidaritäten letzten Endes nicht ohne den Bezug zur außersprachlichen Wirklichkeit denkbar sind. Semantisch-lexikalische Artikulation ist immer die Festlegung einer Hinsicht, unter der Außersprachliches erfaßt werden soll. Diese Festlegung selbst ist arbiträr, sie folgt pragmatischen Kommunikationsinteressen. Die Metapher auf der Basis von lexikalischer Solidarität ist nicht eine eigene Klasse, sondern nur eine besondere Möglichkeit, die den generellen Bedingungen der Metaphernkonstitution unterliegt.

Möglichkeit der spezifizierenden Erweiterung eines Substituentenausdrucks, wobei diese Spezifikation nicht selbst metaphorisch ist, oder die Möglichkeit einer Pseudospezifikation, bei der substituierendes Substrat und Attribut unabhängig voneinander ein gemeinsames Substitut metaphorisch spezifizieren, ohne daß dabei der attributive Substituent das Substituenten-Substrat spezifiziert. Dies gilt z. B. für den Ausdruck »die silberne Sichel«. Mit diesem komplexen Substituentenausdruck für ein einfaches Substitut werden zugleich eine Gestaltqualität und eine Eigenschaft eines gemeinsamen Substituts metaphorisch artikuliert. Das Substitut liegt hier im Durchschnitt zwischen der Menge aller Substitute für die ›silbern‹ und der Menge aller Substitute für die ›Sichel‹ ein Substituent sein kann. Die Kombination beider Substituenten wirkt hier gleichsam als Doppelfilter und hat so die Funktion einer Erhöhung der metaphorischen Prägnanz.

Metaphern, die Stellen in spezifizierenden Relationen besetzen, lassen sich summarisch als die Klasse zusammenfassen, die die Schulrhetorik als Metapher ›in praesentia‹ bezeichnet. Substitut und Substituent werden hier in der syntagmatischen Kette gleichermaßen lexikalisch manifestiert. Dagegen bleibt bei der Metapher ›in absentia‹ die lexikalische Manifestation auf den Substituenten beschränkt, der sich auf ein substituiertes Konzept bezieht, dem seinerseits in einer gegebenen Sprache ein Lexem zugeordnet sein kann, aber nicht muß. Metaphern in praesentia und Metaphern in absentia, d. h. Metaphern mit expliziertem oder impliziertem Substitut sind Grenzfälle, die sich rein nur selten finden. Der Typ, der die Metapher in praesentia am eindeutigsten verkörpert, ist die Appositionsmetapher, wo das Substitut im Substituenten wiederholt wird. Metaphern in absentia, bei denen das Substitut nur impliziert ist, sind beschränkt auf die satzkonstitutiven syntaktischen Stellen des satzerzeugenden Funktors und seiner Argumentstellen. Häufiger jedoch als die reinen Formen der Metapher in absentia und in praesentia sind die Formen der partiellen Präsenz und partiellen Absenz. So können die in einem Teil-Ganzes-Verhältnis fundierten Genetivmetaphern verstanden werden als Formen nur partieller Explikation, und ebenso jene Metaphern, bei denen entweder das Substrat oder das Attribut metaphorisiert ist. Die Möglichkeiten der Explikation und Implikation beziehen sich jedoch nicht nur auf das Substitut, sondern sekundär auch auf den Substituenten. Es gibt metaphorische Formen, bei denen ein Substituent sekundär einen mit ihm verknüpften Substituenten erzeugt, der implizit ein explizites Substitut überlagert. Das einfachste Beispiel dieser Möglichkeit ist die Verbmetapher. Tritt an die Stelle des Verbs ein metaphorischer Substituent, der eine Handlung bezeichnet, die der vom substituierten Verb bezeichneten Handlung isomorph ist, so werden dadurch sekundär das Subjekt der Handlung und das Objekt der Handlung metaphorisch interpretiert. Das eine Handlung bezeichnende substituierende Verb kann aber auch eine Relation auf der Substitutebene bezeichnen, die nicht eine Handlungsrelation ist. Die Intentionalisierung der Welt, die im indoeuropäischen Satz selbst angelegt ist, wird in solchen Handlungsmetaphern manifestiert. In diesen wird eine Kontiguitätsrelation als Handlungsrelation interpretiert.[28] Die Erzeugung sekundärer Substituenten ist jedoch nicht auf das metaphorisierte Verb beschränkt. Sie findet sich gleichfalls bei jenen Genetivmetaphern, die auf einer Relation zwischen Relationen aufgebaut sind. Die Konstitution einer sekundären metaphorischen Relation zwischen explizitem Substitut und implizitem Substituenten ist schließlich auch bei gewissen Formen der Adjektivmetapher möglich, dann nämlich, wenn ein Adjektiv als Substituent einem Substrat habituell eindeutig zugeordnet ist, und diese Zuordnung im metaphorischen Ausdruck verletzt wird. Das aktuelle Substrat steht dann vor dem Hintergrund des habituellen Substrats, durch das es sekundär interpretiert wird.

Die Metapher ›in absentia‹ bedarf noch weiterer Betrachtung. Dazu ist es notwendig, den Bezugsrahmen des Satzes zu überschreiten, der der bisherigen Erörterung zugrunde gelegen hatte. Gerade die Metapher ›in absentia‹ läßt sich an den Kontext des Satzes ausschließlich nicht binden. Was sich im Hinblick auf den Satz als Metapher ›in absentia‹ darstellt, erscheint im Text gewöhnlich nicht ohne thematische Fundierungsgeschichte. Metaphern ›in absentia‹ haben gewöhnlich deiktische Qualität.[29] Sie verweisen auf ein Sub-

---

28 Vgl. zum Beispiel den Anfang von Mörikes Gedicht Um Mitternacht:
Gelassen stieg die Nacht an Land,
Lehnt träumend an der Berge Wand.

29 Ein Sonderfall solcher Metaphorik ist die Metapher im Rätsel, deren kanonische Form bestimmbar ist als: unbestimmter Artikel + Metapher in absentia + Spezifikation. Vgl. zum Beispiel Schillers:
Von Perlen baut sich eine Brücke
hoch über einen grauen See.

stitut, das an früherer Stelle im Text bereits explizit eingeführt wurde. Metaphern ›in absentia‹ stehen gewöhnlich in einer den Satz überschreitenden Relation zwischen Substituent und vorausgegangenem explizitem Substitut; sie haben im Sinne Harwegs die Funktion von Pronomina.[30] Solche satzüberschreitende Relation zwischen Substitut und Substituent ist möglich in dreifacher Hinsicht: erstens kann das Substitut des Substituenten außersprachlich im gemeinsamen Bildfeld von Sprecher und Hörer erscheinen. Zweitens kann ein Substituent sich auf ein texttranszendentes bestimmtes Substitut beziehen, das dem gemeinsamen Erfahrungshorizont von Sprecher und Hörer bzw. Schreiber und Leser angehört. Dies gilt im weitesten Sinne für Eigennamen, die ein wie auch immer geartetes Einzelnes bezeichnen. Drittens kann ein metaphorischer Substituent sich pronominal auf ein vorgängig eingeführtes Textelement beziehen.

Die Erweiterung der Perspektive vom Satz auf den Kontext des Satzes erlaubt zugleich eine andere Unterscheidung: jeder Satz, der im Text auf den ersten Satz des Textes folgt, enthält ein Moment der Rekurrenz insofern, als er an Vorausgegangenes anknüpft und ein Moment der Innovation, insofern als er dem bereits Gegebenen etwas Neues hinzufügt. Im Anschluß an Hockett nennt U. Weinreich diese beiden konstitutiven Momente des Satzes ›topic‹ und ›comment‹.[31] Dementsprechend läßt sich zwischen einer ›topic‹-Metapher, die ein bereits gegebenes Element aufnimmt und durch die Aufspaltung in Substitut und Substituent in eine neue Beleuchtung bringt und einer ›comment‹-Metapher unterscheiden, die ein noch nicht eingeführtes Element in eine metaphorische Relation von Substitut und Substituent transponiert.

IV

Die Darstellung des Artikulationssystems der Metapher erlaubt es, den Prozeß der Dekodierung der Metapher nunmehr noch genauer

---

Das ganze Rätselgedicht ist über einer Isotopie auf der Substituentenebene aufgebaut. Eine Fundgrube von Metaphern in absentia ist Das deutsche Rätselbuch, hrsg. v. V. Schupp, Stuttgart 1972.

30 Vgl. R. Harweg, Pronomina und Textkonstitution, München 1968.

31 Vgl. H. Hockett, A Course in Modern Linguistics, 14. Aufl., Toronto 1969, S. 201; U. Weinreich, On the Semantic Structures of Language in: Universals of Language, ed. J. H. Greenberg, 2. Aufl., Cambridge, Mass, 1966, S. 170 und S. 202.

zu beschreiben. Es lassen sich dabei zunächst zwei Phasen der metaphorischen Dekodierung unterscheiden, die sich als Erstellung der metaphorischen Relation und Erfassung der metaphorischen Relation voneinander absetzen lassen. Der Ausgangspunkt für die Erstellung der metaphorischen Relation ist die Durchbrechung der Isotopie im Satz oder zwischen Sätzen. Diese Durchbrechung kann sich ergeben entweder mit Hinblick auf ein vorangehendes oder ein nachfolgendes Element, das die Durchbrechung signalisiert. Folgt das die Isotopiedurchbrechung signalisierende Element nach, so muß die bereits hergestellte Isotopie als Pseudoisotopie wieder aufgelöst werden.[32] Das die Isotopie durchbrechende Element tritt in Suspens. Damit nimmt eine Bewegung der metaphorischen Dekodierung ihren Ausgang, die in sich zirkulär ist und eine zirkuläre Bewegung umfaßt. Sie läßt sich beschreiben als Bewegung vom Kontext zur Metapher und von der Metapher zum Kontext und innerhalb dieser globalen Bewegung als Bewegung vom Substituenten zum Substitut und von diesem zum Substituenten. Der Kontext des Satzes isoliert einerseits das substituierende Element und erbringt andererseits die Zusatzbedingungen, denen das Substitut unterliegt, und erlaubt damit die Bildung einer Substitutionshypothese, die vom Substituenten bestätigt werden muß. Bei der Erstellung der metaphorischen Relation lassen sich über die einfache Bezugsetzung zwischen Substitut und Substituent hinaus zusätzliche Dekodierungsleistungen erfassen. Bei der reinen Metapher in praesentia, also der Appositionsmetapher, und der appositiven Genetivmetapher muß eine syntagmatische Relation der Textoberfläche in eine paradigmatische metaphorische Relation überführt werden. Bei Partialität des Substituenten muß das fehlende substituierende Element katalysiert werden. So muß z. B. in einer auf Isomorphie zwischen Relationen beruhenden Genetivmetapher das zweite Glied der Substituentenrelation erst eingefügt werden.

---

[32] Vgl. zum Beispiel La Bruyères Portrait des Bauern, das auf der Chocwirkung der aufgedeckten Metapher aufgebaut ist: »L'on voit certains animaux farouches, des mâles et des femelles, répandus par la campagne, noirs, livides et tout brûlés du soleil, attachés à la terre qu'ils fouillent et qu'ils remuent avec une opiniâtreté invincible; ils ont comme une voix articulée, et quand ils se lèvent sur leurs pieds, ils montrent une face humaine, et en effet ils sont des hommes.« (La Bruyère, Les Caractères, ed. R. Garapon, Paris 1962, S. 339).

Kontextbedingungen und semantische Struktur des Substituenten erlauben es, vom Substituenten zum Substitut überzugehen. Damit ist zugleich der erste Schritt für die Erfassung der metaphorischen Relation getan. Erst wenn dem Substituenten das Substitut beigestellt ist, ist metaphorische Erfassung möglich. Diese zu beschreiben, stellt vor besondere Schwierigkeiten. Der Versuch Bühlers, das Zusammenwirken von Substitut und Substituenten als ›Differenzphänomen‹ aus einer zweifachen Filtrierung zu beschreiben,[33] ist nicht unproblematisch. Festzuhalten ist zunächst, daß das, was in Relation gesetzt wird, Konzepte sind, die den Horizont einer gemeinsamen Erfahrung von Sprecher und Hörer evozieren. Die Weise, wie in Relation gesetzt wird, erscheint indes weniger als eine einfache Filtrierung als vielmehr als Umschlagphänomen. Substitut und Substituent sind dem Bewußtsein zu ihrer simultanen Erfassung aufgegeben. Das Bewußtsein leistet dies, indem es zwischen beiden Polen ›umspringt‹ und so das intendierte Gemeinsame herauslöst. Hier sind zweifellos sehr komplizierte unbewußte Prozesse anzusetzen, die sich der Kompetenz der Texttheorie entziehen. Das Oszillierende der Grenzen dieser Gemeinsamkeit[34] erklärt sich ebenso wie die spezifische Erfahrung der Lebendigkeit, Bewegtheit der metaphorischen Information aus dieser Umschlagbewegung in der metaphorischen Erfassung. Einen Grenzfall dieses Umschlagphänomens, in dem dieses sich gleichsam verdoppelt und dadurch die spezifische Qualität des Umschlags gesteigert hervortreten läßt, bietet das Wortspiel als semantisches Zeugma. Ein und dasselbe Lexem fungiert hier zugleich auf zwei Isotopieebenen, wobei die eine Substituentenebene für ein Substitut ist, die andere einen Sinn unmittelbar artikuliert. Witz, bzw. Komik des Sinns entsteht hier aus dem beständigen Umschlag zwischen zwei in sich inkompatiblen Sinnvarianten, die beanspruchen, gleichzeitig im Bewußtsein präsent zu sein, und die sich wechselseitig negieren.

Die metaphorische ›Kompatibilität des Inkompatiblen‹ ist nicht einfach gegeben, sondern dem Empfänger, der sie immer neu reali-

---

[33] Bühler, op. cit., S. 348.

[34] Auch Pelc, op. cit., S. 178 f. spricht von der »semiotic oscillation« der Metapher. Ein extremes Beispiel solcher Oszillation ist die Metapher zwischen semantischen Oppositionen wie in »una Libya de Ondas«. Das sprachliche Paradox bei Pascal ist häufig auf solche oszillierende Wirkung als Anstoß zur Reflexion angelegt.

sieren muß, als Leistung aufgegeben. Am Kontext liegt es, mehr noch als am Substitut selbst, wie weit die Relation zwischen Substitut und Substituent ausgeschöpft werden kann.

Bühlers Modell für die Dekodierung der Metapher, das er aus einem postulierten ›Untersummativitätsprinzip‹ der Metapher ableitet,[35] bleibt nicht nur für die Erfassung der metaphorischen Relation sondern auch für die besonderen Bedingungen des ›Ausfilterns‹ auf den beiden metaphorischen Ebenen zu unspezifisch. Es läßt außer Betracht, daß dies ›Filtrieren‹ sich im Bereich des Substituts ganz anders vollzieht als im Bereich des Substituenten. Die komplementären, durch die metaphorische Relation nicht verdoppelten Merkmale werden auf seiten des Substituenten ›abgeblendet‹; dagegen sind sie auf seiten des Substituts nicht als ausgefiltert, sondern nur als ›mitgegeben‹ zu verstehen. Die Relation zwischen Substitut und Substituent ist deshalb nicht umkehrbar. Das Konzept des Substituts wird durch den Substituenten insofern modifiziert, als gewisse seiner aktuellen oder potentiellen Merkmale durch ihr Zusammenfallen mit Merkmalen des Substituenten verdoppelt und so reliefhaft hervorgehoben werden. Auf diese Weise wird es möglich, ein Konzept entweder im Sinne seiner primären Artikulation oder auch gegen diese sekundär zu artikulieren. Das Substitut wird durch den Substituenten perspektiviert. Die Intention der Metapher ist erst erfaßt, wenn die Aufmerksamkeitsbewegung, die vom Substituenten auf das Substitut gerichtet ist, zurückgelenkt ist vom Substitut auf den Substituenten.

Wenn die Bewegung vom Kontext zur Metapher mit der Erfassung der metaphorischen Relation ihren Abschluß gefunden hat, so wird diese ihrerseits Ausgangspunkt für die zurücklaufende Bewegung von der Metapher zum Kontext. Metaphern im Satz sind Fokalisierungspunkte seines Sinns. Wie der Wortsinn des Substituts fokalisiert wird durch das metaphorische Verfahren, so wird der Satzsinn fokalisiert durch die Metapher. Der Kontext interpretiert die Metapher, umgekehrt spezifiziert die erfaßte Metapher den Kontext. Die lokale Metaphorisierung eines Elements des Ganzen einer Sachlage modifiziert das Ganze selbst und damit zugleich jedes seiner Elemente. Diese partizipieren implizit an der metaphorischen Setzung nach Maßgabe ihrer Verbundenheit mit dem metaphorisier-

---

35 Bühler, op. cit., S. 349.

ten Konzept. Dies zeigt sich besonders deutlich bei der Verb-Metapher, bei der Genetiv-Metapher, die auf Isomorphie zwischen Relationen aufgebaut ist, und bei gewissen Formen der Adjektiv-Metapher. Die lokale Metaphorisierung, bei der ein expliziter Substituent ein Substitut impliziert, setzt sich hier fort in sekundären Metaphern, bei denen ein explizites Substitut einen Substituenten impliziert.

V

Die Struktur der Metapher eröffnet einen weiten Spielraum ihrer pragmatischen Determination. Mit der Metapher erschließt sich ein semantisches Experimentierfeld für eine Vielfalt von Bezeichnungs- und Artikulationsbedürfnissen, die die Sprache direkt nicht erfüllt. So ist sie das wirkungsvollste Korrektiv eines Lexikons, das die semantischen Felder höchst ungleichmäßig und unsystematisch bedeckt. Die ›inopia verbi‹, die Tatsache, daß aus der unendlichen Vielfalt möglicher semantischer ›Bündelungen‹ nur ein minimaler Teil lexikalisiert ist (wofür es jeweils Gründe gibt, die eng mit den aus einer gesellschaftlichen Praxis hervorgehenden Kommunikationsbedürfnissen zusammenhängen), wird überspielbar dadurch, daß praktisch jedes Nomen vielfältig metaphorisierbar ist. Durch Versetzung eines Nomens aus seinem semantischen Feld läßt sich eine unabsehbare Menge von nicht lexikalisierten Konzepten erzeugen. Mit Hilfe von Metaphern ist es möglich, lexematische Leerstellen zu schaffen und zugleich indirekt und okkasionell zu besetzen.[36] Darin liegt immer auch schon die Möglichkeit, daß die Metapher in die lexematische Stelle eintritt und sie bezeichnet, d. h. zur Katachrese wird. Ist das Konzept, das die Interaktion von Kontext und Substituentenkonzept erzeugt, lexikalisierbar, so bedeutet seine Bindung an eine metaphorische Relation die Möglichkeit, das Konzept selbst in seinen Vordergrund-Hintergrundrelationen zu verändern. Die Metapher ist die Operation eines sprachlich gesteuerten Konzepts an einem außersprachlich gesteuerten Konzept. Vor dem Hintergrund des substituierten Konzepts, dem eine lexikalische Leerstelle oder ein Lexem zu-

[36] Lexematische Leerstellen sind mögliche Bündel von Sortierungsbedingungen für Einzelnes, die von der Sprache (noch) nicht ergriffen sind.

geordnet sein kann, wird es möglich, bestimmte Momente zu isolieren und zu einem Konzept im Konzept zu vereinigen und dieses thematisch herauszuheben. Es erweist sich hierin die perspektivische Funktion der Metapher: sie zeigt das Substitut entweder mit spezifischen Abschattungen, die die konstitutive semantische Hierarchie außer Kraft setzen, oder sie thematisiert die Relation zu einer subjektiven Perspektive, die nicht eine Qualität des Gegenstandes, sondern eine Impression des perzipierenden Subjekts vergegenwärtigt.

Die Heraushebung und Stabilisierung eines konzeptuellen Aspekts bedeutet für das Konzept selbst im Prinzip immer zugleich seine Individualisierung. Die Differenzierung möglicher Formen der Individualisierung ist für eine Bestimmung der metaphorischen Funktion im konkreten Fall von grundlegender Bedeutung. Metaphern können sich entweder beziehen auf das Konzept einer Klasse, unter die individuelle Fälle subsumiert werden können, oder auf einen individuellen Fall, der in seiner Klassenzugehörigkeit thematisiert ist, oder auf den individuellen Fall selbst. Ein Beispiel zu eins ist: »les clochers, ces mâts de la cité« (›Fleurs du Mal‹, LXXXVI). Ein Beispiel zu zwei ist: »et mon âme dansait, dansait vieille gabare sans mâts, sur une mer monstrueuse et sans bords« (›Fleurs du Mal‹, XC). Ein Beispiel zu drei ist: »Rubens, fleuve d'oubli« (›Fleurs du Mal‹, VI). Im ersten Fall bezieht die Metapher sich auf einen Begriff, im zweiten Fall auf einen als Eigennamen verwendeten Begriff, im dritten Fall auf einen Eigennamen.[37] Die metaphorische Relation kann also sowohl einen Begriff hinsichtlich eines konstitutiven Aspekts des Begriffes selbst thematisieren wie auch ein Individuum unter eine Klasse subsumieren und diese zugleich so thematisieren, daß die Individualität des Individuums sich in ihr durch ein distinktives Merkmal bewahrt, oder sie kann einen besonderen Aspekt des Individuums selbst hervorheben. Andererseits kann durch die Setzung eines metaphorischen Substituenten entweder die exemplarische Inkorporierung einer Qualität, einer Konfiguration von Qualitäten oder einer Relation intendiert sein: dann muß aus dem Konzept des Substituenten alles ausgefiltert werden, was dieser Intention widerspricht. Oder die meta-

---

37 Zu ›Begriff‹ und ›Eigennamen‹ vgl. G. Frege, Sinn und Bedeutung in G. F., Funktion, Begriff und Bedeutung, ed. G. Patzig, Göttingen 1962. Freges Klasse der »Eigennamen« läßt sich in die beiden Klassen der als Eigennamen verwendeten Begriffe und der Eigennamen im eigentlichen Sinne spezifizieren.

phorische Relation intendiert gerade das Spezifische einer Inkorporierung im Substituenten, also die bestimmte Qualität einer Qualität, dann muß entsprechend die Aufmerksamkeit des Dekodierenden ›eingestellt‹ werden. Über die Intention selbst vermag nur der Kontext zu entscheiden. Gerade die Möglichkeit der Thematisierung der Qualität der Qualität geht über die analytische Form des Adjektivattributs, mit dem die Metapher gelegentlich verglichen wird, entscheidend hinaus.

Das Resultat des metaphorischen Prozesses ist ein ›Mehrwert‹ an Artikuliertheit. Was auf seiten des Substituenten als institutionell, konzeptuell und lexikalisch gesichert erscheint, erscheint auf seiten des Substituts als problematisch, im Einzelfall möglich, aber für das Konzept nicht konstitutiv. Das, was auf seiten des Substituenten als Konstante erscheint, erscheint auf seiten des Substituts als Variable, die, indem sie durch die Konstante des Substituts verdoppelt wird, an Stabilität gewinnt. Wenn z. B. der Mond als Sichel bezeichnet werden kann, so ist die bestimmte Gestaltqualität, die beide gemeinsam haben, bei dem Substituenten Sichel eindeutig festgelegt, während sie auf seiten des Mondes nur eine der Phasen seiner Erscheinung in einer Folge von kontinuierlichen Phasenveränderungen festhält. In ähnlicher Weise hebt der Ausdruck »sillons du ciel«[38] ein Gestaltmoment einer beweglichen Gestaltfolge heraus, indem es in Bezug zu einer Erscheinung gebracht wird, wo eine gleiche Gestaltqualität als stabil erscheint. Insbesondere besteht so die Möglichkeit, psychische Zustände von unstabilem, problematischem Charakter metaphorisch zu stabilisieren durch Elemente der beständigen äußeren Welt oder der institutionell gesicherten gesellschaftlichen Welt. Dies schließt nicht aus, daß aus besonderem Grund auch der umgekehrte Weg der Auflösung von Eindeutigkeit durch eine metaphorische Relation gegangen werden kann, etwa im Falle der Tabu-Metapher oder der Höflichkeitsparaphrase. Ebenso ist es möglich, den Schein überschaubarer Artikuliertheit bei komplexen Sachverhalten zu erzeugen, die auf ein Modell reduziert werden, das dem Erfahrungshaushalt eines die Komplexität nicht überschauenden Adressaten angepaßt wird.

Die Artikulierung kann auf der Ebene des Substituenten zu einer Pluralisierung von Bestimmungsmomenten führen, die sich disproportional verhalten zu der zu artikulierenden Einheit des Substituts.

---

[38] M. Proust, A la Recherche du Temps perdu, I, Paris 1954, S. 88.

Dabei besteht immer auch die Möglichkeit der metaphorischen Rekursivität (Metapher der Metapher), durch die einzelne Momente auf der Ebene des Substituenten ihrerseits weiter spezifiziert werden können.

Die Relation von Substituent zu Substitut in der Metapher ist vergleichbar der Relation des problematischen Falls zum Exemplum.[39] Dabei gilt grundsätzlich auch, was Pascal in einer scharfsinnigen Bemerkung[40] über Exemplum und problematischen Fall festgestellt hat, nämlich die Abhängigkeit dieser Relation von gegebenen Interessen. Wie es möglich ist, das Verhältnis von problematischem Fall und Exemplum zu verkehren, so läßt sich häufig auch bei Wechsel des Interessenstandpunkts die Relation von Substituent zu Substitut umkehren. Dabei bleibt jedoch zu berücksichtigen, daß der Unterschied von lexikalisiertem und nicht lexikalisiertem Konzept bereits eine institutionell festgelegte Normierung von Interessen impliziert.

Metaphern sind Formen des Metadiskurs. Die metaphorische Verdoppelung rückt ein Element des Diskurses in die Perspektive eines ›Anderswo‹, von wo aus es kommentierbar wird. Die Eröffnung einer Dialektik von Textferne durch semantische Distanz und deren Aufhebung durch partielle Übereinstimmung schafft die Möglichkeit einer Verdoppelung der Diskursebene im Text. Die Stellen solcher Verdoppelung lassen sich mit R. Barthes als »signe du lecteur«,[41] als Leserzeichen auffassen. Durch die Verdoppelung der Diskursebene wird der Leser angewiesen, nicht nur ein Konzept zur Gegebenheit zu bringen, sondern zugleich das Gegebene in einer bestimmten Einstellung zur Gegebenheit zu bringen, wodurch dieses selbst in seinen Vordergrund-Hintergrundrelationen modifiziert wird. Durch diese Manipulation der Einstellungsweise wird die ›Bedeutung‹ gewahrt, der ›Sinn‹ jedoch verändert.[42] Vom Leser wird somit an Stellen der

---

39 Auf den exemplarischen Charakter des Substituenten in der metaphorischen Relation hat bereits Geoffroi de Vinsauf aufmerksam gemacht. Vgl. Konrad, op. cit., S. 18.

40 Pensées, Br. 40, Classiques Garnier, Paris 1960, S. 82.

41 R. Barthes, Introduction à l'analyse structurale des récits in: Communications 8 (1966), S. 19.

42 Vgl. Frege, Sinn und Bedeutung, op. cit., S. 39: »Es liegt nun nahe, mit einem Zeichen (Namen, Wortverbindung, Schriftzeichen) außer dem Bezeichneten was die Bedeutung des Zeichens heißen möge, noch das verbunden zu denken, was ich den Sinn des Zeichens nennen möchte, worin die Art des Gegebenseins enthalten ist.«

Verdoppelung des Diskurs durch metaphorische Relation eine besondere Aufmerksamkeitsleistung verlangt, die entweder darauf zielt, einen Moment des Gegebenen in spezifischer Weise in den Griff zu nehmen[43] oder aber ein Gegebenes in spezifischer Weise zu erfassen und so einen Interessenstandpunkt einzunehmen, der Teil ist einer im Text vorauszusetzenden impliziten Leserrolle. Die Metapher hat den Vorteil einer besonderen Informationsverdichtung, die nur schwer durch sprachlich explizite, digitale Äquivalente ersetzt werden kann – es zeigt sich hier die prinzipielle Differenz zwischen der Übersetzung einer analogen in eine digitale Struktur, die vor sehr viel größere Schwierigkeiten stellt als umgekehrt die Übersetzung einer digitalen in eine analoge Struktur–; andererseits ist mit diesem Vorteil der Nachteil verbunden, daß die Metapher eine besonders große Dekodierungsleistung erfordert und daß in dieser immer ein besonderes Risiko der metaphorischen Dekodierung enthalten ist. Metaphorische Information ist immer besonders ungesicherte Information, die eine besonders enge Kommunikationsrelation voraussetzt. Die Chancen und das Risiko der metaphorischen Dekodierung erhöhen sich noch dadurch, daß jedes Element einer Substitutionsebene seinerseits in einem Erfahrungskontext steht, der je nach dem Kontext des Substituts ausgeblendet oder einbezogen werden muß. Eine Verringerung des Risikos der Dekodierung ist hier nur dadurch möglich, daß die Metapher sich in einer metaphorischen Tendenz fortsetzt, die es erlaubt, durch Rekurrenzbildung Achsen der metaphorischen Konnotation im Text zu bilden. Zugleich entsteht damit die Möglichkeit sekundärer Organisation von Texten, wie insbesondere R. Jakobson gezeigt hat.[44]

VI

Metaphern dienen entweder der Spezifikation von Einzelnem, d. h. der Artikulation singulärer Konzepte oder der Spezifikation von Klassen von Einzelnem bzw. der Spezifikation von einzelnen Relationen oder Klassen von Relationen. Entsprechend bestimmt sich die Mög-

---

[43] Vgl. die phänomenologische Beschreibung solcher Erfassungsakte in E. Husserl, Erfahrung und Urteil, Hamburg 1948.

[44] R. Jakobson, Linguistics and Poetics in: Style in Language, ed. T. A. Sebeok, 2. Aufl., Cambridge, Mass., 1964.

lichkeit ihres Vorkommens im Text. Ihre allgemeine Tendenz ist die sekundärer Spezifizierung und damit konzeptueller Differenzierung. Ihre Intention geht primär auf Erfassung konkreter Besonderheit, die von Sprache immer nur unzureichend abgebildet wird, da sie bei der Erfassung des Besonderen mit Ausdrücken operieren muß, die von sich aus immer nur Klassen von Besonderem bezeichnen. Die Grenzen, die der Sprache bei der Erfassung des Besonderen gesetzt sind, lassen sich partiell überspielen durch metaphorische Benennung. Durch die konzeptuelle Verdoppelung der metaphorischen Relation wird das Besondere in einer Doppelperspektive gleichsam stereoskopisch erfaßt. Die Brauchbarkeit der Metapher zur sekundären Artikulation von Besonderem bestimmt ihre Affinität zu jenen Textklassen, die von Besonderem handeln, genauer von Besonderem das nicht präsent ist und deshalb erst repräsentiert werden muß, d. h. zur Klasse der deskriptiven und narrativen Texte. Es scheint, daß in systematischen Texten, d. h. Texten die von Klassen von Einzelnem, nicht von Einzelnem selbst handeln, Metaphern nur unter besonderen Bedingungen Verwendung finden. H. Blumenberg hat auf die besondere Funktion und die besondere Legitimation des Gebrauchs der Metapher im systematischen Sprechen der Philosophie aufmerksam gemacht. Metaphern eröffnen im Zusammenhang des systematischen Sprechens der Philosophie Perspektiven auf das, was der Systematisierbarkeit noch entzogen ist oder was sich ihr prinzipiell entzieht. Metaphern im systematischen Kontext der Philosophie eröffnen einen Horizont, der durch systematische Artikulation erst ausgeschritten und in Besitz genommen werden muß. Die Dynamik der systematischen Bewegung der Philosophie, d. h. ihre Geschichte ist ablesbar am Wandel ihrer metaphorischen Horizonte und deren systematischer Inbesitznahme. »Der historische Wandel einer Metapher bringt die Metakinetik geschichtlicher Sinnhorizonte und Sichtweisen selbst zum Vorschein, innerhalb deren Begriffe ihre Modifikationen erfahren.«[45] Der Metapher als Vorgriff systematischer philosophischer Rede ließen sich Formen der metaphorischen Verwendung als Rückgriff entgegensetzen, der dazu dient, einen komplexen systematischen Zusammenhang auf ein überschaubares Modell zu reduzieren und so in spezifischer Pragmatik die Illusion von Überschaubarkeit im nicht Sachkompetenten zu erzeugen. Insbesondere

[45] H. Blumenberg, Paradigmen zu einer Metaphorologie, Bonn 1960, S. 11.

politische Rede, wo sie sich als systematisch argumentierend stilisiert, benutzt dieses Mittel der Überredung durch den Schein der Überzeugung.

Metaphern in systematischen Texten sind Anzeichen der Systemskepsis im Bereich des Systems selbst. Dies zeigt sich beispielhaft in jenem Grenzbereich systematisch-philosophischer Texte, den man als den Bereich der Moralistik bezeichnen kann und in dem der Rekurs auf metaphorische Darstellung eine auffällige Konstante bildet. Moralistische Texte haben zum Thema das Allgemeine der menschlichen Natur. Zugleich aber bewahren sie zur Möglichkeit allgemeiner und systematischer Aussagen über ihren Gegenstand eine skeptische Distanz, die sich im Stil ihrer Darstellung immer neu konkretisiert. Indem die Metapher im moralistischen Text die Spur der Erfahrung bezeichnet, aus der die moralistische Einsicht hervorgegangen ist, verweist sie zugleich auf den Charakter der Vorläufigkeit ihrer systematischen Verallgemeinerungen, die immer neu zurückbezogen werden müssen auf den Zusammenhang einer unabschließbaren menschlichen Erfahrung, die sich nie endgültig von der Partikularität der jeweils immer neuen einzelnen Erfahrung zu lösen vermag. Der Moralist sieht die moralische Welt vor dem Hintergrund unabschließbar vielfältiger und sich widersprechender Erfahrungen des moralischen Verhaltens und diese im Spiegel von Erfahrungen der sinnlichen Welt. Die Erfahrungen der Körperwelt sind dem Moralisten ein unerschöpfliches Feld möglicher Äquivalente, die es erlauben, moralische Erfahrungen zugleich zu artikulieren und hypothetisch zu generalisieren. Eine Reflexion Nietzsches über das Verhältnis des Autors zu seinem Leser kann diese metaphorische Beziehung beispielhaft veranschaulichen: »Wie quälen den Autor jene braven Leser mit den dicklichen, ungeschickten Seelen, welche immer wenn sie woran anstoßen, auch umfallen und sich jedesmal dabei wehe tun.«[46] Eine Erfahrung der Körperwelt dient hier metaphorisch der Erhellung einer moralischen Relation. ›Seele‹ ist durch seine metaphorischen Attribute auf den metaphorischen Tiefensubstituenten ›Körper‹ bezogen. Die Reflexion ist ein Beispiel dessen, was bei Nietzsche moralischer Perspektivismus heißt. Der Perspektivismus der Metapher ist für den Perspektivismus der Moralistik die adäquate Ausdrucksform.

Gibt es Tendenzen des Vorkommens der Metapher nach ihrer möglichen Funktion in den einzelnen Textklassen, so andererseits nach

[46] F. Nietzsche, Werke, ed. K. Schlechta, München 1954, Bd. I, S. 920.

der Dichotomie von poetischen (fiktionalen) und pragmatischen Texten. Es scheint, als vertrage die pragmatisch bestimmte Kommunikation nur eine reduzierte Menge von metaphorischen Besetzungen. Metaphorische Stellen im Text sind Stellen seiner Arretierung, insofern als hier eine paradigmatische Dominanz über die syntagmatische Bewegung sich durchsetzt. Die Textkonsistenz scheint zu leiden, wenn sie von zu vielen metaphorischen Arretierungen unterbrochen ist. Gleichzeitig ist der Spielraum der Metaphern, die der Sprachgebrauch einer jeweiligen Sprache zuläßt, begrenzt. Die Unvertrautheit der Metapher hat die Tendenz, in einer sekundären Vertrautheit aufgehoben zu werden. Demgegenüber zeigt sich in poetischen Texten, in um so höherem Maß, je mehr sie sich dem Bereich der unilinearen Kommunikation entfernen, am markiertesten im Bereich lyrischer Texte, eine mehr oder weniger starke Tendenz der umfassenden Ausschöpfung überhaupt möglicher Metaphernbildung und ihrer Verwendung zu sekundärer Strukturierung des Textes.[47] Unter einem besonderen Aspekt wird hier eine Differenz sichtbar, die für die Beziehung zwischen poetischer und pragmatischer Sprache auf allen Sprachebenen relevant zu sein scheint. Der Versuch, poetische Sprache als ›Abweichung‹ von Normalsprache zu beschreiben, wie er seit den Arbeiten der russischen formalistischen Schule und der Abweichungsstilistik der zwanziger Jahre von der formalistischen Poetik immer wieder unternommen wurde, hat sich mehr und mehr als problematisch erwiesen.[48] Daß normale Sprachverwendung und poe-

---

47 Zur ›metaphorischen‹ Textorganisation vgl. Vf., Pascals Reflexionen über den ›ordre‹ der ›Pensées‹ in: Poetica 4 (1971), S. 190. In einem weitergefaßten Rahmen entwickelt J. Link eine Theorie der textorganisierenden »Struktur des literarischen Symbols«. Vgl. die gleichnamige Untersuchung zu B. Brecht (München 1975) und J. L., Literarische Grundbegriffe, München 1974.

48 Eines der besten Beispiele der ›Abweichungspoetik‹ ist J. Cohens Structure du langage poétique, Paris 1966. Vgl. demgegenüber das sehr skeptische Résumé, das K. Baumgärtner angesichts der neuesten Versuche zum Aufbau einer linguistischen Poetik zieht: »Folgt man der bisherigen Diskussion, so hat eine linguistische Konstruktion des Poetischen in der Theorie leider überhaupt nichts und in der Praxis nur höchst vermittelt mit der Poesie in ihrem tatsächlichen Verstand zu tun.« (Der methodische Stand einer linguistischen Poetik in: Literaturwissenschaft und Linguistik, hrsg. v. I. Ihwe, Frankfurt 1971, Bd. II/2, S. 389).

tische Sprachverwendung sich unterscheiden, ist eine empirische Feststellung, die, zumindest was die europäischen Literaturen betrifft, weitgehend, wenn auch nicht durchgängig Geltung hat. Die Frage ist aber, wie diese Differenz zu interpretieren ist. Hier bietet es sich an, dem Vorschlag von E. Coseriu zu folgen und zwischen Sprachsystem, Sprachnorm und Sprechakt zu unterscheiden.[49] Der Sprechakt steht unter den Bedingungen der Sprachnorm, die Sprachnorm unter den Bedingungen des Sprachsystems. Die Ebene der Sprachnorm bezeichnet eine spezifische Begrenzung der durch das Sprachsystem vorgegebenen Möglichkeiten, deren Ursachen in einem diffusen Feld sprachökonomischer und gesellschaftlich-institutioneller Instanzen zu suchen ist. Die Möglichkeiten, die die sprachliche Norm freigibt, werden ihrerseits im konkreten Sprechakt in je spezifischer Eingrenzung ergriffen. Im Hinblick auf dieses Modell sprachlicher Ebenen läßt sich poetische Sprache anders als durch das bloße Kriterium der Abweichung bestimmen. Poetische Sprache tendiert entweder zur Überschreitung der Sprachnorm und damit zur vollen Ausschöpfung aller im Sprachsystem gegebenen Möglichkeiten oder aber zum Aufbrechen des Sprachsystems selbst. Bis zu der historisch genau bezeichenbaren Wende zur modernen Dichtung, für die die Lyrik die Funktion eines Paradigmas übernommen hat, hat poetisches Sprechen sich im wesentlichen auf die erste der beiden Möglichkeiten begrenzt. In ihrem Rahmen muß auch, wenngleich unter besonderen Bedingungen, die poetische Metapher situiert werden. Das Zerbrechen des Sprachsystems selbst, nicht nur das Überschreiten der Sprachnorm zur vollen Ausschöpfung aller Kommunikationsmöglichkeiten, bedeutet zugleich das Zerbrechen des Schemas der Kommunikation und damit die Aufhebung der Bedingungen, unter denen Metaphorik überhaupt möglich ist. Die formalistische Abweichungspoetik unterscheidet gewöhnlich nicht zwischen den beiden prinzipiell möglichen Formen der ›Abweichung‹. Gerade für die Abweichung von der Sprachnorm bei gleichzeitiger Bindung an das Sprachsystem bedeutet das aber, daß ›Abweichung‹ hier nicht selbst schon von poetischer Qualität ist, sondern nur die Bedingung einer poetischen Kommunikation, die zu ihrer

---

[49] Vgl. E. Coseriu, System, Norm und ›Rede‹ in: E. C., Sprache, Strukturen und Funktionen, Tübingen 1970 (eine ausführlichere Fassung des Themas findet sich in seiner Arbeit Sistema, norma y habla in: E. C., Teoria del lenguaje y lingüistica general, Madrid 1962). Außerdem Synchronie, Diachronie und Typologie, op. cit., bes. S. 80.

Realisierung eines die Grenzen der Sprachnorm überschreitenden Artikulationsspielraums bedarf. Die Überschreitung der Sprachnorm schließt die Möglichkeit der Bildung poetischer Normen nicht aus, durch die Dichtung in ihrem eigenen Feld die ihr prinzipiell zur Verfügung stehenden Möglichkeiten noch einmal begrenzt. Dann kann, historisch gesehen, die Triebkraft des poetischen Prinzips sich sowohl in der Befreiung von der Sprachnorm wie von der sekundären poetischen Norm erweisen.

Das metaphorische System ist mit dem System der Sprache nicht identisch. Doch gelten unter den Bedingungen des pragmatischen Sprechens für die erzeugbaren Metaphern die Einschränkungen der Sprachnorm. Die ›Akzeptierbarkeit‹ von Metaphern ist von Sprache zu Sprache verschieden. Indem die poetische Metapher sich befreit von der metaphorischen Norm, die ein Teil der Sprachnorm ist, erschließt sie erst voll die im Prinzip der Metapher liegenden sprachlich-metasprachlichen Artikulationsmöglichkeiten. Soll gezeigt werden, was Metaphorik überhaupt zu leisten in der Lage ist, ist es deshalb nötig, auf Dichtung zurückzugreifen.[50] Das semantische Experimentierfeld, das die Metapher eröffnet, ist nur hier wirklich ausgeschritten. Die Metapher kann geradezu als Paradigma gelten für jenes poetische Durchbrechen der Norm, das die Möglichkeiten des Systems allererst freisetzt.

Das nie einzulösende Ziel der poetischen Arbeit ist nach seiner allgemeinsten Bestimmung der überstrukturierte Text, der auf allen sprachlichen Artikulationsebenen ein Maximum an Präsenz von organisiertem Sinn manifestiert. Dient in pragmatischer Sprache die Metapher in erster Linie der Erzeugung von Lexemen zur Besetzung lexematischer Leerstellen, dem Transport emotiver Konnotationen oder der Reduktion von Komplexität, so erweist sich die Leistungsfähigkeit der Metapher zur sekundären Artikulation und Strukturierung von Sinn ganz erst in jenem Bereich, der sich durch die unabschließbare Aufgabe einer ›idealen Kommunikation‹ bestimmt.

(1973)

---

50 Die gegenteilige Auffassung vertritt J. Pelc, op. cit., S. 173: »Examples of more complicated or stylistically or poetically more ingenious metaphors do not contribute anything theoretically new to semiotic analysis, but just cause technical difficulties.« Dagegen beruhen die hier vorgelegten Überlegungen darauf, daß nicht der elementarste sondern der entfaltetste Zustand des Systems der geeignete Ausgangspunkt für seine Beschreibung ist.

SEMIOTIK ALS KULTURWISSENSCHAFT

A. J. Greimas, Du Sens. Essais sémiotiques

I

Semiologie nannte F. de Saussure die allgemeine Wissenschaft von den Zeichensystemen, in deren Rahmen die Linguistik ihren Ort haben sollte[1]. War, wie Saussure voraussetzte, die Sprache das Paradigma par excellence eines Zeichensystems, so konnte die Linguistik zum methodischen Paradigma der Semiologie werden. »La langue, le plus complexe et le plus répandu des systèmes d'expression, est aussi le plus caractéristique de tous; en ce sens la linguistique peut devenir le patron général de toute sémiologie, bien que la langue ne soit qu'un système particulier« (S. 101). Der neue Terminus Semiologie bezeichnet bei Saussure eine systematische Leerstelle im Ganzen der Wissenschaften, deren Besetzung von der ›linguistique générale‹ als Postulat aufgestellt wird. »Puisqu'elle n'existe pas encore, on ne peut dire ce qu'elle sera; mais elle a droit à l'existence, sa place est déterminée d'avance« (S. 33). Die Perspektive, die sich mit diesem Postulat eröffnet, ist weitreichend. Sie macht die Möglichkeit einer umfassenden Kulturwissenschaft als Wissenschaft von den kulturellen Systemen sichtbar, die den individuellen Kulturmanifestationen zugrunde liegen. Saussure selbst geht bei der Beschreibung der Aufgaben, die diese neue Wissenschaft übernehmen soll, nicht über die Andeutung eines allgemeinsten Programms hinaus; sie wird bestimmt als »science qui étudie la vie des signes au sein de la vie sociale« (S. 33). Seine eigene Sprachtheorie versteht sich als Vorgriff im Hinblick auf diese noch ausstehende Semiologie und somit in einer Vorläufigkeit, die darin freilich zurückgenommen erscheint, daß die Linguistik der Semiologie als Paradigma zugrunde gelegt werden kann.

Saussure begriff seine Sprachtheorie als Bruch mit der im wesentlichen auf sprachliche Einzelphänomene und ihre Transformation im geschichtlichen Prozeß gerichteten historischen Sprachwissenschaft. Voraussetzung einer Beschreibung der Sprache unter semiologischen

---

* Zuerst erschienen in: Zeitschrift für Französische Sprache und Literatur LXXXIII (1973).

[1] F. de Saussure, Cours de linguistique générale, Paris 1948. S. 33.

Prämissen wird ihre Erfassung als autonomes System (langue) in konsequenter Abgrenzung gegenüber allen anderen Zeichensystemen. Das im Hinblick auf den einzelnen Sprechakt sich stellende Problem der Verknüpfung von Zeichensystemen bleibt bei Saussure als Problembereich der ›parole‹ noch außerhalb der Betrachtung.

Schien bei Saussure durch das Paradigma der Linguistik die Aufgabe der Semiologie im Prinzip schon gelöst, so erfuhr sie in Hjelmslevs ›Prolegomena to a Theory of Language‹[2] eine Neuformulierung, die dem gegenwärtigen, immer noch zunehmenden Interesse an semiologischen Fragestellungen den Boden bereitet hat. Hjelmslev nimmt den Gedanken Saussures auf, daß die Linguistik ihren Ort hat im Rahmen einer allgemeinen Wissenschaft der Zeichensysteme (›general science of semiotics‹). Seine ›algebraische‹ Beschreibung der Sprache als ›self-sufficient totality, a structure sui generis‹ (S. 6) versteht sich gleichfalls als Modell für die Beschreibung eines jeden semiotischen Systems. Werden die semiotischen Systeme somit wie bei Saussure in Analogie gesehen, so entdeckt Hjelmslev eine eigene semiologische Aufgabe in der Beschreibung komplexer semiotischer Systeme, die aus mehr als einem semiotischen System bestehen. Die Möglichkeit sekundärer semiotischer Systeme ist bei Hjelmslev eine methodische Konsequenz seines deduktiven Verfahrens der Konstruktion der Möglichkeit von Sprache. Gemäß seiner von Saussure übernommenen Unterscheidung von Ausdrucks- und Inhaltsebene des Zeichens unterscheidet er so Semiotiken, deren Ausdrucksebene eine Semiotik ist (konnotative Semiotik), und Semiotiken, deren Inhaltsebene eine Semiotik ist (Metasemiotik).

Für die semiotischen Arbeiten, die im letzten Jahrzehnt insbesondere im Umkreis der Pariser ›École pratique des Hautes Études‹ entstanden sind[3], ist das Konzept des komplexen semiotischen Systems besonders fruchtbar geworden. Die Grundlagen, die Hjelmslev mit seinen Prolegomena gelegt hatte, erlaubten es, die Saussuresche Opposition von ›langue‹ und ›parole‹ aufzuheben und den Bereich der

---

2 Prolegomena to a Theory of Language, transl. by F. J. Whitfield, 2. Aufl., Madison 1963.

3 Den entscheidenden Anstoß für diese Forschungseinrichtung haben bekanntlich die an Hjelmslev orientierten semiologischen Arbeiten von R. Barthes (vor allem Mythologies (1957), Eléments de sèmiologie (1964), und Système de la mode (1967), andererseits die Arbeiten zur strukturalen Mythenforschung von C. Lévi-Strauss gegeben).

›parole‹ selbst, für Saussure noch Ort nicht systematisierbarer individueller Sprachverwendung, zum Gegenstand systematischer Beschreibung zu machen. Schon bis heute hat sich dieser Ansatz als außerordentlich produktiv erwiesen und sei es nur durch die Herausforderung, die er für Linguistik und Literaturwissenschaft bedeutet. In seinem Umkreis zeichnet sich die Möglichkeit einer systematischen Literaturwissenschaft ebenso ab, wie die Notwendigkeit einer Linguistik, die den, noch bei Hjelmslev für unerläßlich gehaltenen Rahmen der Sprachimmanenz sprengt. Damit konnte der Übergang von Linguistik zu Semiotik thematisch werden, nicht mehr nur ihre Parallelität. Der Text, verstanden als komplexes semiotisches System, wird zur Aufgabe einer auf mehrfachen Ebenen operierenden systematischen Beschreibung, die der Erfahrung der Literaturwissenschaft von der Komplexität der Texte Rechnung trägt, ohne den Anspruch der Linguistik auf methodische Sicherung der Deskription preiszugeben.

II

Vor diesem Hintergrund sind die Essais zur Semiotik zu sehen, die A. J. Greimas, Directeur d'Études für allgemeine Semantik an der VIe Section der Pariser École pratique des Hautes Études unter dem Titel ›Du Sens‹[4] zusammengefaßt hat. Mit diesen Aufsätzen führt er den schon in seiner ›Sémantique structurale‹[5] begonnenen Versuch fort, den Übergang von Wortsemantik zur Textsemantik und von dieser zur Semiotik methodisch gesichert zu vollziehen. So öffnet sich der Bezugsrahmen der strukturalen Linguistik Schritt für Schritt auf den Bezugsrahmen einer strukturalen Anthropologie als strukturaler Kulturwissenschaft.

Die Perspektiven dieser Arbeiten reichen außerordentlich weit. Semiotik im Sinne von Greimas setzt sich zur Aufgabe, nicht nur die vielfältigen Zeichensysteme und ihre komplexen Relationen zu beschreiben, sondern sie zugleich zu interpretieren als Artikulationssysteme von Sinn (sens). Nicht mehr die Einheit des Zeichens steht bei Greimas wie noch bei Saussure im Mittelpunkt, sondern die Einheit des Sinns als der Ganzheit einer Manifestation. Sinn ist für Greimas eine anthropologische Grundkategorie, die allen menschli-

[4] A. J. Greimas, Du Sens. Essais sémiotiques, Paris 1970.
[5] Paris 1966.

chen Zeichensystemen vorausliegt. Damit wird die Semiologie zu einer systematischen ›science de l'homme‹, die den ganzen Bereich menschlicher Kultur zum Gegenstand hat. Das Ziel, wie utopisch es vorerst auch noch erscheinen mag, ist eine systematische Kulturwissenschaft, die in einer einheitlich aufgebauten semiotischen Metasprache alle Institutionen, Codes und Normen des menschlichen Handelns erfassen soll.

Die Idee einer einheitlichen Kulturwissenschaft ist nicht neu, sie reicht bis ins 19. Jahrhundert zurück. Der Begriff der Kulturwissenschaft selbst, deren Gegenstand »Kultur als das von einem nach Zwecken handelnden Menschen entweder direkt Hervorgebrachte oder, wenn es schon vorhanden ist, doch wenigstens absichtlich Gepflegte«[6] sein sollte, wurde in Deutschland programmatisch eingeführt von Heinrich Rickert, der den Begriff, ohne damit Erfolg zu haben, an die Stelle des von Dilthey eingeführten Begriffs ›Geisteswissenschaften‹ setzen wollte. Rickerts Konzept der Kulturwissenschaft ist freilich dem von Greimas genau entgegengesetzt. Für ihn war Kulturwissenschaft identisch mit Geschichtswissenschaft, als deren Gegenstand er das historisch Individuelle verstand, die einmaligen Verwirklichungen der großen kulturellen Werte. Der Satz »die Soziologie wird hoffentlich in Deutschland niemals an die Stelle der Geschichtsphilosophie treten«[7] macht diesen Rickertschen Standpunkt unmißverständlich deutlich. Seitdem hat in Form von permanenten Krisen auf immer breiterer Ebene ein Prozeß des Umbaus der historischen Geisteswissenschaften in systematische Kulturwissenschaften begonnen und sich teilweise schon vollzogen. Die Umwandlung der historischen Sprachwissenschaften in strukturale Linguistik und neuerdings, zumindest partiell, der Literaturgeschichte in strukturale Literaturwissenschaft, steht in diesem Zusammenhang. Greimas' Konzept der systematischen Kulturwissenschaft als Semiotik kann verstanden werden als Versuch, die Konsequenz aus diesem Umbau zu ziehen und dabei überlebte wissenschaftliche Grenzziehungen aufzu-

---

[6] H. Rickert, Kulturwissenschaft und Naturwissenschaft, Freiburg 1899, S. 20. Zum Konzept der Kulturwissenschaft vgl. auch E. Cassirer, Die Philosophie der symbolischen Formen (4. Aufl., Darmstadt 1964) und ders., Zur Logik der Kulturwissenschaften, (3. Aufl., Darmstadt 1971). Cassirer, den Greimas nicht zu kennen scheint, kommt den Greimasschen Positionen sehr nahe.

[7] S. 69.

heben. Auch in Greimas' Semiotik nimmt das sprachliche Zeichensystem eine bevorzugte Stelle ein. Doch nicht weil es, wie bei Saussure, ein Zeichensystem par excellence darstellt, sondern weil Texte, Sprechakte, der Ort sind, wo Zeichensysteme unterschiedlichster Art sich zu komplexen Zeichensystemen verbinden. Was die Idee dieser Kulturwissenschaft, die in Saussures Konzept der Semiologie ihren Ursprung hat, von der Rickertschen Idee der Kulturwissenschaft prinzipiell unterscheidet, ist die Priorität des Erkenntnisinteresses am System über die im System möglichen Systemereignisse als Aktualisierungen im System angelegter Möglichkeiten.

Drei Prämissen liegen den semiotischen Arbeiten von Greimas zugrunde:

1. Sinn ist die Grundkategorie einer Kulturwissenschaft.
2. Sinn ist erfaßbar nur als artikulierter Sinn.
3. Die Artikulationen des Sinns sind als semiotisches System beschreibbar.

Die Implikationen dessen, daß für Greimas ›sens‹, Sinn, nicht ›signification‹ die letzte Bezugsebene bedeutet[8], sind weitreichend. Sinn ist eine Kategorie des Handelns, der Praxis, sie bezeichnet die kulturell determinierte Ökonomie eines Aufwands. Mit diesem Ansatz geht Greimas über das Konzept der Semiologie sowohl Saussures wie Hjelmslevs einen entscheidenden Schritt hinaus. Struktur wird erfaßt im Hinblick auf Sinn, Sinn im Hinblick auf Struktur. Die Möglichkeiten und Probleme dieses Ansatzes sollen bei der Erörterung der Greimasschen Arbeiten im einzelnen diskutiert werden.

Das Problem der Artikulation von ›Sinn‹ und die Aufgabe, eine Metasprache zu entwickeln, die es erlaubt, diese Artikulation in der Vielfalt ihrer Artikulationssysteme wissenschaftlich zu beschreiben, bilden den gemeinsamen Bezugspunkt, der die Arbeiten, bei aller Vielseitigkeit ihrer konkreten Fragestellungen zusammenfaßt. Das Vorgehen von Greimas läßt sich jeweils am ehesten als experimentierend systematisch bezeichnen. Die Darstellung ist jedes Mal eine Probe aufs System; zwar haben auch die Titel, unter denen Gruppen von Arbeiten angeordnet sind (Le Sens; L'Histoire et la Comparaison; Le Récit; La Manifestation), systematisierende Tendenz, inso-

---

[8] Vgl. zu Greimas' Begriff des ›sens‹ die Diskussion um den Begriff ›Sinn‹ im Rahmen einer soziologischen Systemtheorie zwischen J. Habermas und N. Luhmann (Theorie der Gesellschaft oder Sozialtechnologie, Frankfurt 1971).

fern als sie hierarchische Ebenen der Artikulation anzeigen, doch wird das umfassende System nicht angestrebt. Die Arbeiten zur allgemeinen Zeichentheorie, zur Kulturtheorie als Theorie der semiotischen Zwänge, zur Semiotik des Handelns, zur Semantik, zur Theorie der Konnotation, zu einer strukturalen Theorie der Geschichte, zur ›narrativen Grammatik‹, zur Struktur des Mythos und schließlich zur Poetik, ergeben keine semiotische Gesamtsystematik, sondern stehen untereinander in komplexen Beziehungen der Wiederholung, der Modifikation, Ergänzung und Fortsetzung. Das Programm, das ihnen gemeinsam ist, hat Greimas am Ende seines Einleitungsaufsatzes ›Du Sens‹ formuliert: »Déterminer les formes multiples de la présence du sens et les modes de son existence, les interpréter comme des instances horizontales et des niveaux verticaux de la signification, décrire les parcours des transpositions et transformations de contenus, ce sont autant de tâches qui, aujourd'hui, ne paraissent plus utopiques« (S. 17). Diese Stelle gibt Aufschluß nicht nur über das allgemeine Programm der Greimasschen Semiotik, sondern insbesondere darüber, wie der Begriff der ›articulation‹, Grundbegriff der strukturalen Semiotik und Linguistik schon bei Saussure und Hjelmslev, zu verstehen ist: als ›parcours‹, d. h. als Instanz vertikaler Transposition und horizontaler Transformation (Systemwechsel und Systemgebrauch). Der Begriff des ›parcours‹ unterscheidet sich wesentlich von Hjelmslevs Schema der vier semiotischen Ebenen von content substance, content form, expression substance, expression form. Die Opposition von Inhaltsebene und Ausdrucksebene wird relativiert und so ein Schema hierarchisch abgestufter Artikulationsebenen gewonnen, das es erlaubt, Modelle für Strukturen sehr unterschiedlicher Komplexität zu entwickeln.

Eine Erörterung aller ›parcours‹ der Greimasschen Semiotik würde den Rahmen dieser Darstellung sprengen. Das Folgende beschränkt sich auf die Exponierung von exemplarischen Positionen.

III

Die Aufsätze ›Conditions d'une sémiotique du monde naturel‹[9] und ›Les jeux des contraintes sémiotiques‹[10] bewegen sich im noch nicht

---

[9] Erstmals erschienen in Langages 7 (1968), einer Sondernummer über Pratiques et langages gestuels.

[10] Erstmals erschienen in englicher Sprache unter dem Titel The Interaction of Semiotic Constraints in: Yale French Studies 41 (1968).

auf Sprache projizierten semiotischen Raum. Der Aufsatz ›Conditions d'une sémiotique du monde naturel‹ belegt paradigmatisch Greimas' Vorgehen. Er beginnt beim Allgemeinsten, das ist Unartikuliertesten, um Schritt für Schritt neue Ebenen der Artikulation einzuführen, bis die Komplexität eines ›objet culturel‹ erreicht ist. Das Allgemeinste, bei dem Greimas ansetzt, ist »le monde naturel«, die Welt, wie sie den Sinnen gegeben ist. Es gibt kein Zeichen, dessen ›signifiant‹-Seite nicht seinen Ort hätte in der dem Menschen sich durch seine Sinnesorgane erschließenden Welt. Die Sinnenwelt ist der Ort aller ›signifiants‹ aller Zeichensysteme. Noch weiter: sie ist die Bedingung der Möglichkeit aller Zeichensysteme. Aus dieser Welt der Zeichenmöglichkeiten gliedert sich eine Welt der Zeichen, der sinntragenden Elemente aus, die sich konstituieren im Zusammenhang einer unübersehbaren Vielfalt von Zeichensystemen. Sie werden so zu Objekten einer menschlichen Lebenswelt, einer ›Kultur‹, die ihnen ihren Sinn verleiht. Die Verschiedenheit der menschlichen Kulturen läßt sich beschreiben als Verschiedenheit des Ergreifens der Möglichkeiten der sinnlichen Welt zu Elementen der Manifestation eines Sinns. Damit konstituiert sich ein eigener Gegenstandsbereich der ›science de l'homme‹, dessen Aufgabe nicht die Beschreibung der ›Natur‹ von Objekten ist, sondern ihres kulturellen Gebrauchs, wobei dieser Gebrauch sich beschreiben läßt als Gebrauch zur Manifestation eines Sinns in einem semiotischen System. Zur Illustration der Tragfähigkeit dieses Ansatzes verengt Greimas sein Beobachtungsfeld zunächst auf die visuell gegebene Welt und in dieser noch einmal auf eine für jede Semiotik zentrale Gegebenheit, die der Bewegungen des menschlichen Körpers als ›Gesten‹[11]. In verkleinertem Maßstab stellt sich das Verhältnis von ›signifiant‹ und ›signifié‹ hier erneut. Greimas beschreibt zunächst die durch die Konstitution des menschlichen Körpers überhaupt möglichen Weisen der Bewegung, aus der sich wiederum die sinntragenden Bewegungen zu Bewegungssystemen ausgliedern. Dabei ergibt sich eine zusätzliche Perspektive: nicht nur ist

---

[11] Bei seiner Darstellung geht Greimas nicht ein auf die amerikanischen Forschungen zur ›Kinemik‹, die gleichfalls auf eine linguistisch orientierte Beschreibung gestuellen Verhaltens, allerdings allein kommunikativen gestuellen Verhaltens, gerichtet sind. (Vgl. R. Birdwhistell, Conceptual Bases and Applications of the Communicational Sciences (California University Press 1965) und die Darstellung bei J. Kristeva, Le texte, pratique ou communication, in: Langages 7).

der menschliche Körper Objekt der Wahrnehmung, seine Bewegungen sind zugleich Bewegungen eines Aktanten, der sie bewußt einzusetzen vermag. Das Modell des menschlichen Körpers ist deshalb besonders glücklich, weil sich hier die gegebenen Bewegungsmöglichkeiten überhaupt relativ vollständig systematisch erfassen und die jeweiligen gestuellen Codes sich im Hinblick darauf darstellen lassen als Auswahl einer begrenzten Zahl von Möglichkeiten. Die Gestualität ist ein soziales, also kulturelles Phänomen. Hiermit ist der Punkt bezeichnet, von dem aus eine außerordentlich erhellende Perspektive auf das Verhältnis von Semiotik und Linguistik möglich wird. Einerseits lassen sich die Modelle der Phonologie und strukturalen Semantik zumindest hypothetisch anwenden für die strukturale Beschreibung gestueller Einheiten, wenngleich beide Modelle sich nur als partiell adäquat erweisen, andererseits lassen diese Modelle sich aus der Perspektive der Gestualität ihrerseits neu erfassen. Was phonologische, semantische und gestuelle Einheiten bei aller Verschiedenheit gemeinsam haben, ist, daß sie hervorgehen aus dem Zusammenwirken für sich unselbständiger ›traits‹, die erst durch ihre Korrelation die jeweilige Einheit konstituieren. Zu dieser formalen Analogie zwischen Sprache und Gestik tritt eine semantische Relation. In Fortführung von Gedanken D. Koechlins[12] kommt Greimas zu der weitreichenden Hypothese, daß »les catégories élémentaires du plan de l'expression de la sémiotique naturelle correspondent presque terme à terme à celles du plan du contenu de la sémiotique verbale« (S. 62). Diese Entsprechung zwischen gestueller Praxis und Semantik des Verbs impliziert, daß der sprachliche ›découpage du monde‹ bestimmt ist durch eine fundamentale Semiotik, die der menschlichen Praxis. Die Konsequenzen dieser These, die sich auf Marx' Umdeutung der Humboldtschen idealistischen Sprachphilosophie zurückführen läßt, geben das entscheidende Motiv, die Sprachwissenschaft im engeren Sinn zu überschreiten. Sinn ist eine Kategorie der Sprache wie der menschlichen Praxis. Dies bedeutet umgekehrt, so kann hier Greimas fortgesetzt werden, daß Handlungen als sinnvolle Handlungen, d. h. als solche, die in einem kulturellen Handlungssystem ›vorkommen‹, sich nur darstellen können, sofern sie sprachlich benennbar sind. Erst wenn gestuelle Einheiten oder Sequenzen von gestuellen Einheiten sich institutionalisiert haben, d. h. sich einordnen lassen in eine

---

12 B. Koechlin, Techniques corporelles et leurs notations symboliques in: Langages 7.

Rekurrenzklasse, haben sie ›Sinn‹. Dieser Sinn wird explizit in der sprachlichen Benennung der Rekurrenzklasse, unter die die gestuelle Einheit oder die Folge gestueller Einheiten fällt. Sprache und Handlung liegen für Greimas so nahe beieinander, daß er die Kombination gestueller Einheiten zu umfassenden gestuellen Verlaufseinheiten bezeichnen kann als ›discours gestuel‹. Das bedeutet andererseits, daß unter der Greimasschen Voraussetzung mit gleichem Recht der sprachliche Diskurs als diskursiver Gestus oder diskursive Handlung bezeichnet werden kann.

Es ist nach Greimas die Besonderheit des ›gestuellen Programms‹ als ›discours gestuel‹, daß sich in ihm zwei verschiedene Weisen von Sinn verkörpern können. Sinn kann gemeint sein als ›renvoi‹ oder als ›direction‹. Einmal verweist ein Code, als ›code de l'expression‹ auf einen zweiten Code als ›code du contenu‹, einmal stellt sich Sinn dar als Relation zwischen einer Intentionalität und ihrer Erfüllung. Die Erörterungen, die sich an diese Unterscheidung anschließen, sind nicht nur für eine gestuelle Semiotik, sondern auch für eine Texttheorie, die die Manifestationsebene des Textes als Artikulation einer Handlung versteht, von weitreichender Bedeutung.

Ist der Sinn des gestuellen Textes gemeint als ›renvoi‹, so heißt dies, er ist intendiert als Kommunikation. Der gestuelle Text als Kommunikation setzt einen Sender und einen Empfänger voraus. Im zweiten Fall, wo der gestuelle Text nicht Kommunikation meint, verwandelt sich der Sender, wie ihn das Interaktionsmodell ›Kommunikation‹ voraussetzt, in das Subjekt einer Handlung. Die Unterscheidung von ›sujet de l'énoncé‹ und ›sujet de l'énonciation‹, die Greimas von Benveniste übernimmt, dient dem Versuch, die Differenz zwischen gestueller Kommunikation und gestueller Praxis im Hinblick auf das linguistische Kommunikationsmodell weiter zu vertiefen. Während es in der sprachlichen Kommunikation ein Wechselspiel gibt von ›sujet de l'énoncé‹ und ›sujet de l'énonciation‹, das die Möglichkeit eines sprachlichen Synkretismus beider Subjekte impliziert, sind sie nach Greimas im gestuellen Text streng geschieden. Das Subjekt der gestuellen Kommunikation kann in Bezug gesetzt werden zum ›sujet de l'énonciation‹, zu dem der Empfänger in einem Ich-Du-Verhältnis steht. Das Subjekt der gestuellen Praxis ist ein ›sujet de l'énoncé‹, zu dem nur ein Beobachterstandpunkt möglich ist, in dessen Perspektive das Subjekt in der Distanz des ›il‹ erscheint. Die Ausschließlichkeit dieser Gegenüberstellung erscheint freilich als problematisch. Denn nicht nur ist jeder Kommunikationsakt als dieser auch eine Handlung, sondern umgekehrt ist jede Handlung, die einen Beobachter hat, zugleich ein Kommunikationsakt. Die zwangshafte Situation, in der jeder Handelnde sich befindet, der sich beobachtet weiß, ist ja gerade, daß seine Handlung zugleich kommunikativen Charakter hat und daß er unter dieser Voraussetzung die kommunikative Dimension seines Handelns miteinberechnen muß. Als eine eigene Form solcher kommunikativer Handlungen ließe sich die Klasse der appellativen Handlungen im Bezugsrahmen der Interaktion begreifen, die erst durch Einbeziehung des Adressaten, der hier nicht einfach Beobachter ist, zum Abschluß kommen. Es ist die Frage, ob nicht die Kommunikation, die Greimas der Praxis entgegensetzt, unter diese besondere Klasse fällt, sofern Kommunikation als Modifikation der Bedingungen des Handelns eines Adressaten aufgefaßt werden kann.

Die verschiedenartige Leistung der beiden großen Klassen gestueller Texte im Hinblick auf die Artikulation von Sinn werden eingehend spezifiziert. Der Klassifikationsversuch des Bereichs der gestuellen Kommunikation dient dem Nachweis der kommunikativen Defizienz dieses Kommunikationsmediums. Eine erste Gruppe, die die Defizienz der gestuellen Kommunikation exemplarisch belegt, wird von Greimas als ›gestualité attributive‹ bezeichnet. Sie dient dem Ausdruck subjektiver Befindlichkeit des kommunizierenden Subjekts. Sofern diese Gestualität immer nur ein Sein, nicht ein Tun ausdrückt, und über die Grenzen des Ausdrucks von Subjektivität nicht hinaus kann, ist sie als gestuelles Korrelat zur sprachlichen Interjektion aufzufassen, die attributiv einen Zustand des Subjekts bezeichnet. Auch die ›modale Gestualität‹ beschränkt sich auf kommunikative Hilfsfunktionen. Sie steht in funktionalem Zusammenhang zur sprachlichen Kommunikation, indem sie diese mit zusätzlichen gestuellen Informationen begleitet. Die mimetische Gestualität bezeugt gleichfalls die Defizienz des gestuellen kommunikativen Codes. Diese ist nichts anderes als ›la transposition d'une sémiotique visuelle dans une autre‹ (S. 77). Ihre Möglichkeiten erschöpfen sich in einem Inventar gestueller Zeichen ohne eigene Syntax, so daß sie ebenfalls auf eine sekundäre kommunikative Funktion beschränkt bleibt. Sie vermag Sinnzusammenhänge nicht abzubilden, sondern immer nur auf vorausgesetzte Sinnzusammenhänge hinzuweisen oder sprachlich artikulierte Sinnzusammenhänge zu begleiten. Damit stellt sich freilich noch einmal die Frage nach dem semiotischen Status solcher ›gestueller Texte‹, die nicht in den Bereich der gestuellen Praxis fallen. Greimas antwortet darauf mit der weitreichenden und scharfsinnigen Hypothese »que toute gestualité programmée dépassant les dimensions des sémème/phonème, dans la mesure où elle est mise au service de la communication, est d'origine mythique; bien plus: qu'elle est la transposition, sur l'axe de la communication, d'énoncés et de programmes gestuels à contenu implicitement mythique« (S. 79). So läßt nach Greimas die unter die Kategorie des ›sacré‹ fallende ›praxis mythique‹ zwei kommunikative Ableitungen erkennen, die unter die Kategorie des ›ludique‹ und ›esthétique‹ gebracht und mit Volkstanz und Ballett belegt werden. Wenn das Ballett als ästhetische Form sich ganz von der ihr genetisch zugrunde liegenden Form der mythischen Praxis befreit hat und nur noch eine kommunikative Funktion übernimmt, so bleibt doch und gerade hier der Zusammenhang eines ›Mythos‹ vorausgesetzt, der als eine narrative Struktur sich jederzeit auch sprachlich manifestieren ließe. Letzte Konsequenz der Ästhetisierung des Balletts ist die Aufgabe auch dieser kommunikativen Funktion im Hinblick auf eine vollkommene ›Desemantisierung‹. So lange eine gestuelle Kommunikation, die über die Dimension des bloßen Zeichens hinausreicht, sich erhält, bleibt sie bezogen auf die vorausgesetzte Organisation eines narrativen Zusammenhangs, dessen eigene narrative Semiotik sowohl sprachlich manifestierbar wie gestuell reproduzierbar ist.

Nachdem sich so die gestuelle Kommunikation und damit die Dimension der ›transposition‹ für den spezifischen semiotischen Status der Gestualität als sekundär erwiesen hat, geht Greimas über zur Beschreibung der ›praxis gestuelle‹, als eigentlich relevanter Dimension gestueller Semiosis. Deren eigene Sinndimension als Dimension der ›transformation‹ wird verdeutlicht am Unterschied von gestueller und sprachlicher Struktur. Lassen sich phonematische und gestuelle Einheit unter dem Gesichtspunkt ihrer Produktion in eins sehen, so daß die phonematische Einheit schließlich als Grenzfall einer gestuellen Einheit erscheinen kann, so unterscheiden beide sich grundlegend darin, daß die phonematische Ebene als Ausdrucksebene einer Sprache einer ihr eigenen Inhaltsebene zugeordnet ist als ›enchevêtrement de deux algèbres non isomorphes‹ (S. 84), während bei der semiotischen Gestualität Ausdrucksebene und Inhaltsebene zusammenfallen: »le programme de la manifestation y est en même temps la séquence manifestée« (S. 84). Für die gestuelle Praxis bedeutet dies, daß ihr semiotischer Status sich nicht auf vertikaler, sondern auf horizontaler Ebene konstituiert.

Die Thematisierung der horizontalen semiotischen Struktur der gestuellen Praxis eröffnet ein Feld semiotischer Fragestellungen von noch unabsehbarer Reichweite, das für Linguistik wie Textwissenschaft gleichermaßen relevant ist. Mit diesem Ansatz löst sich Greimas endgültig aus der Tradition der strukturalen Linguistik seit Saussure. Für diese war die zentrale Frage die nach der vertikalen (›synchronen‹) Relation zwischen ›signifiant‹ und ›signifié‹ und, daraus abgeleitet, die Frage nach dem Ort des ›signifiant‹ im System der ›signifiants‹ und dem Ort des ›signifié‹ im System der ›signifiés‹. Das Problem der horizontalen (›diachronen‹ Sinnrelationen, die sich konstituieren im Prozeß je spezifischer sprachlicher Artikulation, blieb als Problembereich der ›parole‹ außerhalb systematisch-linguistischer Fragestellung. Bei Greimas stellt sich erstmals das Problem möglicher Beschreibung horizontaler ›signifiant-signifié‹-Relationen, zunächst auf der Ebene gestueller Praxis, dann aber, unter Voraussetzung der Korrespondenz von gestuellem ›signifiant‹ und ›signifié‹ der natürlichen Sprachen auch auf der Ebene sprachlicher Prozesse, d. h. von Texten. Sind Handlungen möglicher Gegenstand einer gestuellen Semiotik, so begreift dieser Bereich notwendig den Bereich der sprachlichen Handlungen als ›entlasteten‹ Handlungen ein. Die horizontale Relation von ›signifiant‹ und ›signifié‹ auf der Ebene gestueller Praxis verlangt zu ihrer adäquaten Beschreibung eine Semiotik, die nur eine funktionale Semiotik sein kann[13]. Wird eine Sequenz gestueller Figuren als ›signifiant‹ aufgefaßt, so entspricht ihr als ›signifié‹ ein gestuelles Projekt, das erst erlaubt, ihren funktionalen Status zu beschreiben. Dabei spielt eine zentrale Rolle eine Struktur, die Greimas als ›distance sémiotique‹ (S. 87) bezeichnet. Der Ort einer Sequenz von gestuellen Figuren bestimmt sich im Hinblick auf eine Hierarchie, deren höchste Ebene das Projekt selbst darstellt. Dabei lassen sich Grade von Vermitteltheit mit dem Projekt bezeichnen, die Grade der Semantizität, bzw. der Desemantisierung bezeichnen. »En neutralisant les signifiés partiels, elle transforme la relation sémiotique immédiate en une distance sémiotique ayant statut de relation hypotaxique: chaque figure gestuelle, désémantisée, garde sa position méto-

---

13 Einer funktionalen Semiotik gestueller Praxis erwachsen besondere Schwierigkeiten aus der Modifikation des Handlungsprogramms durch das Objekt, an dem es sich verwirklicht. Greimas weist andeutungsweise darauf hin (S. 64 ff.), ohne die ganze Tragweite dieses Sachverhalts sichtbar zu machen.

nymique par rapport au signifié global du programme« (S. 87). Das Projekt selbst, als das globale ›signifié‹ ist nie eigens bezeichnet, sondern immer impliziert, im Gegensatz zum sprachlichen ›signifié‹, in dem ein Konzept ausdrücklich wird. Die Semiosis der gestuellen Praxis ist nicht eine unmittelbare Relation zwischen ›signifié‹ und ›signifiant‹, sondern eine komplexe Relation zwischen globalem ›signifié‹ und globalem ›signifiant‹ und einem Bündel von metonymischen Relationen, die das ›signifié‹ mit jedem seiner es manifestierenden Teile verbindet. Wenn es so möglich ist, ein ›signifié‹ als Projekt zu manifestieren in einer hierarchisch zu interpretierenden Kette einer prinzipiell unabschließbaren Folge von ›signifiants‹, so ergibt sich daraus die Notwendigkeit, zum Konzept des ›projet‹ als komplementäres Konzept das der Ökonomie einzuführen. Greimas deutet dies nur an, ohne die Implikationen, die im Konzept der Ökonomie liegen und die einer Entfaltung im Rahmen einer historischen, ökonomisch fundierten Anthropologie bedürften, weiter zu verfolgen.

Liegt der Sinn der gestuellen Praxis, d. h. der verschiedenen gestuellen Programme, in ihren Projekten und sind diese Projekte in einem weitesten Rahmen bestimmbar als kulturelle Projekte, so sind die Resultate, in denen, nach durchlaufenem Programm, das Projekt sich materialisiert hat, bestimmbar als kulturelle Objekte. Jedes kulturelle Objekt ist genetisch bestimmbar durch das gestuelle Programm, das es hervorgebracht hat. Es hängt vom kulturellen Gegenstand ab, inwieweit die Bestimmung des ihm zugrunde liegenden Programms diesen selbst in seinem Sinn determiniert. Dies gilt ganz besonders für Objekte, die zugleich Programme sind, wie z. B. literarische Gegenstände, die als Objekte erfaßt werden können, deren Sinn sich nur erschließt, wenn das Objekt in das ihm zugrunde liegende Programm transformiert wird. Die Struktur des gestuellen Programms, wo es sich in einem ›objet culturel‹ objektiviert, hat als Äquivalent eine Gegenstandsstruktur, die Greimas als morphematisch bezeichnet. Das Ganze eines so konstituierten Gegenstands gliedert sich in heterogene, aber funktional aufeinander bezogene Teile, denen jeweils ein gestuelles Unterprogramm entspricht. Mit dem ›objet culturel‹ ist eine neue Stufe gestueller Praxis erreicht: definiert das ›objet culturel‹ sich einerseits genetisch aus dem ihm zugrundeliegenden gestuellen Programm, andererseits morphematisch aus seinen aufeinander bezogenen Teilen, so schließlich drittens durch seinen Gebrauch als Operator, durch den es als ›adjuvant‹ oder ›substitut du sujet‹ in ein neues gestuelles Programm eintritt. Im Falle des Textes bedeutete dies, so wäre Greimas fortzuführen, daß das gestuelle Programm der Textproduktion, das den Text konstituiert, fortgeführt wird im gestuellen Programm der Reproduktion durch den Benutzer des Textes, den Leser, wobei hier Programm der Produktion und Programm der Reproduktion als komplementäre Programme zu verstehen wären. Erst mit der Überführung des Programms der Produktion in ein Programm der Reproduktion findet das Projekt, das den Sinn des Programms konstituiert, seine abschließende Erfüllung.

Der in Zusammenarbeit mit F. Rastier entstandene Aufsatz ›Les jeux des contraintes sémiotiques‹ setzt die Theorie einer Semiotik als Kulturtheorie fort in einer semiotischen Theorie kultureller Zwänge, die expliziert wird am Beispiel kulturell normierter zwischengeschlechtlicher Beziehungen. Ausgangspunkt ist die Voraussetzung, daß das kulturelle Faktum zurückführbar ist auf elementare Konzepte, die in einen komplexen Prozeß der Artikulation überführt werden (›parcours complexe‹, S. 135), der sich bestimmt durch Zwänge einerseits, Wahlmöglichkeiten andererseits. Greimas gibt ein elementares Modell dieses ›parcours‹ als Bewegungsverlauf mit drei Zuständen. Der Prozeß der Artikulation nimmt seinen Ausgang von einer Schicht von ›structures profondes‹ als elementaren Konstituenten. Man kann diese abstrakten Elemente verstehen als Leerstellen, durch deren Besetzung eine zweite Ebene erzeugt wird, jene der ›structures superficielles‹. Es entsteht so nach den Regeln einer semiotischen Grammatik eine diskursiv geordnete Folge von Konzepten. Diese bedürfen der Manifestation in einem semiotischen Ausdrucksmedium, das seinerseits nach eigenen Regeln strukturiert ist. Mit diesem Modell beschreibt Greimas die komplementäre Bewegung zu jener, die er in dem Aufsatz über die gestuelle Praxis entwickelt hatte. War dort thematisiert der Weg von den Einheiten der Ebene des ›signifiant‹ zu den Einheiten der Ebene des ›signifié‹, so hier die umgekehrte Richtung. Das Dreiphasenmodell, das Greimas seiner Erörterung der semiotischen Zwänge zugrundelegt, bezeugt die produktive Weiterentwicklung des Hjelmslevschen Modells in Richtung auf eine ›Transformationssemiotik‹. Greimas entwickelt zunächst explizit den Übergang von der ersten zur zweiten Schicht. Gegeben sei eine Bedeutungssphäre S. Diese konstituiert sich zunächst als Differenz zu allen übrigen Bedeutungssphären, d. h. in Opposition zu non S. Die Bedeutungssphäre oder Inhaltssubstanz S artikuliert sich elementar in zwei konträren Semen s1 vs. s2. Jeder

der beiden Terme impliziert einen kontradiktorischen Term, so daß zu dem ersten Artikulationsschema ein zweites, non s1 vs. non s2 hinzutritt, wobei die beiden Schemata sich zu einem Gesamtschema vereinigen, das bestimmt ist durch die konträre Relation zwischen s1 und s2 und zwischen non s2 und non s1, die kontradiktorische Relation zwischen s1 und non s1 und s2 und non s2 sowie eine Implikationsrelation zwischen s1 und non s2 und s2 und non s1. Dieses elementare Schema läßt sich rekursiv erneut auf jede einzelne der vier Einheiten des elementaren Schemas anwenden. Dabei bleibt freilich im konkreten Fall immer das Problem, daß dieses Schema nur gilt unter idealen Bedingungen. Nur in den seltensten Fällen folgt die Lexikalisierung natürlicher Sprachen einer ideal geordneten semantischen Artikulation. Gewöhnlich ist hier mit vielfältigen Formen von Überlappungen einerseits und fehlenden Lexikalisierungen andererseits zu rechnen, was die Anwendung des von Greimas vorgeschlagenen elementaren semiotischen Modells problematisch macht, so lange nicht eine eigene wissenschaftliche Metasprache, die nach den Kriterien des elementaren Modells konstruiert wäre, zur Verfügung steht. Auch ein zweites Problem bleibt bei Greimas außer Betracht. In einer verräterischen Wendung heißt es von der Inhaltssubstanz S: »[elle] s'articule, au niveau de la forme du contenu, en deux sèmes contraires« (S. 136). Greimas setzt mit dieser Formulierung eine Selbsttätigkeit voraus, die den für eine Artikulation konstitutiven Interessen nicht Rechnung trägt. Die Logik der Artikulation bedarf einer Pragmatik der Artikulation zu ihrer Ergänzung. Die Artikulation ist nicht einfach eine Strukturierung, sondern immer zugleich eine Hinsicht, unter der strukturiert wird (a steht als b im Gegensatz zu c). Die Artikulation verläuft nicht nur ›von oben nach unten‹, sondern ist immer zugleich Integration des Artikulierten in ein schon bereitstehendes Artikulationssystem.

Das elementare Modell eines semiotischen Systems als ›structure profonde‹ impliziert vier Einheiten und zwischen ihnen eine Menge erschöpfend beschreibbarer Relationen. Der Übergang auf die Ebene der ›structures superficielles‹, d. h. zur konzeptuellen Besetzung der Tiefenstruktur, verlangt neben dem elementaren semiotischen Modell ein Regelsystem, das den Gebrauch des elementaren semiotischen Modells auf der Ebene der ›structures superficielles‹ erst ermöglicht. Da das Regelsystem selbst ein semiotisches System ist, läßt sich hier das elementare semiotische Modell erstmals anwenden. Es gibt auf der Ebene des semiotischen Regelsystems eine semantische Achse zwischen Geboten und Verboten, die sich als Anweisungen zusammenfassen lassen und eine daraus abgeleitete negative semantische Achse zwischen Nicht-Geboten und Nicht-Verboten, die als Nicht-Anweisungen zusammengefaßt werden können. Es wird so aus der Menge prinzipiell möglicher Relationen eine Menge von systemzugehörigen Relationen herausgehoben, die sich nach den vier Gesichtspunkten unterscheiden lassen. Damit ist der Ausgangspunkt gewonnen für die Beschreibung des Systems der zwischengeschlechtlichen Beziehungen als einer Möglichkeit einer konkreten Besetzung des zugrundeliegenden semiotischen Schemas. Greimas unterscheidet mit Lévi-Strauss hier die Menge der systemimmanenten und systemtranszendenten Möglichkeiten, die als Kultur und Natur einander entgegengesetzt werden. Verhalten sich Kultur und Natur als Inbegriffe der vorgeschriebenen und verbotenen Relationen konträr zueinander, so werden die möglichen Zwischenbereiche beschreibbar gemacht durch kontradiktorische Relationen: Kultur vs. Nicht-Kultur, Natur vs. Nicht-Natur. Dieses einfache Modell zwischengeschlechtlicher Relationen läßt sich nun dadurch zu beliebiger Komplexität erweitern, daß Zusatzbedingungen in Form von sekundären Regelsystemen eingeführt werden. Greimas demonstriert dies durch die Einführung eines ökonomischen und eines individuellen Wertsystems. Es entsteht aus dieser zusätzlichen Einführung von Regelsystemen ein komplexes System möglicher Kompatibilitäten und Inkompatibilitäten. Dabei gibt es eine Hierarchie der gesellschaftlichen Gültigkeit der Regelsysteme und so auch eine Abstufung der Inkompatibilität nach ihrem Gewicht. Die vom hierarchisch höchsten Regelsystem freigestellten Möglichkeiten der Wahl werden also zusätzlich begrenzt durch die Gültigkeit eines sekundären Systems und die daraus hervorgehenden Wahlmöglichkeiten ihrerseits erneut durch ein tertiäres System usw. Die Interaktion semiotischer Strukturen, wie sie das Beispiel der zwischengeschlechtlichen Relationen demonstriert, ist eine Voraussetzung, mit der jede Analyse an gegebenen Manifestationen von Sinn zu rechnen hat. Die Aufgabe einer systematischen Beschreibung der Manifestation von Sinn muß es demnach sein, eine Hierarchie der für die Manifestation relevanten semiotischen Systeme aufzustellen und das Anwachsen der semiotischen Zwänge und damit Konfliktmöglichkeiten beim Durchlaufen der verschiedenen semiotischen Systeme darzustellen. Die Strategie eines solchen Verfahrens kann nur darauf hinauslaufen, den Bereich dessen, was zunächst als das Zufällige oder Individuelle an einer konkreten Manifestation erscheint, immer weiter zurückzudrängen und so zugleich die Kategorie des Sinns aus einer metaphysischen Bedeutung in eine zumindest hypothetisch konstruierbare systematische Bedeutung zu transformieren.

IV

Es ist bemerkenswert, mit welchem Nachdruck semiotische Arbeiten der jüngsten Zeit sich auf den Bereich narrativer Texte konzentrieren. Die Erklärung fällt nicht schwer. Unter allen semiotischen Systemen ist das System der Narrativität das komplexeste. Für eine allgemeine Semiotik als Kulturwissenschaft muß die Konstruktion des Modells der Narrativität deshalb von besonderem Interesse sein. So ist es nicht zufällig, daß der Aufsatz ›Éléments d'une grammaire narrative‹[14] den eigentlichen Mittelpunkt von Greimas' Aufsätzen zur Semiotik bildet, in dem alle Fäden zusammenlaufen. Das Thema des semiotischen ›parcours‹ wird hier paradigmatisch entfaltet. »Il faut (...) imaginer les instances ab quo de la génération de la signification, de telle sorte qu'à partir d'agglomérats de sens aussi peu articulés que possible, on puisse obtenir, en descendant par paliers successifs, des articulations significatives de plus en plus raffinées, afin d'atteindre simultanément les deux buts que vise le sens en se manifestant: apparaître comme sens articulé, c'est-à-dire, signification, et comme discours sur le sens, c'est-à-dire une grande paraphrase développant à sa manière toutes les articulations antérieures du sens« (S. 159). Dieses Programm einer Semiotik der Narrativität eröffnet die Möglichkeit einer semiotischen Textwissenschaft, die sich weder auf Literaturwissenschaft im traditionellen Sinne noch auf Linguistik, auch nicht in Form von ›Textlinguistik‹, zurückführen läßt. Es ist ein tragender und für die Literaturwissenschaft revolutionärer Gedanke, den schon die Sprachtheorie Hjelmslevs exponiert, daß der ›Inhalt‹ der sprachlichen Kommunikation seinerseits gegliedert, einer beschreibbaren Struktur unterworfen ist. Die Implikationen, die diese Prämisse für die Beschreibung einer Manifestation von Sinn hat und die bei Hjelmslev noch unentfaltet geblieben waren, kommen erstmals ganz zum Tragen in der strukturalen Mythenanalyse von Lévi-Strauss, deren Paradigma-Charakter für eine systematische Literaturwissenschaft sich immer deutlicher abzuzeichnen beginnt. Die Darstel-

---

[14] Zuerst erschienen in: L'Homme IX (1969).

lung von Greimas steht in dieser Linie, und man wird sagen können, daß es bis heute keine Arbeit gibt, die in vergleichbarer Weise die Komplexität des semiotischen Systems der Narrativität ans Licht gehoben und Schritt für Schritt exponiert hätte. Ausgangspunkt für die Konstruktion des narrativen Modells ist erneut die elementare Struktur der Bezeichnung (signification). Dieses Modell ist ein rein formales Schema, das als solches die Artikulation der semantischen Substanz eines ›semantischen Mikrouniversums‹ ermöglicht. Jeder semiotischen Artikulation von Sinn liegt dieses elementare Modell zugrunde. Wenn es, indem es sich gewissermaßen der Inhaltssubstanz inkorporiert, die Voraussetzung ist für die Artikulation eines semantischen Universums, so ist es als formales Modell zugleich die Bedingung für die Konstruktion einer ›fundamentalen Grammatik‹. Als solchem kommt ihm die Aufgabe zu, die bereits organisierten Inhalte zu ›manipulieren‹, d. h. ihre formal geregelte Beziehbarkeit zu ermöglichen. Eine Grammatik besteht nach Greimas aus einer Morphologie und einer Syntax, wobei die Morphologie bestimmt ist als Taxinomie, deren Terme wechselseitig bedingt sind, und die Syntax als eine Menge von Regeln für Operationen über den Termen der Morphologie. Das taxinomische Modell ist mit dem Modell der elementaren Bezeichnungsstruktur identisch. Es ist grundlegend für nicht narrative diskursive und narrative Formen zugleich.

Das taxonomische Modell als Grundlage einer elementaren Morphologie ist statisch, doch läßt es sich in ein dynamisches Modell überführen. Die Operationen, die die statischen Relationen des taxinomischen Modells in Transformationen eines Elements in ein anderes überführen, konstituieren den Bereich einer fundamentalen Syntax. Diese bezeichnet die Möglichkeit des Übergangs von einem Term des elementaren Modells zu einem anderen und damit die Grundvoraussetzung für die Überführung des Systems in einen Prozeß. Mit diesem Übergang ist der erste Schritt des ›parcours‹, d. h. des Wechsels von einer abstrakteren zu einer weniger abstrakten Ebene vollzogen. Als neue Eigenschaft kommt den syntaktischen Operationen zu, daß sie gerichtet, d. h. nicht umkehrbar sind. Wird die Relation der Kontradiktion etwa zwischen s1 und non s1 überführt in eine Operation, die den Übergang von s1 zu non s1 bewirkt, so ergibt sich daraus die Notwendigkeit einer zweiten Operation: die Unbestimmtheit der Negativität muß überführt werden in die Bestimmtheit einer zum Ausgangselement s1 konträren Einheit s2. Damit ist die erste Verkettung elementarer Operationen gewonnen.

Der Übergang von der fundamentalen Grammatik, die rein logisch aufgebaut ist, zu einer narrativen Oberflächengrammatik stellt sich dar als Besetzung, die den Charakter einer Anthropomorphisierung hat. Nach ihrem Status im wissenschaftlichen Diskurs sind beide Ebenen Metasprachen, die über ein und demselben linguistischen Phänomen konstruiert sind, dem der narrativen Manifestation. Die syntaktische Operation erscheint auf der Ebene der narrativen Oberflächengrammatik als syntaktisches Handeln. Dieses ›syntaktische Handeln‹ ist zu verstehen im Rahmen eines formalen Handlungsmodells, dessen Konzepte unter den Bedingungen der Narrativität als textkonstitutive Momente auffaßbar sind. Während die logische Operation nach Greimas es erlaubt, das Subjekt der Operation auszuklammern, setzt jedes Handeln ein menschliches Subjekt voraus. Doch ist dieses Handeln nicht thematisiert als es selbst, sondern als Darstellung von Handeln, dessen Erscheinung an ein semiotisches Kommunikationssystem gebunden ist, das seinerseits eine konstitutive Relation von Sender und Empfänger voraussetzt. Ausgehend vom Modell einer einfachen narrativen Aussage, in dem ein Aktant bestimmt wird durch sein Tun (EN = F (A)), konstruiert Greimas eine Folge von aufeinander aufbauenden narrativen Aussagen mit zunehmender Komplexität. So entsteht eine Typologie narrativer Aussagen aufgrund zunehmender semantischer Restriktionen, d. h. determinierender Zusatzbedingungen. Ein Aktant wird zum Subjekt-Aktanten, indem sein Handeln durch das Klassem ›Wollen‹ modifiziert wird. Unterscheidet man zwischen deskriptiven und modalen Aussagen, so läßt sich sagen, daß, linguistisch gesehen, ›wollen‹ eine modale Aussage konstituiert, von der eine deskriptive Aussage abhängig ist. Dem Subjekt der modalen Aussage als Subjekt-Aktant steht das auf dieses bezogene Subjekt der deskriptiven Aussage als Objekt-Aktant entgegen. (Greimas gibt als Beispiel: »Jean veut que Pierre parte«, S. 169). Die deskriptive Aussage bezeichnet ein Programm, das den Realisierungswunsch einer modalen Aussage expliziert. Eine Unterklasse ergibt sich dabei im Fall des Synkretismus von Subjekt-Aktant der modalen und Objekt-Aktant der deskriptiven Aussage. (Beispiel: Pierre veut partir). In diesem Fall besteht das ›syntaktische Handeln‹ in der Transformation eines virtuellen in ein aktualisiertes Programm.

Unter der Bedingung des Synkretismus von Subjekt-Aktant und Objekt-Aktant läßt sich eine Unterklasse der deskriptiven Aussagen gewinnen, die Greimas als attributive Aussagen bezeichnet. Sie entstehen dann, wenn ihre Dimension nicht die des Handelns, sondern die des Habens oder die des Seins ist (Pierre veut une pomme; Pierre veut être bon). Wird das erstrebte Objekt eines virtuellen Besitzens als Wert bezeichnet, so geht es einmal um einen ›inneren‹ Wert der Qualifikation des Subjekts, einmal um einen ›äußeren‹ Wert des Besitzes. Im ersten Fall wird die Relation zwischen Subjekt und Objekt der attributiven Aussage von Greimas als hypotaxisch, im zweiten als hyponymisch bezeichnet.

Mit der Einführung der Kategorie des Wollens treten an die Stelle des einen Aktanten der einfachen narrativen Aussage zwei Aktanten, die als Subjekt und Objekt einander durch eine ›axe du désir‹ zugeordnet sind, und zwar das Subjekt als ausführendes Subjekt eines Programms, das Objekt als erstrebter Wert. Die letzte, komplexeste Form narrativer Aussagen ergibt sich durch Einführung der Modalität des Wissens und Könnens in bezug auf die Modalität des Wollens. In diesem Fall hat die modale Aussage zum Objekt eine weitere modale Aussage, die als deskriptive Aussage fungiert.

Die Konstruktion der narrativen Oberflächengrammatik vollzieht sich konsequent als Übergang zu immer komplexeren Einheiten. Sind Funktionen und Aktanten die konstitutiven Elemente der narrativen Grammatik, die sich zu narrativen Aussagen als elementaren syntaktischen Einheiten verbanden, so werden diese nunmehr überführt in narrative Einheiten als syntagmatische Folgen von narrativen Aussagen. Greimas unterscheidet dabei performatorische Einheiten und Folgen von performatorischen Einheiten. Die Struktur der performatorischen Einheit ist für Greimas die eigentlich distinktive Einheit der Narration. Die kontradiktorische Relation der Fundamentalgrammatik wird auf die Ebene der performatorischen Einheit projiziert als Konflikt. Die Institution konflikthafter Relationen ist das Merkmal, das die Narration in erster Linie bestimmt. Konflikte und ihre Aufhebung sind das eigentliche Thema der Narration, das Moment, das der Narration ihren eigentlichen Sinn gibt. Narrative Texte thematisieren Konflikte in Systemen und zwischen Systemen als konflikthafte Manifestationen, d. h. als Konkurrenz sich wechselseitig ausschließender Manifestationen oder, auf Handeln bezogen, sich wechselseitig negierender gestueller Programme. Die performatorische Einheit als Einheit eines Konflikts setzt also zwei Subjekte voraus mit zwei kontradiktorischen Maximen des Handelns. Die Operation der Negation in der Fundamentalgrammatik (z. B. Übergang von s1 zu non s1) wird dabei, entsprechend der Interpretation der

Kontradiktion als ›polemischer Antagonismus‹ zur Funktion der Domination. Das Schema der narrativen ›Orientiertheit‹ läßt die Besetzung, d. h. die Wahl von negiertem und negierendem, also dominiertem und dominierendem Subjekt offen. Die Voraussetzung, daß die Negation eines Terms zugleich die Assertion des kontradiktorischen Terms bedeutet, wird auf der Ebene der Oberflächensyntax manifestiert durch zwei narrative, voneinander unabhängige Aussagen, von denen die erste bestimmt ist durch die Funktion der Domination, die im logischen Modell der Negation entspricht, die zweite durch die Funktion der Attribution, die in der Assertion ihre logische Entsprechung hat. Damit lassen sich die Formeln angeben für drei aufeinanderfolgende narrative Stadien, die die performative Einheit ausmachen. Der Gerichtetheit der drei narrativen Aussagen von EN1 (Konfrontation) über EN2 (Domination) zu EN3 (Attribution) entspricht eine umgekehrte Richtung der Implikation von EN3 über EN2 zu EN1. Diese Umkehrung erlaubt es, von der letzten narrativen Aussage zu den vorausgehenden zurückzugehen und so elliptische Manifestationen zu katalysieren.

Nach der Darstellung der konstitutiven Elemente der performatorischen Einheit geht Greimas über zur Darstellung von Einheiten noch größerer Komplexität, den performatorischen Folgen. Dabei beginnt er mit einer Neuformulierung der die performatorische Einheit beschließenden narrativen Aussage, die zunächst als attributive Aussage bestimmt worden war. Wenn diese darin besteht, daß ein Subjekt sich selbst einen Wert aneignet, so liegt dem ein Schema zugrunde, das die Linguistik als Kommunikationsschema kennt. Die kanonischen Faktoren der Kommunikation, Sender, Empfänger und Kommunikationsgegenstand sind hier so manifestiert, daß Sender und Empfänger synkretistisch zusammenfallen. Diese Neuformulierung erlaubt es, zwei Ebenen zu unterscheiden: die Ebene des performatorischen Subjekts der Besitznahme und die Ebene des Werttransfers selbst. Diese Unterscheidung ermöglicht einen Wechsel des Gesichtspunkts. Es lassen sich auf der zweiten Ebene die Aktanten rein deskriptiv verstehen als Orte für die Situierung der Werte, zu denen diese gebracht oder von denen sie entfernt werden können. Der Transfer selbst läßt jeweils eine zweifache Interpretation zu: einmal als Besitznahme, einmal als Verlust. Damit lassen sich nun die attributiven Aussagen genauer bestimmen als translative Aussagen. Dies bedeutet die Thematisierung einer Zweiseitigkeit: die abschließende Aussage einer performatorischen Einheit ist gleichermaßen bestimmbar als Wertgewinn oder als Wertverlust. Versteht man die Aktanten als Leerstellen für den Transfer von Werten (Greimas bezeichnet diese Leerstellen als ›deixis‹) und konstruiert man ein deiktisches Modell entsprechend dem Modell der Aktanten, so lassen sich zwei prinzipiell mögliche Formen des ›parcours‹ gewinnen: einmal als Übergang des Objekts von d1 nach d2 über non d1, einmal als Übergang von d2 nach d1 über non d2. Greimas hat hier insbesondere die elementare Struktur des russischen Volksmärchens im Auge, wie sie in V. Propps ›Morphologie des russischen Volksmärchens‹[15] dargestellt ist. Dessen Struktur ist bestimmt durch eine zirkelhafte Bewegung der Werte, die zwei narrative Räume durchläuft, wobei der eine als der des Helden dem des Antihelden (traître) positiv entgegengesetzt ist. Damit erfüllt das russische Volksmärchen die zwei Verläufe, die von der Struktur vorgegeben werden. Im Hinblick auf die objektiven Werte läßt sich also feststellen, daß die topologische Syntax des Transfers, die den ›parcours‹ des Sinns verdoppelt, wie er in Form von Operationen auf der Ebene der Fundamentalgrammatik festgelegt ist, die eigentliche Armatur der Narration konstituiert. Die syntaktischen ›parcours‹, die sich als Transfer artikulieren, konstituieren syntagmatische Folgen von performatorischen Einheiten, d. h. syntaktische Einheiten höherer Ebene. Greimas unterscheidet eine Syntax auf der Ebene der Operatoren von einer Syntax auf der Ebene der Operationen. Nach der Beschreibung des Transfers der Werte als Syntax der Operationen stellt Greimas die Frage nach dem Status der Aktanten als Operatoren. Diese bestimmen sich als Subjekte potentiellen Handelns und damit als Effektoren der zuvor beschriebenen Operationen. Virtualität des Handelns kann hier zweierlei bedeuten: ein ›zu handeln wissen‹ (savoir) und ein ›zu handeln vermögen‹ (pouvoir). Beides bezeichnet Modalitäten des Handelns. Diese können manifestiert sein einmal als modale Aussagen, die ein ›zu handeln verstehen‹ und ein ›zu handeln vermögen‹ des Subjekts ausdrücken oder eine attributive Aussage, die den Erwerb eines modalen Werts durch das Subjekt bezeichnet. Dabei ergibt sich die zweite Möglichkeit der Thematisierung eines Wertetransfers, insofern als die Subjekte zu Operatoren werden dadurch, daß sie sich einen modalen Wert aneignen. Erst wenn das Subjekt als Operator

---

15 Zur Auseinandersetzung von Greimas mit Propps Morphologie vgl. A. J. Greimas, Le conte populaire russe (analyse fonctionnelle) in: International Journal of Slavic Linguistics and Poetics 9 (1965).

mit einem ›zu handeln wissen‹ und einem ›zu handeln vermögen‹ ausgestattet ist, kann es die Handlung vollbringen, zu der es bestimmt ist. Somit lassen sich zwei Serien performatorischer Einheiten unterscheiden: die performatorischen Einheiten, die den Erwerb und den Transfer von modalen Werten thematisieren und die performatorischen Einheiten, die durch den Erwerb und Transfer der objektiven Werte bestimmt sind. Dabei gehen die ersteren den letzteren in der narrativen Abfolge voraus. Man könnte hier den Gedanken anschließen, daß, sofern jede Aneignung eines objektiven Werts zugleich eine Aneignung eines modalen Werts ist, jede Geschichte notwendig eine nicht thematisierte Geschichte voraussetzt und in einer neuen Geschichte weitergeführt werden müßte. Die Struktur der Narration selbst enthält also, dies läßt sich aus dem Greimasschen Ansatz unmittelbar folgern, das Prinzip ihrer unabschließbaren Multiplikation. Greimas stützt sich erneut auf das Paradigma des russischen Volksmärchens, wenn er im Folgenden die topologische Syntax der modalen Werte in genauer Analogie zur topologischen Syntax der objektiven Werte entwickelt und dabei davon ausgeht, daß die Aneignung eines modalen Werts durch einen Aktanten den Verlust dieses Werts bei seinem Opponenten voraussetzt.

Die Stringenz des von Greimas Zug um Zug entwickelten narrativen Modells ist beeindruckend. Greimas bemüht sich, in ähnlich konsequenter Weise den Gesichtspunkt der Autonomie einer Theorie der Narrativität durchzuhalten, wie Hjelmslev dies in seinen ›Prolegomena‹ für die Sprache getan hat. Sein Ziel ist die Beschreibung der formalen Struktur der Manifestation von Sinn durch das Schema der Narrativität. Es ist der Vorteil eines so expliziten Vorgehens, daß sich Kritik an ihm genau situieren läßt. Wo kritische Bedenken sich melden, stehen diese immer im Zusammenhang mit der Frage, ob Greimas' Modell *ein* Modell narrativer Texte oder *das* Modell narrativer Texte ist. Diese Frage stellt sich bereits bei Greimas' Typologie der modalen narrativen Aussagen. Daß diese Typologie systematisch vollständig ist, erscheint zumindest zweifelhaft. Müßte die Modalität des Wollens nicht durch die kontradiktorische Modalität des Nichtwollens ergänzt werden? Dies würde bedeuten, daß zu der von Greimas so bezeichneten ›axe du désir‹ eine ›axe de la phobie‹ hinzutreten müßte. Und wäre dann nicht als konträre Modalität zum Wollen die Modalität des Müssens einzuführen? Dies impliziert die Frage, ob nicht ein primäres modales System nach dem Modell der von Greimas entwickelten ›Fundamentalgrammatik‹ hinzukommen müßte. Daß Greimas, obwohl er eine allgemeine Theorie der Narrativität intendiert, sich im wesentlichen nur an ein ganz spezifisches, eigenen Bedingungen folgendes Paradigma hält, das nämlich des durch Propp erstmals formalistisch beschriebenen russischen Volksmärchens, wird sehr deutlich in dem von Greimas entwickelten Modell der Zirkulation der Werte. Hier liegt der entscheidende Punkt in der von Greimas postulierten Übereinstimmung der modalen und objektiven Werte darin, daß der Gewinn eines Werts durch einen Aktanten jeweils den Verlust dieses Werts durch den anderen Aktanten implizieren müsse. Für die modalen Werte aber gilt dies nur unter der sehr spezifischen Voraussetzung, daß sie den objektiven angeglichen, d. h. ihnen eigens homologisiert werden. Dies ist im wesentlichen der Fall bei einer magischen Konzeption der modalen Werte, wie wir sie insbesondere im Volksmärchen finden können. Das bedeutet aber, daß hier als konstitutiv in das narrative Modell aufgenommen ist, was in Wirklichkeit gerade eine sehr spezielle abweichende Variante einer spezifischen Textklasse bedeutet. Zumindest alternativ ließe sich für die Gewinnung der modalen Werte an ein Modell denken, das sich von dem der Gewinnung der objektiven Werte deutlich unterscheiden würde: der Aktant wäre hier nicht bestimmt durch seine ›polemische‹ Relation zu einem Opponenten, sondern er erschiene selbst als Ort des Konflikts von im Aktanten agierenden konträren Prinzipien. Das allegorische Prinzip des ›bellum intestinum‹ hätte hier seine systematische Stelle. Auch diese Struktur wäre mit Hilfe der ›Fundamentalgrammatik‹ beschreibbar.

Die genannten Beispiele belegen das sehr schwierige Problem der zureichenden Allgemeinheit und Vollständigkeit einer Theorie der Narrativität, die nicht eine spezielle, sondern eine allgemeine Theorie der Narrativität sein will. Man kann sich fragen, ob der Zeitpunkt für eine allgemeine Theorie, wie sie Greimas vorlegt, schon gekommen ist. Im Augenblick ist der Aufbau von Theorien narrativer Gattungen wohl eher zu leisten als der Aufbau einer allgemeinen Theorie. Die Gefahr der Überbeanspruchung von zugrundeliegenden, aber nicht explizierten Paradigmen wäre so zumindest reduziert. Gegen die Theorie von Greimas ließe sich einerseits also kritisch einwenden, sie sei zu weit gegangen, indem sie das Paradigma des Volksmärchens überbeansprucht, oder andererseits, sie sei nicht weit genug gegangen, indem sie sich noch zu sehr an einzelne Paradigmen bindet. Der zweite Einwand läßt sich noch vertiefen, und zwar ausgehend vom Anspruch der Autonomie des vorgelegten Modells. Greimas' Absicht ist die Beschreibung der formalen Struktur der Manifestation von Sinn durch Narrativität. Dieser Ansatz hat den Vorteil, den konzeptuellen Status der Narrativität deutlich zu machen und so von vornherein die Illusion zu vermeiden, Narrativität sei ihrem Wesen nach Nachahmung von Ereignissen und nicht Artikulation von Sinn. Unterscheidet man mit Hjelmslev zwischen Schema und Gebrauch (usage) so hat Greimas das Schema dargestellt, die Möglichkeiten seiner Besetzung als nicht zur Autonomie der Narrativität gehörend, unbeachtet gelassen. Man muß sich aber fragen, ob Greimas mit dieser Beschränkung dem besonderen semiotischen Status narrativer Texte gerecht werden kann. Wenn die Kategorie des Sinns sich formal in der Hierarchie des narrativen ›parcours‹ als höchste Ebene darstellt, so ist dieser Sinn faktisch nicht loslösbar von jenem Sinn, der sich inhaltlich bestimmt durch die Besetzung des Schemas, also die niederste Ebene. Eben diese niederste Ebene der konkreten semantischen Besetzung kann sogar als diejenige verstanden werden, auf der der besondere Status der narrativen Semiotik allererst sichtbar wird. Im Zusammenhang mit seiner Unterscheidung von ›schema‹ und ›usage‹ macht Hjelmslev mit Hinblick auf den Unterschied von ›Substanz‹ und ›Form‹ die wichtige Bemerkung, daß beides relationale Begriffe seien, abhängig von dem jeweils eingenommenen Standpunkt[16]. Die Möglichkeit des Standpunktwechsels und damit des Wechsels des Bezugssystems, der einen Wechsel der Relation von ›schema‹ und ›usage‹ impliziert, ist ein eigenes semiotisches Problem, das für eine narrative Semiotik wie für keine andere Semiotik relevant ist. Die konkrete Besetzung einer narrativen Struktur bedeutet immer auch Besetzung durch ein nicht narratives System, das in der Perspektive der Narrativität als ›usage‹ erscheint. Umgekehrt aber erscheint in der Perspektive des nicht narrativen Systems die narrative Struktur als ›usage‹. Im einfachsten Fall also ist die Besetzung der narrativen Struktur ein Schnittpunkt mindestens zweier Systeme. Allgemeiner kann man sagen, im narrativen Prozeß werden nicht-narrative Systeme manifestiert. Von hier aus liegt es nahe, die eigentliche semiotische Dimension der Narrativität

---

16 Vgl. Prolegomena, S. 81: »Then what from one point of view is ›substance‹ is from another point of view ›form‹, this being connected with the fact that functives denote only terminals or points of intersection for functives, and that only the functional net of dependences has knowability and scientific existence ...«

gerade durch Aufgabe des Gesichtspunkts der Autonomie zu gewinnen und so den nicht nur formalen, sondern funktionalen Sinn der Narrativität sichtbar zu machen: das narrative Modell erscheint so als eine spezifische Operation, verschiedene semiotische Systeme miteinander zu verknüpfen durch ihre Projektion auf die Achse der Narration. Erst unter dieser Voraussetzung wird der das narrative Modell überschreitende Sinn der konflikthaften Relation zwischen den Aktanten sichtbar: sie erscheinen jetzt als Projektionen von konflikthaften Relationen in kulturellen Systemen und zwischen kulturellen Systemen. Die narrativen Transformationen konstituieren einen Spielraum für die Setzung und Aufhebung von syntagmatisch und paradigmatisch geordneten kategorialen Distanzen[17].

V

Greimas' Arbeiten bewegen sich im spannungsvollen Verhältnis von Essai und System. Für den Leser bedeutet dies den Reiz einer außerordentlichen Fülle an scharfsinnigen Hypothesen und Modellansätzen, verbunden oft mit dem Zwang der Einübung in gänzlich ungewohnte, aber neue und weite Horizonte eröffnende Perspektiven, zugleich aber oft auch Desorientierung. Zwar haben die Arbeiten in den Problemen der Manifestation des Sinns einen gemeinsamen Bezugspunkt, untereinander aber sind sie wenig koordiniert auch da, wo die Bezugnahme sachlich und methodisch sich nahegelegt hätte. So ist es schwierig, die übrigen Arbeiten zur Semiotik der Narrativität, die zum Teil zeitlich und methodisch ziemlich weit auseinanderliegen, auf die methodisch zentrale Arbeit über die narrative Gram-

---

17 Zur Kritik an Greimas' Theorie der Narrativität vgl. auch C. Brémond, Le ›modèle constitutionel‹ de A. J. Greimas in: Semiotica V (1972). Bremonds Haupteinwand gegen Greimas' ›démarche‹, »elle méconnait une loi de la narrativité, la faculté, ou plutôt l'obligation de se dèvelopper comme une suite d'options opérées par le narrateur, à chaque instant du recit, entre plusieurs façons de continuer son histoire« (S. 379) geht an der Intention von Greimas vorbei. Diesen interessiert in erster Linie die Konstruktion der ›histoire‹, nicht die Weisen ihrer Gegebenheit im Diskurs. Brémond, der allein aus der Perspektive des Lesers argumentiert, verkennt die Bedeutung der konstruktiven Totalität der Narration, die immer nur den Schein der Wahlmöglichkeiten eröffnet.

matik zu beziehen. Wie dort schon läßt sich allgemein ein vorwiegendes Interesse an den narrativen Formen des Mythos und des Märchens erkennen. Die Aufsätze ›Pour une théorie de l'interprétation du récit mythique‹, ›La quête de la peur‹, ›La structure des actants du récit‹ stehen als Darstellungen je spezifischer Konkretisationen des narrativen Modells im Umkreis der Arbeit über die narrative Grammatik, ohne sich systematisch auf sie zu beziehen.

Wenn Greimas das Problem der Interaktion von sprachlichem System und nicht sprachlichen semiotischen Systemen immer wieder stellt, so liegt der Schwerpunkt seiner Arbeiten doch eher in der Darstellung ihrer je spezifischen Möglichkeiten für den ›parcours‹ eines Sinns, als in der Exponierung dieser Interaktion selbst. Die Arbeiten, die unter dem Titel ›La Manifestation‹ zusammengefaßt sind, bezeichnen eher eine systematische Stelle, als daß sie sie besetzen. Die Aufsätze ›L'écriture cruciverbiste‹ und ›Les proverbes et les dictons‹, so interessant sie für sich genommen sind, sind zum Thema ›manifestation‹ nur ein peripherer Beitrag. Der Aufsatz ›La linguistique structurale et la poétique‹, der auf die traditionelle und fragwürdige Adäquation »de la forme et du fonds« (S. 280) hinausläuft, eröffnet kaum Perspektiven, die über Jakobson und die an ihn anschließende Diskussion hinausreichen. Wichtige, wenngleich zu wenig explizierte Bemerkungen zum Thema Manifestation enthält dagegen der Aufsatz ›Pour une sociologie du sens commun‹, in dem Greimas in Auseinandersetzung mit Hjelmslev den Ansatz einer Theorie der Konnotation entwickelt[18]. Greimas' Überlegungen nehmen ihren Ausgang von der Feststellung, daß »un texte, lorsqu'il se présente en une langue naturelle, peut relever, et relève toujours, de plusieurs systèmes à la fois«. Die Feststellung des semiotischen, den linguistischen Bezugsrahmen sprengenden Status der Texte, ist für eine Textwissenschaft von grundsätzlicher Relevanz. Der semiotische Status des konkreten Textes bestimmt sich als Interaktion verschiedener semiotischer Systeme. Der kompetente Benutzer eines Textes verfügt über die Fähigkeit, neben und über der denotativen Bedeutung des Textes ihre konnotative Bedeutung bzw. Bedeutungen zu entschlüsseln. Das Vermögen, das dies leistet, bezeichnet Greimas unter Verwendung eines traditionellen Terminus der Philosophie als sensus communis, als ›sens commun‹. Greimas hält sich an Hjelmslev, wenn er

[18] Zuerst erschienen in italienischer Sprache in: Rassegna italiana di Sociologia 1968.

den systematischen Charakter der Konnotation betont, die ›systèmes connotatifs‹ als ›systèmes seconds‹ den ›systèmes dénotatifs‹ entgegensetzt (S. 94). Das Konzept der Konnotation ist der Ort, wo die Komplexität semiotischer Systeme ihre methodische Reflexion erhält. Während Hjelmslev noch sehr allgemein das konnotative System bezeichnet als semiotisches System, dessen Ausdrucksebene ein semiotisches System sei, erhält diese allgemeine Definition bei Greimas eine wichtige Differenzierung. Ein konnotatives System manifestiert sich nicht einfach in einem denotativen System, seine Manifestationsmöglichkeiten bestimmen sich nach den vier Ebenen des denotativen Systems[19]. Ein Beispiel dafür ist die Weise, wie die Konnotation ›vulgarité‹ auf den vier Ebenen der Denotation manifestiert sein kann. Indem jede der vier Ebenen der denotativen Sprache Manifestationsebene von Konnotationen sein kann, ergibt sich so die formale Bedingung für konnotative Strukturen der wechselseitigen Steigerung, Differenzierung aber auch Negation von außerordentlicher Komplexität. Die Andeutungen von Greimas verdienen es zweifellos, systematisch entfaltet zu werden. Eine gewisse Mühe hat Greimas, die Hinweise, die Hjelmslev für sein Konzept eines konnotativen Systems gibt und die außerordentlich traditionell, ja naiv genannt werden müssen, zu retten. Sein Versuch, im Anschluß an Hjelmslev ein System konnotativer Zonen zu entwickeln, erscheint wenig überzeugend. Diese bestimmen sehr vag Sphären der Gegebenheit der semiotischen Objekte als ›réalité sociale vécue‹ (S. 100). Greimas faßt den Bereich der Konnotationen außerordentlich weit, er bezieht alle Modalitäten der Gegebenheit semiotischer Objekte ein, auch die Konnotationen der Werte und Gefühle, die in einer systematisch nur schwer oder überhaupt nicht bestimmbaren Weise mit der sozialen Wirklichkeit semiotischer Gegenstände verknüpft sind. Als systematisch nicht erfaßbares ›paraître‹ des semiotischen Objekts steht diesem sein ›être‹, d. h. seine formal beschreibbare Struktur im Bezugsrahmen eines semiotischen Systems entgegen. Die Opposition von ›être‹ und ›paraître‹, als den beiden Modalitäten des semiotischen Gegenstands, eine Opposition, die sich leicht metaphy-

[19] Diese Differenzierung findet sich allerdings schon in einer von der Pariser semiotischen Schule unbeachteten Arbeit von S. Johansen, La nature du signe dans la glossématique et dans l'esthètique in: Recherches Structurales 1949. Kopenhagen 1949. Vgl. J. Trabant, Zur Semiologie des literarischen Kunstwerks, München 1970, S. 34 ff.

sisch mißverstehen läßt, weshalb die Termini nicht sehr glücklich gewählt erscheinen, besagt folgendes: jedes semiotische Objekt ist im Modus der Denotation Manifestation eines semiotischen Systems, dessen Struktur sich formal beschreiben läßt. Ist das denotative semiotische Objekt gewissermaßen bestimmt als ideale Manifestation des semiotischen Systems, so tritt es aus dieser ›Ortlosigkeit‹ und wird situierbar im sozialen Raum, indem die systematische Manifestation des semiotischen Systems sich zugleich präsentiert als Ort konnotativer Manifestationen. Der Bereich der Konnotationen ist für Greimas der Ort der sozialen Lebenswelt, ein ›niveau du vécu et du senti, du quotidien et de l'humain‹ (S. 100), das der Ebene der Denotation als ›caractère abstrait et décharné de la sémiotique‹ entgegengesetzt ist. Der Offenheit des Bereichs der Konnotationen entspricht bei Greimas die Offenheit und Unbestimmtheit des Terminus ›réalité sociale vécue‹. In solcher Unbestimmtheit sind sowohl die Konnotationen, wie der soziale Raum, in dem sie erscheinen, der Beschreibbarkeit entzogen. Greimas' globale Bestimmung des Bereichs der Konnotationen führt nur bis zur Schwelle eines eigenen semiotischen Raums, ohne ihn schon zu betreten. Soll überhaupt der Bereich der Konnotationen Gegenstand wissenschaftlicher Beschreibung werden können, so wird dies nur möglich sein durch Ausgrenzung abgrenzbarer Konnotationsbereiche, für die jeweils neu das Verhältnis von Konnotation und Denotation zu beschreiben sein wird. Dabei kann der Ausgangspunkt nicht der der totalen Konnotation sein, die sich der Beschreibung entzieht, sondern nur das Problem, das darin liegt, daß ein und dieselbe Manifestation Manifestation verschiedener semiotischer Systeme sein kann. Am einfachsten Fall, der Manifestation als Schnittpunkt zweier verschiedener semiotischer Systeme wird sich eher der Status konnotativer Besetzung erforschen lassen als durch den entmutigenden Vorgriff auf die konnotative Totalität. Greimas geht gewissermaßen das Problem der Komplexität semiotischer Systeme verloren, indem er seinen Blick richtet auf die noch vorsemiotische Gegebenheit der Phänomene des unmittelbaren ›gesellschaftlichen Lebens‹. Ein wesentliches Ergebnis darf indes bei solcher Kritik an der totalisierenden Perspektive von Greimas nicht aus den Augen verloren werden: dies ist die über Hjelmslev weit hinausreichende Einsicht von der unvermeidlichen Zweiseitigkeit der Bedeutung semiotischer Objekte. Denotation und Konnotation sind notwendig und unvermeidlich aneinander gebunden, unvermeidlich ist es deshalb auch, die Phänomene der Denotation im Zusammenhang mit den Phänomenen der Konnotation bei der Beschreibung semiotischer Objekte zu reflektieren. Eine Linguistik, die ihren Gegenstand zureichend beschreiben will, ist diesem Zwang ausgesetzt[20].

Es läßt sich an diesen Gedanken von Greimas ein weiterer anschließen. Wenn die Dimension der Konnotation an die Dimension der Denotation unausweichlich gebunden ist, so bedeutet dies für das Subjekt der Kommunikation, daß es unausweichlich genötigt ist, mehr Kommunikation zu geben als es beabsichtigt. Jede intendierte Kommunikation ist an das ärgerliche Faktum der nichtintendierten Kommunikation gebunden. Dies aber bedeutet andererseits die Möglichkeit, Ebenen der Konnotation zu manipulieren, die unwillkürliche Botschaft, die die gewollte begleitet, zur scheinbar unwillkürlichen Botschaft zu machen und damit Möglichkeiten der Überzeugung zu gewinnen, von denen nicht nur die Dichtung, sondern jede Sprache, die überzeugen will, insbesondere die politische, Gebrauch macht.

Das Problem der Manifestation stellt sich unter anderem Aspekt erneut in dem Aufsatz ›Structure et histoire‹[21], der die geschichtliche Dimension semiotischer Strukturen reflektiert. Daß übrigens die namhaftesten Vertreter des französischen ›Strukturalismus‹ den methodischen Problemen der Geschichte eine konstante Aufmerksamkeit zugewandt haben und zuwenden und nicht, wie es eine wenig unterrichtete landläufige Meinung will, sich der Geschichte verschließen, sei hier nur am Rande vermerkt[22].

Ausgangspunkt der Überlegungen von Greimas zur Relation von Struktur und Geschichte ist eine Kritik an Saussures Auffassung von der temporalen Struktur der Sprache, die sich ausdrückt in der klassisch gewordenen Opposition zwischen ›langue‹ und ›parole‹ einerseits, Synchronie und Diachronie andererseits. Für Saussure geht aus der atemporalen Struktur der ›langue‹ die temporale Struktur des ›discours‹ hervor. Dagegen wendet Greimas zu Recht ein, daß die

---

20 Vgl. hierzu Versuch zur Semiotik der Konnotation.

21 Zuerst erschienen in: Les Temps modernes no. 246 (1966).

22 Es wäre der Mühe wert, die Auseinandersetzung des französischen Strukturalismus mit den Problemen der Diachronie einmal genauer zu verfolgen. Es würde sich dabei erweisen, daß der behauptete Ahistorismus der französischen strukturalistischen Schule nicht viel mehr ist als ein Schlagwort der literarischen Sensationskritik nach Art des Figaro litteraire.

Temporalität des ›discours‹ nur die Bedingung seiner Manifestation ist, sein Sinn indes sich als außertemporale Relation darstellt, die sich hierarchisch auf den verschiedenen Textebenen artikuliert. Der Text als Diskurs ist nicht eine Folge von Sätzen, sondern die hierarchisch gegliederte Artikulation einer zugrundeliegenden Basisrelation, der als Relation ein temporaler Status nicht zukommen kann. »Le discours n'est donc pas une articulation de structures successives, mais la redondance d'une seule structure hierarchique qu'est l'énoncé.« (S. 104) Damit wird aber auch die linguistische Relevanz der Opposition von Diachronie und Synchronie fragwürdig. Für die Beschreibung der Struktur einer Sprache als ihrem metalinguistischen Modell ist der Begriff der Synchronie, davon abgesehen, daß seine Anwendung vor große Schwierigkeiten stellt, nicht relevant. An seiner Stelle greift Greimas auf Hjelmslevs Begriff des linguistischen Zustands (›état linguistique‹) zurück. Die Struktur eines linguistischen Zustands wird bestimmt als »une sorte de mécanisme achronique servant à produire des messages — et à opérer les reconversions de ceux-ci en messages de type différent — en nombre indéfini — remplissant ainsi d'événements un espace historique correspondant« (S. 108). Diese Struktur ist zunächst einmal nichts anderes als ein algorithmisches Modell, das für mehr als eine historische Sprache Geltung haben kann. Damit freilich stellt sich unter neuen Voraussetzungen die Frage der Historisierung der Strukturen, ihrer Verankerung in der Geschichte. Im Hinblick auf die Struktur ist ihre Historisierung nichts anderes, als die Beschränkung der Möglichkeiten ihrer Manifestation. (Womit freilich noch nichts gesagt ist über die pragmatischen Bedingungen, die diese Beschränkung bewirken). »L'ancrage historique d'une structure, son caractère de structure réellement manifestée dans un certain hic et nunc historique, se définit donc, dans la formulation structuraliste, comme une limitation de ses possibilités de manifestation« (S. 108). Über jeder konkreten sprachlichen Manifestation läßt sich also eine Kombinatorik errichten, deren Kombinationsmöglichkeiten ihre Realisierungen weit übertreffen.

Für die Differenz von Struktur und Konkretisation der Struktur übernimmt Greimas die Hjelmslevsche Unterscheidung von ›schema‹ und ›usage‹. Das Konzept des ›usage‹ bezeichnet also die Historisierung einer Struktur. Das Konzept, wie es Greimas versteht, ist nicht beschränkt auf verschiedene ›usages‹, die derselben Zeitlinie angehören. Die Relation ›schema‹—›usage‹ erlaubt es, auch zeitlich und räumlich auseinanderliegende Manifestationen zu vergleichen. Im Gegenteil ist die Vergleichbarkeit von auseinanderliegenden ›usages‹ ein und desselben Schemas leichter möglich als die Vergleichbarkeit verschiedener struktureller Zustände auf identischer Zeitlinie. Für diese gilt, daß sie nicht unmittelbar korreliert werden können. Ihr Verhältnis ist nicht das einer Variation von ›usages‹, sondern das einer Transformation von Strukturen. Deren Beschreibung stellt ein neues und grundsätzlich anderes Problem.

Wenn Greimas den Status der Struktur als achronisches Modell versteht, dessen historische Geltung den Bereich der Manifestationsmöglichkeiten spezifisch einschränkt, so bedeutet dies eine Idealisierung der Bedingungen, unter denen das achronische System steht. Die Konstruktion eines achronischen Systems ist nicht möglich ohne ein konstruierendes Subjekt. Dessen historischer Standpunkt aber ist nicht hintergehbar. Das wirklich umfassende System wäre gewissermaßen erst am Ende der Geschichte und nur unter der Voraussetzung möglich, daß dann das konstruierende Subjekt alle überhaupt möglichen Systemzustände überblickte. Die historische Bedingtheit auch noch des achronischen Modells ist nicht hintergehbar, es sei denn um den Preis seiner vollkommenen Desemantisierung, die es als Modell unbrauchbar machen müßte. Das achronische System ist seinerseits eine Funktion der ihm implizit oder explizit zugrundegelegten Paradigmen der Manifestation. Für die Erfassung aller in einen Systembereich fallenden Manifestationsereignisse und ihre wechselseitige systematische Situierung reicht ein über diesen Manifestationen selbst aufgebautes System als ein relativ achronisches System aus. Vom konsequenten Aufbau eines solchen Systems sind Sprachwissenschaft wie Literaturwissenschaft heute noch weit entfernt. Erst ein solches System andererseits könnte den wissenschaftlichen Arbeiten in diesen Bereichen ihre über episodische Einzelergebnisse hinausreichende Relevanz sichern, indem erst dann jedes Einzelergebnis objektiv situierbar wäre. Und erst aufgrund eines solchen Systems wäre eine methodische Sprachgeschichte wie Literaturgeschichte möglich. Ein achronisches System, das ein absolutes achronisches System zu sein beanspruchte, und sich prinzipiell über die Grenzen der schon eingelösten Manifestationen hinaussetzte, könnte seinen eigenen Anspruch nicht einlösen, sondern müßte unaufhörlich zu immer umfassenderen Systemen weitergehen, ohne dabei doch je an ein Ende kommen zu können. Die Theoriebildung bedarf einer Pragmatik der Theoriebildung, in der eine Ökonomik der Theoriebildung enthalten ist; beide sind nicht anders als historisch situiert denkbar.

VI

In einem seiner tiefsinnigsten Aphorismen hat G. Chr. Lichtenberg den Umlauf der Waren und den Umlauf der Gedanken in Relation gesetzt. »Wenn ich doch Kanäle in meinem Kopf ziehen könnte, um den inländischen Handel zwischen meinem Gedankenvorrate zu befördern! Aber da liegen sie zu Hunderten, ohne einander zu nützen.«[23] Was Lichtenberg witzig und durch das bezugsetzende Gedankenspiel zugleich dementierend als privaten Zustand seines Kopfes beschrieb, die Unfruchtbarkeit der Gedanken für das Denken, solange das Kommunikationssystem fehlt, das sie transferierbar macht, bezeichnet eine grundsätzliche Verlegenheit des Erkennens, die in den Wissenschaften heftiger oder weniger heftig in größeren oder kleineren Zeitabständen als Krise bewußt wird: das Mißverhältnis zwischen dem bereits Erkannten und dem, was davon den einzelnen Wissenschaftssubjekten für ihr Erkennen disponibel ist. Es steht außer Frage, daß Literaturwissenschaft und Sprachwissenschaft, wenngleich unter verschiedenen Voraussetzungen, sich gegenwärtig in einer solchen Krise befinden. Die Entstehung der Semiotik als einer eigenen wissenschaftlichen Disziplin, wie sie sich in einem weit gespannten internationalen Rahmen gegenwärtig beobachten läßt[24], erscheint als Ausdruck dieser Krise und eine Möglichkeit ihrer Lösung zugleich. Vielleicht ist es nicht verfrüht, sie als letzte Phase des in den letzten siebzig Jahren Schritt für Schritt sich vollziehenden Umbaus der historischen Geisteswissenschaften in systematische Kulturwissenschaften zu begreifen. Es scheint, als zeichne sich mit der Entfaltung der Semiotik die Entstehung eines Kommunikationssystems ab, das es ermöglicht, das in den einzelnen Kulturwissenschaften, die sich bisher als eine systematische Einheit kaum verstanden haben, schon wissenschaftlich Erreichte transferierbar zu machen und damit zu einer noch unabsehbaren Beschleunigung des Er-

---

[23] G. Chr. Lichtenberg, Schriften und Briefe, ed. W. Promies, München 1971, Bd. 2, S. 402.

[24] Vgl. z. B. die Arbeiten der Zeitschrift Semiotica, die Reihe Approaches to Semiotics, die Documents de Travail des Centro Internazionale die Semiotica e di Linguistica (Urbino), die Quaderni di Studi semiotici, die semiotischen Untersuchungen der sowjetischen Forschergruppe von Tartu und besonders die Greimas in vieler Hinsicht nahestehenden Arbeiten von J. Lotman.

kenntnisprozesses in den einzelnen kulturwissenschaftlichen Disziplinen selbst beizutragen. Die Arbeiten von Greimas, die er in dem Band ›Du Sens‹ vereinigt, sind für das Programm einer systematischen Kulturwissenschaft ein wichtiger Beitrag, selbst dann, wenn sie eher neue Kommunikationswege aufzeigen, als diese schon zu beschreiten. Sollte es sich zeigen, daß vieles von dem, was Greimas oft nur programmatisch andeutet, bei Marx und Freud, bei Cassirer und Husserl, bei Ogden-Richards, bei Morris und Gehlen, sich expliziter findet, so bleibt sein Verdienst, programmatisch einen Bezugsrahmen postuliert zu haben, in dem schon gewonnene Einsichten und Methoden nicht nur deshalb mehr guten Gewissens unbeachtet bleiben können, weil sie jenseits traditioneller Fachgrenzen liegen.

(1972)

PERSONENREGISTER

SACHREGISTER*

* Für die Erstellung des Personen- und Sachregisters danke ich recht herzlich Fräulein Bärbel Knemeyer und Herrn Willy Dornscheidt.